新编21世纪高等职业教育精品教材 ◆ 物流类

现代物流管理基础

（第二版·含活页练习册）

XIANDAI WULIU GUANLI JICHU

主 编 蔡昭君
副主编 贺 超 李 婷
陈雪梅 杜秋红
主 审 冯诗棠

中国人民大学出版社
·北京·

图书在版编目（CIP）数据

现代物流管理基础：含活页练习册 / 蔡昭君主编
．--2 版．--北京：中国人民大学出版社，2024.6
新编 21 世纪高等职业教育精品教材．物流类
ISBN 978-7-300-32711-2

Ⅰ．①现… Ⅱ．①蔡… Ⅲ．①物流管理－高等职业教
育－教材 Ⅳ．①F252

中国国家版本馆 CIP 数据核字（2024）第 068038 号

新编 21 世纪高等职业教育精品教材 · 物流类
现代物流管理基础（第二版 · 含活页练习册）
主　编　蔡昭君
副主编　贺　超　李　婷　陈雪梅　杜秋红
主　审　冯诗棠
Xiandai Wuliu Guanli Jichu

出版发行	中国人民大学出版社		
社　　址	北京中关村大街 31 号	**邮政编码**	100080
电　　话	010－62511242（总编室）		010－62511770（质管部）
	010－82501766（邮购部）		010－62514148（门市部）
	010－62515195（发行公司）		010－62515275（盗版举报）
网　　址	http://www.crup.com.cn		
经　　销	新华书店		
印　　刷	北京昌联印刷有限公司	**版　　次**	2017 年 3 月第 1 版
开　　本	787 mm×1092 mm　1/16		2024 年 6 月第 2 版
印　　张	19.75	**印　　次**	2024 年 6 月第 1 次印刷
字　　数	437 000	**定　　价**	49.00 元

前　言

物流业是支撑国民经济发展的基础性、战略性、先导性产业。党的二十大报告提出：构建优质高效的服务业新体系，推动现代服务业同先进制造业、现代农业深度融合。加快发展物联网，建设高效顺畅的流通体系，降低物流成本。2021 年 3 月，《中华人民共和国国民经济和社会发展第十四个五年规划和 2035 年远景目标纲要》中提出：培育壮大人工智能、大数据、区块链、云计算、网络安全等新兴数字产业，提升通信设备、核心电子元器件、关键软件等产业水平。构建基于 5G 的应用场景和产业生态，在智能交通、智慧物流、智慧能源、智慧医疗等重点领域开展试点示范。鼓励企业开放搜索、电商、社交等数据，发展第三方大数据服务产业。促进共享经济、平台经济健康发展。

2020 年 5 月 28 日，教育部印发的《高等学校课程思政建设指导纲要》提出：要在课程教学中坚持以马克思主义为指导，加快构建中国特色哲学社会科学学科体系、学术体系、话语体系。要帮助学生了解相关专业和行业领域的国家战略、法律法规和相关政策，引导学生深入社会实践、关注现实问题，培育学生经世济民、诚信服务、德法兼修的职业素养。“现代物流管理基础”作为物流类专业的专业基础课程，要及时反映物流行业的新发展，帮助学生塑造正确的世界观、人生观和价值观。

本教材经过修订，具有以下特色：

1. 进行“课程思政”融合创新

通过多种形式为学生提供丰富的课程思政内容，培育和践行社会主义核心价值观，培养学生爱岗敬业、精益求精、乐于奉献的工匠精神、劳模精神以及吃苦耐劳的劳动精神、良好的职业道德。

2. 体现“岗课赛证”深度融合

在编写过程中，根据职业岗位的特点，将物流管理 1 + X 职业技能等级证书（中级）的标准与院校的专业课程标准融通，将 1 + X 证书制度的精神和理念融入教材，实现“岗课赛证”的深度融合。

3. 结构新颖，理实一体化

在结构上，每个项目都以学习目标（知识目标、能力目标和素质目标）、思维导读、案例导入开始，激发学生的学习兴趣；理论知识部分穿插课堂延伸、想一想等栏目，提高学生对知识的理解、掌握；每个项目结束都设有项目小结、项目实训。本教材附有活页练习册（岗课赛证融通训练册），包括判断题、单项选择题、多项选择题、问答题、案例分析题，帮助学生巩固所学知识，培养理论联系实际的能力，提高操作技能水平。

4. 凸显活页式设计

通过对企业的调研，从职业岗位出发，对典型工作任务进行分解和重构，并进行教学化处理，设计成可进行模块化教学的活页式教材，便于开展“岗课赛证”的融通训练。

5. 对接行业标准和本专业教学标准

对接行业标准，衔接教育部最新的物流专业教学标准，准确定位并充分发挥“X”对“1”在核心技能、综合职业素养等方面的强化、补充、拓展作用。课程内容对接职业标准，教学过程对接工作过程，实现书证的有效衔接与融通。

6. 更新物流术语和案例

根据国家标准《物流术语》（GB/T 18354—2021），更新了教材中的物流术语。根据行业最新发展动态，更新和补充了案例。

本书由南充职业技术学院的蔡昭君老师担任主编并进行总体策划和修订设计，贺超、李婷、陈雪梅老师及企业人员杜秋红担任副主编，冯诗棠老师担任主审。全书具体分工是：南充职业技术学院的蔡昭君老师编写项目一、项目三、项目四、项目五，贺超老师编写项目二、项目六，李婷老师编写项目七、项目十，陈雪梅老师编写项目八、项目九，四川京邦达物流科技有限公司杜秋红编写项目十一。

本书在编写的过程中，参考了国内外多位专家、学者的著作及相关文献资料，得到了中国人民大学出版社、四川京邦达物流科技有限公司、深圳市鲸仓物流科技有限公司、浙江菜鸟供应链管理有限公司等企业的大力支持和帮助，在此表示由衷的感谢。

由于编者水平有限，编写时间仓促，加之现代物流在不断地发展和完善，书中有错漏之处在所难免，敬请广大专家、学者、读者批评指正。

编者

目　录

项目一
物流概述

学习目标

※ 知识目标

- 了解物流的产生与发展
- 理解物流的价值与类型、物流标准化的主要内容
- 掌握物流的概念、功能要素、特征
- 掌握物流管理的内容与特征
- 掌握物流标准化的特点

※ 能力目标

- 提高对物流的认知能力
- 具备运用物流标准的能力
- 具备运用物流知识解决物流问题的能力

※ 素质目标

- 具有敬业精神、劳动精神
- 具有安全意识、创新意识、绿色发展意识
- 具有职业操守

思维导读

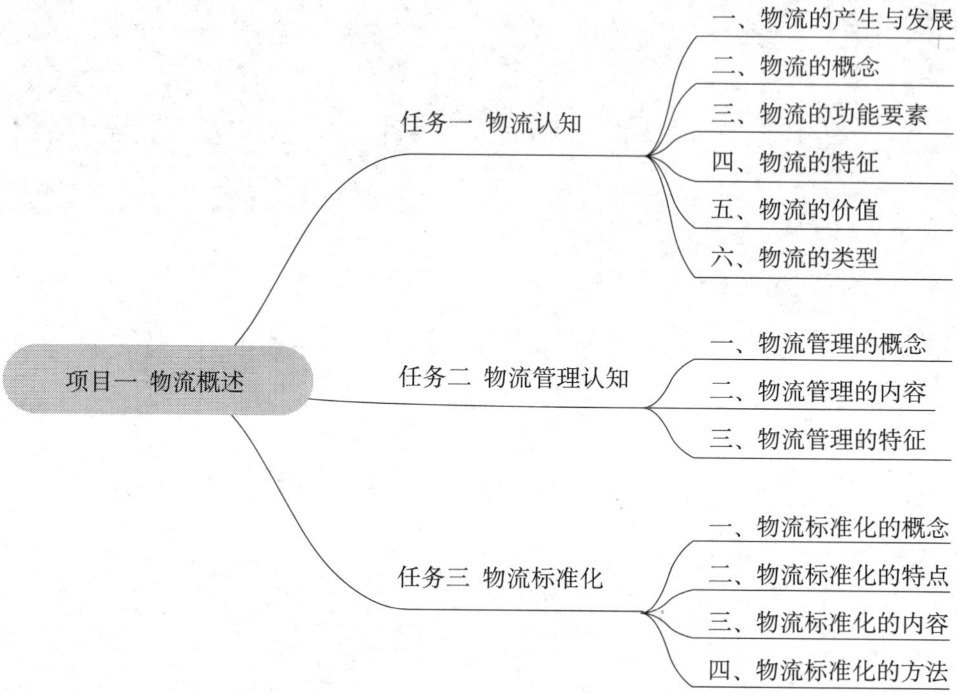

案例导入

加快培育现代物流转型升级新动能

一、推动物流提质增效降本

促进全链条降成本。推动解决跨运输方式、跨作业环节瓶颈问题，打破物流“中梗阻”。依托国家物流枢纽、国家骨干冷链物流基地等重大物流基础设施，提高干线运输规模化水平和支线运输网络化覆盖面，完善末端配送网点布局，扩大低成本、高效率干支仓配一体化物流服务供给。鼓励物流资源共享，整合分散的运输、仓储、配送能力，发展共建船队车队、共享仓储、共同配送、统仓统配等组织模式，提高资源利用效率。推动干支仓配一体化深度融入生产和流通，带动生产布局和流通体系调整优化，减少迂回、空驶等低效无效运输，加快库存周转，减少社会物流保管和管理费用。

推进结构性降成本。加快推进铁路专用线进港区、连园区、接厂区，合理有序推进大宗商品等中长距离运输“公转铁”、“公转水”。完善集装箱公铁联运衔接设施，鼓励发展集拼集运、模块化运输、“散改集”等组织模式，发挥铁路干线运输成本低和公路网络灵活优势，培育有竞争力的“门到门”公铁联运服务模式，降低公铁联运全程物流成本。统筹沿海港口综合利用，提升大型港口基础设施服务能力，提高码头现代化专业化规模化水平，加快推进铁水联运衔接场站改造，提高港口铁路专用线集疏网络效能，优化作业流程。完善内河水运网络，统筹江海直达、江海联运发展，发挥近海航线、长江水道、珠江水道等水运效能，稳步推进货物运输“公转水”。推进铁水联运业务单证电子化，促进铁路、港口信息互联，实现铁路现车、装卸车、货物在途、到达预确报以及港口装卸、货物堆存、船舶进出港、船期舱位预定等铁水联运信息交换共享。支持港口、铁路场站加快完善集疏运油气管网，有效对接石化等产业布局，提高管道运输比例。

二、促进物流业与制造业深度融合

促进企业协同发展。支持物流企业与制造企业创新供应链协同运营模式，将物流服务深度嵌入制造供应链体系，提供供应链一体化物流解决方案，增强制造企业柔性制造、敏捷制造能力。引导制造企业与物流企业建立互利共赢的长期战略合作关系，共同投资专用物流设施建设和物流器具研发，提高中长期物流合同比例，制定制造业物流服务标准，提升供应链协同效率。鼓励具备条件的制造企业整合对接分散的物流服务能力和资源，实现规模化组织、专业化服务、社会化协同。

推动设施联动发展。加强工业园区、产业集群与国家物流枢纽、物流园区、物流中心等设施布局衔接、联动发展。支持工业园区等新建或改造物流基础设施，吸引第三方物流企业进驻并提供专业化、社会化物流服务。发展生产服务型国家物流枢纽，完善第三方仓储、铁路专用线等物流设施，面向周边制造企业提供集成化供应链物流服务，促进物流供需规模化对接，减少物流设施重复建设和闲置。

支持生态融合发展。统筹推进工业互联网和智慧物流体系同步设计、一体建设、协同运作，加大智能技术装备在制造业物流领域应用，推进关键物流环节和流程智慧化升级。打造制造业物流服务平台，促进制造业供应链上下游企业加强采购、生产、流通等环节信息实时采集、互联共享，实现物流资源共享和过程协同，提高生产制造和物流服务一体化运行水平，形成技术驱动、平台赋能的物流业制造业融合发展新生态。

三、强化物流数字化科技赋能

加快物流数字化转型。利用现代信息技术推动物流要素在线化数据化，开发多样化应用场景，实现物流资源线上线下联动。结合实施“东数西算”工程，引导企业信息系统向云端跃迁，推动“一站式”物流数据中台应用，鼓励平台企业和数字化服务商开发面向中小微企业的云平台、云服务，加强物流大数据采集、分析和应用，提升物流数据价值。培育物流数据要素市场，统筹数据交互和安全需要，完善市场交易规则，促进物流数据安全高效流通。积极参与全球物流领域数字治理，支撑全球贸易和跨境电商发展。研究电子签名和电子合同应用，促进国际物流企业间互认互验，试点铁路国际联运无纸化。

推进物流智慧化改造。深度应用第五代移动通信（5G）、北斗、移动互联网、大数据、人工智能等技术，分类推动物流基础设施改造升级，加快物联网相关设施建设，发展智慧物流枢纽、智慧物流园区、智慧仓储物流基地、智慧港口、数字仓库等新型物流基础设施。鼓励智慧物流技术与模式创新，促进创新成果转化，拓展智慧物流商业化应用场景，促进自动化、无人化、智慧化物流技术装备以及自动感知、自动控制、智慧决策等智慧管理技术应用。加快高端标准仓库、智慧立体仓储设施建设，研发推广面向中小微企业的低成本、模块化、易使用、易维护智慧装备。

促进物流网络化升级。依托重大物流基础设施打造物流信息组织中枢，推动物流设施设备全面联网，实现作业流程透明化、智慧设备全连接，促进物流信息交互联通。推动大型物流企业面向中小微企业提供多样化、数字化服务，稳步发展网络货运、共享物流、无人配送、智慧航运等新业态。鼓励在有条件的城市搭建智慧物流“大脑”，全面链接并促进城市物流资源共享，优化城市物流运行，建设智慧物流网络。推动物流领域基础公共信息数据有序开放，加强物流公共信息服务平台建设，推动企业数据对接，面向物流企业特别是中小微物流企业提供普惠性服务。

四、推动绿色物流发展

深入推进物流领域节能减排。加强货运车辆适用的充电桩、加氢站及内河船舶适用的岸电设施、液化天然气（LNG）加注站等配套布局建设，加快新能源、符合国六排放标准等货运车辆在现代物流特别是城市配送领域应用，促进新能源叉车在仓储领域应用。继续加大柴油货车污染治理力度，持续推进运输结构调整，提高铁路、水路运输比重。推动物流企业强化绿色节能和低碳管理，推广合同能源管理模式，积极开展节能诊断。加强绿色物流新技术和设备研发应用，推广使用循环包装，减少过度包装和二次包装，促进包装减量化、再利用。加快标准化物流周转箱推广应用，推动托盘循环共用系统建设。

加快健全逆向物流服务体系。探索符合我国国情的逆向物流发展模式，鼓励相关装备设施建设和技术应用，推进标准制定、检测认证等基础工作，培育专业化逆向物流服务企业。支持国家物流枢纽率先开展逆向物流体系建设，针对产品包装、物流器具、汽车以及电商退换货等，建立线上线下融合的逆向物流服务平台和网络，创新服务模式和场景，促进产品回收和资源循环利用。

五、做好供应链战略设计

提升现代供应链运行效率。推进重点产业供应链体系建设，发挥供应链核心企业组织协同管理优势，搭建供应链协同服务平台，提供集贸易、物流、信息等多样化服务于一体的供应链创新解决方案，打造上下游有效串接、分工协作的联动网络。加强数字化供应链前沿技术、基础软件、先进模式等研究与推广，探索扩大区块链技术应用，提高供应链数字化效率和安全可信水平。规范发展供应链金融，鼓励银行等金融机构在依法合规、风险可控的前提下，加强与供应链核心企业或平台企业合作，丰富创新供应链金融产品供给。

强化现代供应链安全韧性。坚持自主可控、安全高效，加强供应链安全风险监测、预警、防控、应对等能力建设。发挥供应链协同服务平台作用，引导行业、企业间加强供应链安全信息共享和资源协同联动，分散化解潜在风险，增强供应链弹性，确保产业链安全。积极参与供应链安全国际合作，共同防范应对供应链中断风险。

六、培育发展物流经济

壮大物流枢纽经济。发挥国家物流枢纽、国家骨干冷链物流基地辐射广、成本低、效率高等优势条件，推动现代物流和相关产业深度融合创新发展，促进区域产业空间布局优化，打造具有区域集聚辐射能力的产业集群，稳妥有序开展国家物流枢纽经济示范区建设。

发展物流通道经济。围绕共建“一带一路”、长江经济带发展等重大战略实施和西部陆海新通道建设，提升“四横五纵、两沿十廊”物流大通道沿线物流基础设施支撑和服务能力，密切通道经济联系，优化通道沿线产业布局与分工合作体系，提高产业组织和要素配置能力。

资料来源：节选自《“十四五”现代物流发展规划》。

任务一　物流认知

任务导入

一桶方便面带来的思考

从超市的货架上随手取下一桶方便面，你知道这桶方便面要经过多少程序才能到达你的手里吗？生产方便面的工厂需要如何组织原材料进厂、生产线上的物料移动？如何将它发送到销售商手里？从它走下流水线那一刻起，到你拿到手中为止，中间究竟被多少辆车运转到多少个配送中心？历经多少个批发商及多少人的手才被送上超市的货架？

任务分析： 以上案例涉及运输、仓储、配送、流通加工、装卸搬运、包装、信息处理等物流活动，这些活动需要统筹规划、紧密衔接才能确保物流的高效运转和商品的准时送达。

任务要求：

1. 了解物流的类型
2. 理解物流的功能要素与物流的价值
3. 掌握物流的概念、物流的特征

一、物流的产生与发展

真正提出“物流”一词，是在20世纪的美国。当时一些发达的资本主义国家出现生产过剩与需求相对不足的经济危机，市场竞争的加剧使人们开始关注分销工作，从而萌发了物流的概念。格罗威尔在美国政府报告《农产品流通产业委员会报告》中论述了对农产品流通产生影响的各种因素和费用，从而揭开了人们认识物流活动的序幕。此后，琼西·贝克在其所著的《军队和军需品运输》一书中提出的物流概念，叫作logistics。他从军事后勤的角度，称logistics是与军备的移动与供应有关的战争科学之一。美国的市场营销学者阿奇·萧在《市场流通中的若干问题》一书中，提出了“physical distribution”（PD）的概念（有人将它译为“实体分销”，也有人译为“物流”），并提出“physical distribution 是与创造需要不同的一个问题”，认为“物资经过时间或空间的转移，会产生附加价值”。该著作被视为物流学科发展史上的奠基之作。

第二次世界大战期间，美国军队围绕战争期间军需物资的供应建立了现代军事后勤（logistics），即指战略物资的生产、采购、运输、仓储、配送等全过程的管理，成功地将各种战略物资及时准确地送到全球各地，为美军实施全球化战略提供了保障，形成了一门“后勤管理”（logistics management）学科。战后，这套后勤补给的方法被运用在企业的采购、生产与销售的业务流程中，取得了巨大的经济效益。PD 的概念也逐渐被 logistics 取代，logistics 最终成为物流的代名词，这也是物流科学走向成熟的标志。

二、物流的概念

美国物流管理协会对物流的定义为：物流是供应链的一部分，是为了满足客户需求而对商品、服务及相关信息从原产地到消费地的高效率、高收益的流动及储存进行的计划、实施与控制的过程。

日本日通综合研究所在其出版的《物流手册》一书中，提出物流的概念：物流是物质资料从供应者向需要者的物理性移动，是创造时间性、场所性价值的经济活动，包括包装、装卸、保管、库存管理、流通加工、运输、配送等诸多活动。

欧洲物流协会对物流的定义是：物流是在一个系统内对人员或商品的运输、安排及与此相关的支持活动的计划、执行与控制，以达到特定的目的。

国家标准《物流术语》（GB/T 18354—2021）将物流（logistics）定义为：根据实际需要，将运输、储存、装卸、搬运、包装、流通加工、配送、信息处理等基本功能实施有机结合，使物品从供应地向接收地进行实体流动的过程。

想一想：你能自己阐述物流的概念吗？

课堂延伸：商流与物流的关系

三、物流的功能要素

现代物流包括运输、仓储、配送、装卸搬运、流通加工、包装、信息处理等功能要素，如图 1-1 所示。其中，运输和仓储属于核心功能要素，实现商品的空间转换和时间转换；配送、装卸搬运、流通加工、包装、信息处理等功能要素保障物流活动顺利进行。

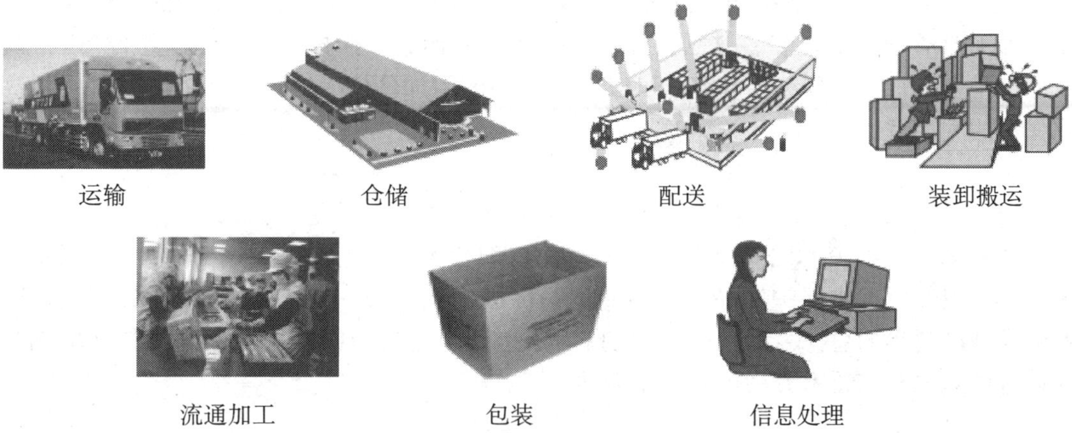

图1-1　物流的功能要素

（一）运输

国家标准《物流术语》（GB/T 18354—2021）将运输（transport）定义为：利用载运工具、设施设备及人力等运力资源，使货物在较大空间上产生位置移动的活动。运输是物流的主要活动之一，物流的空间价值是通过运输来实现的。

（二）仓储

国家标准《物流术语》（GB/T 18354—2021）将仓储（warehousing）定义为：利用仓库及相关设施设备进行物品的入库、储存、出库的活动。储存是指保护、管理、贮藏物品。仓储是物流系统的重要节点，具有缓冲和调节作用。物流的时间价值是通过仓储来实现的。

（三）配送

国家标准《物流术语》（GB/T 18354—2021）将配送（distribution）定义为：根据客户要求，对物品进行分类、拣选、集货、包装、组配等作业，并按时送达指定地点的物流活动。

（四）装卸搬运

国家标准《物流术语》（GB/T 18354—2021）将装卸（loading and unloading）定义为：在运输工具间或运输工具与存放场地（仓库）间，以人力或机械方式对物品进行载上载入或卸下卸出的作业过程。

国家标准《物流术语》（GB/T 18354—2021）将搬运（handling）定义为：在同一场所内，以人力或机械方式对物品进行空间移动的作业过程。

（五）流通加工

国家标准《物流术语》（GB/T 18354—2021）将流通加工（distribution processing）

定义为：根据顾客的需要，在流通过程中对产品实施的简单加工作业活动的总称。（注：简单加工业活动包括包装、分割、计量、分拣、刷标志、拴标签、组装、组配等。）流通加工是生产加工的延续和补充，可以提高物品的附加价值，满足消费者的需求，提高原材料的利用率。

（六）包装

国家标准《物流术语》（GB/T 18354—2021）将包装（package；packaging）定义为：为在流通过程中保护产品、方便储运、促进销售，按一定技术方法而采用的容器、材料及辅助物等的总体名称。（注：也指为了达到上述目的而采用容器、材料和辅助物的过程中施加一定技术方法等的操作活动。）

（七）信息处理

物流活动中各个环节生成的信息，一般随着从生产到消费的物流活动的产生而产生，与物流过程中的运输、仓储、装卸搬运、包装、流通加工、配送等各种职能有机结合在一起，是整个物流活动顺利进行所不可缺少的。

想一想：物流的核心功能要素是什么？

四、物流的特征

随着物流的发展，特别是智慧物流的发展，出现了新的物流特征，现代物流的特征如下。

（一）智慧化

国家标准《物流术语》（GB/T 18354—2021）将智慧物流（smart logistics）定义为：以物联网技术为基础，综合运用大数据、云计算、区块链及相关信息技术，通过全面感知、识别、跟踪物流作业状态，实现实时应对、智能优化决策的物流服务系统。智慧物流可以实现物流的自动化、智能化、可视化、可控化、信息化、网络化和标准化。

想一想：智慧物流的基础是什么？

（二）智能化

智能化是物流自动化、信息化的一种高层次的应用。现代化的物流中心中有关库存水平的确定、运输路线的选择、自动导向车的运行轨迹、自动分拣系统的运行等问题都需要借助物流智能化解决。

（三）信息化

物流信息化是现代物流的重点特征之一。物流信息化的主要表现形式就是诸如条码技术、RFID 自动识别技术、数据库技术、电子数据交换技术、GPS 和 GIS 等技术在物流中的广泛应用，对物流信息进行自动采集、传输、统计与分析，对订单、物料、库存、位置信息进行电子化管理。物流信息化可实现物流过程透明化、物流管理可视化。

（四）专业化

社会分工导致物流专业化，导致物流专业的形成。物流专业化至少包括两方面的内容：一方面，物流管理作为企业的一个专业部门，独立存在并承担专门的职能，随着企业的发展和企业内部物流需求的增加，物流管理部门可能会从企业中剥离出去成为社会化、专业化的物流公司；另一方面，随着企业对物流需求的不断加大，物流企业不断出现，它们提供各种不同的物流服务并进一步演变成为服务专业化的物流企业。

（五）系统化

物流本身就是一个完整的系统，这个系统包含运输、仓储、配送、装卸搬运、流通加工、包装、信息处理等子系统。整个物流系统的顺利运转离不开各个子系统之间的协调配合，单个子系统的效益最大化并不能代表整个系统的效益最大化。因此，现代物流科学都是以整个物流系统的优化作为研究对象的，目的就是使整个物流系统输入最少，即物流成本最低。消耗的资源最少而输出的服务效果最佳，就实现了整个物流系统的效益最大化。

（六）标准化

物流标准化是指以物流为一个大系统，制定系统内部设施、机械装备、专用工具等各个分系统的技术标准；制定系统内各分领域如包装、仓储、装卸、运输等方面的作业标准；以系统为出发点，实现各分系统与分领域中技术标准与工作标准的配合性要求，从而实现整个物流系统的标准统一。

物流标准化具体包含物品编码标准，物流基础模数尺寸标准，物流建筑基础模数尺寸标准，集装模数尺寸标准，物流术语标准，物流单据、票证的标准化，物流标志、图示和识别标准化等。

（七）柔性化

随着市场变化的加快，产品生命周期正在逐步缩短，小批量、多品种的生产方式已成为企业的主流模式。柔性化的物流正是适应生产、流通与消费的需求而发展起来的一种新型的物流模式，这就要求配送中心要根据消费需求“多品种、小批量、多批次、短周期”的特点，灵活组织和实施物流作业。

（八）国际化

随着全球经济一体化的进程加快，国际贸易、国际投资、国际经济合作的发展使得物流业向全球化方向发展，而跨境电商的发展更是加速了物流国际化的进程。国际物流业务涉及货运代理、国际货物运输、报关、报检、货物存储、配送、流通加工等。

想一想：为什么物流要跨越国境？

（九）绿色化

国家标准《物流术语》（GB/T 18354—2021）将绿色物流（green logistics）定义为：通过充分利用物流资源、采用先进的物流技术，合理规划和实施运输、储存、装卸、搬运、包装、流通加工、配送、信息处理等物流活动，降低物流活动对环境影响的过程。绿色物流包括以下两个方面：一方面，是控制物流系统对环境的污染，减少和消除物流对环境的负面影响，如采用绿色能源运输车辆以减少汽车尾气污染物的排放、降低设备噪声对环境的影响、采用环保包装材料、避免过度包装等；另一方面，是建立循环物流系统，如建立废旧物品、可再生资源的回收利用所形成的逆向物流系统或促进原材料副产品的再循环、包装废弃物的再循环、废旧物品的再循环、资源垃圾的收集和再资源化等。

五、物流的价值

物流是一种经济活动，也是不断满足客户需求的过程。物流可以创造物品的时间价值、空间价值和加工附加价值。

（一）时间价值

物流的时间价值主要通过仓储来实现。

1. 缩短流通时间，创造价值

缩短流通时间就是尽可能缩短物品从供给者到需求者手中的时间。通过缩短流通时间，可减少物流损失，降低物流消耗，加速物品的周转，节约资金。从全社会物流的总体情况来看，加快物流速度，缩短流通时间，是物流必须遵循的一条经济规律。

2. 克服时间差，创造价值

经济社会中，物品的供给时间往往和需求时间不一致，通过克服这一时间差可以创造价值。例如：粮食产出后，除一部分被及时消费外，剩余的要满足人们全年的需要；而且粮食也属于一种战略物资，国家要进行储备。因此，在适宜的储存场所将剩余的粮食储存起来，使其在非产出时间继续发挥价值也是物流的价值。物流便是以科学、系统的方法克服这种时间差，从而创造价值的。

3. 延长流通时间，创造价值

物流总体上遵循加快物流速度、缩短流通时间这一规律，以尽量缩小时间间隔来创造价值。但是在某些具体物流中也存在人为地延长物流时间来创造价值的情况。例如：有些水果具有后熟作用，通过物流的储存、储备活动，有意识地延长物流的时间，以满足人们的需求，这种配合时机销售的物流便是通过有意识地延长物流时间来创造价值。

（二）空间价值

物流的空间价值主要通过运输来实现。

1. 从集中生产场所流入分散的需求地区

现代化大生产的特点之一是通过集中的大规模的生产来提高生产效率、降低成本。在一定范围内集中生产的产品可以覆盖许多需求地区，有时甚至覆盖一个国家乃至若干个国家。通过物流将物品从集中生产的地区转移到分散于世界各地的需求地区，有时可以获得很高的利益。汽车、空调、电视机等产品的生产、销售就属于这种方式。

2. 从分散生产场所流入集中的需求地区

由于物品的属性各不相同，部分物品只能分散生产。例如：粮食由农户在地里种出来，然后运送到集中需求的城市；一个汽车厂的零配件生产由分散在全国各地，甚至是世界各地的厂家生产出来，却集中在一个厂里装配，这也形成了分散生产和集中需求。因此，物流便创造了空间价值。

3. 从低价值生产地流入高价值销售地

现代社会中供应与需求的空间差，有不少是由自然地理和社会发展因素决定的。例如：农村生产的粮食、蔬菜等，在城市被消费；南方的荔枝、北方的红枣，其生产地与消费地都不在同一地点。物流将物品从成本较低的生产地运往售价较高的消费地，从中获利。

想一想： 有些农产品在生产地的价格很低，但在销售地价格很高，为什么？

（三）加工附加价值

有些物品通过流通加工，不仅可以满足消费者的需求，而且创造加工附加价值，如配送中心将生鲜食品加工后送往各大超市。

六、物流的类型

（一）按供应链的环节分类

按供应链环节的不同，分为供应物流、生产物流、销售物流、逆向物流，如图 1－2 所示。

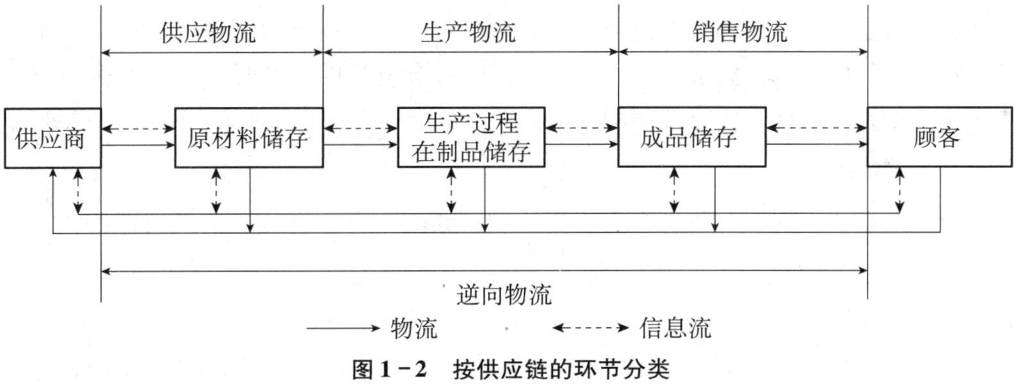

图 1－2　按供应链的环节分类

1. 供应物流

国家标准《物流术语》（GB/T 18354—2021）将供应物流（supply logistics）定义为：为生产企业提供原材料、零部件或其他物料时所发生的物流活动。

2. 生产物流

国家标准《物流术语》（GB/T 18354—2021）将生产物流（production logistics）定义为：生产企业内部进行的涉及原材料、在制品、半成品、产成品等的物流活动。

3. 销售物流

国家标准《物流术语》（GB/T 18354—2021）将销售物流（distribution logistics）定义为：企业在销售商品过程中所发生的物流活动。

4. 逆向物流

国家标准《物流术语》（GB/T 18354—2021）将逆向物流（反向物流）（reverse logistics）定义为：为恢复物品价值、循环利用或合理处置，对原材料、零部件、在制品及产成品从供应链下游节点向上游节点反向流动，或按特定的渠道或方式归集到指定地点所进行的物流活动。

逆向物流包括回收物流和废弃物物流。

（1）回收物流。回收物流是指退货、返修物品和周转使用的包装容器等从需方返回供方或专门处理企业所引发的物流活动。

（2）废弃物物流。国家标准《物流术语》（GB/T 18354—2021）将废弃物物流（waste logistics）定义为：将经济活动或人民生活中失去原有使用价值的物品，根据实际需要进行收集、分类、加工、包装、搬运、储存等，并分送到专门处理场所的物流活动。

（二）按物流范畴分类

按物流范畴划分为社会物流、行业物流和企业物流。

1. 社会物流

社会物流是指企业外部的物流活动的总称。一般是指在流通领域所发生的物流，是全社会物流的整体，也称为宏观物流或大物流。社会物流的范畴是社会经济大领域，研究国民经济的物流活动，研究如何服务于社会、面向社会又在社会环境中运行的物流。

2. 行业物流

行业物流是指不同行业所进行的物流活动，如汽车行业物流、医药行业物流、家电行业物流等。

3. 企业物流

国家标准《物流术语》（GB/T 18354—2021）将企业物流（enterprise logistics）定义为：生产和流通企业围绕其经营活动所发生的物流活动。

（三）按物流活动的空间范围分类

按物流活动的空间范围分为区域物流、国内物流和国际物流。

1. 区域物流

区域物流有不同的划分原则，按行政区域划分，如西南地区、华南地区等；按经济圈划分，如环渤海地区、长三角地区等。研究区域物流应根据区域的特点，从本区域的利益出发组织物流活动。

2. 国内物流

国内物流是指在一个国家境内开展的物流活动。物流作为国民经济的重要组成部分，应该纳入国家的总体规划，具体包括物流基础设施建设、各种政策法规的制定、物流的标准化、物流人才的培养等。

3. 国际物流

国家标准《物流术语》（GB/T 18354—2021）将国际物流（international logistics）定义为：跨越不同国家（地区）之间的物流活动。

（四）按从事物流活动的主体分类

按从事物流活动的主体分为第一方物流、第二方物流、第三方物流和第四方物流。

1. 第一方物流

第一方物流是指由物资提供者自己向物资需求者送货，以实现物资的空间位移。

2. 第二方物流

第二方物流是指由物资需求者自己承担所需物资的物流任务，以实现物资的空间位移。

3. 第三方物流

国家标准《物流术语》（GB/T 18354—2021）将第三方物流（third party logistics）定义为：由独立于物流服务供需双方之外且以物流服务为主营业务的组织提供物流服务的模式。

4. 第四方物流

第四方物流是一个供应链集成商，通过调集、管理和组织自己的以及具有互补性的服务提供商的资源、能力和技术，以提供一个完整的供应链解决方案。

课堂延伸：京东的责任担当

任务二　物流管理认知

任务导入

泛亚铁路—中老班列

2023年4月25日上午，泛亚铁路—中老班列（南充号）首发仪式在南充现代物流园举行。泛亚铁路—中老班列（南充号）正式开通，是南充深入贯彻落实习近平总书记关于共建“一带一路”倡议的具体行动，也是南充扩大对外开放的又一重大进展，为南充拓展海外市场架起了开放新桥梁，必将为南充深度融入新时代共建“一带一路”和成渝地区双城经济圈建设注入新的活力与动力。

任务分析：开通中老班列，涉及组织货源、计划班列的班次、协调中老双方的相关资源、调控双方所需的物资等，这些需要较高的物流管理水平。

任务要求：

1. 了解物流管理的概念
2. 理解物流管理的特征
3. 掌握物流管理的内容

一、物流管理的概念

国家标准《物流术语》（GB/T 18354—2021）将物流管理（logistics management）定义为：为达到既定的目标，从物流全过程出发，对相关物流活动进行的计划、组织、协调与控制。物流管理示意图如图1-3所示。

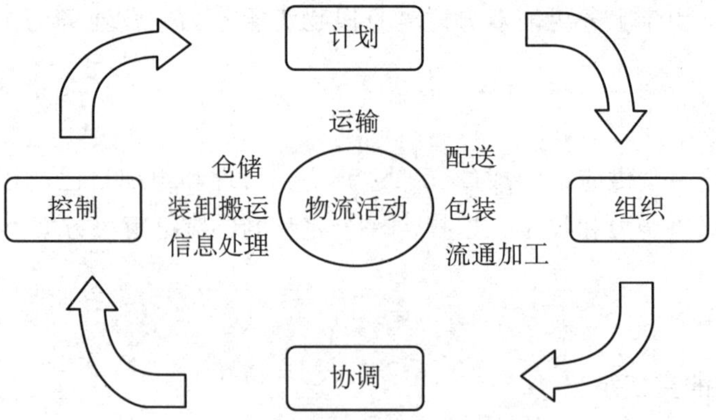

图1-3　物流管理示意图

二、物流管理的内容

（一）物流基本活动的管理

物流管理是近 20 年来在国外兴起的一门新学科，它是管理科学新的重要分支。随着生产技术和管理技术的不断提高，企业之间的竞争日趋激烈，人们逐渐发现，企业在降低生产成本方面的竞争似乎已经走到了尽头，产品质量的好坏也仅仅是一个企业能否进入市场参加竞争的敲门砖。这时，竞争的焦点开始从生产领域转向非生产领域，转向过去那些分散的、孤立的、被视为辅助环节而不被重视的环节，包括运输、仓储、配送、装卸搬运、流通加工、包装、信息处理等物流环节的管理。

（二）物流基本要素的管理

物流基本要素的管理是指对人、财、物、设备、方法和信息六大要素的管理。实施物流管理的目的就是要在总成本尽可能低的条件下达到既定的客户服务水平，即寻求服务优势和成本优势的动态平衡，并由此创造出企业在竞争中的战略优势。

（三）物流基本职能的管理

物流活动的具体职能主要包括物流计划、质量、技术、经济等职能的管理。物流管理强调运用系统方法解决问题。现代物流通常被认为是由运输、仓储、配送、装卸搬运、流通加工、包装、信息处理等环节构成的。企业的物流管理不仅要注重经济效益，而且要注重社会效益，履行社会责任。

（四）物流战略管理

国家标准《物流术语》（GB/T 18354—2021）将物流战略管理（logistics strategy management）定义为：通过物流战略设计、战略实施、战略评价与控制等环节，调节物流资源、组织结构等最终实现物流系统宗旨和战略目标的一系列动态过程的总和。

想一想：物流战略管理包括几个环节？

三、物流管理的特征

（一）以实现客户满意为第一目标

现代物流是基于企业经营战略，从客户服务目标的设定开始，进而追求客户服务的差别化。它通过物流中心、信息系统、作业系统和组织构成等综合运作，提供客户所期望的服务，在追求客户满意最大化的同时，求得自身的不断发展。

想一想：为什么以实现客户满意为第一目标？

（二）以企业整体最优为目的

物流企业既不能单纯追求单个物流功能的最优，也不能片面追求局部物流的最优，而应实现企业整体最优。

（三）以信息为中心

信息技术的发展带来了物流管理的变革，无论是条码、EDI、EOS、POS 等物流信息技术的运用，还是 QR、ECR 等供应链物流管理方法的实践，都建立在信息基础上，信息已经成为现代物流管理的核心。

（四）重效率，更重效果

原来的物流以提高效率、降低成本为重点，而现代物流不仅重视效率方面的因素，更强调整个物流过程的效果，即若从成果角度看，有的活动虽然使成本上升，但它有利于整个企业战略目标的实现，这种活动仍然可取。

（五）综合性管理

从物流的全过程出发，对运输、仓储、配送、装卸搬运、流通加工、包装和信息处理进行计划、组织、协调和控制，具有综合性。

任务三 物流标准化

任务导入

物流堆垛工艺标准化

物流活动是一项综合活动，一般需要多个设施、设备和人力资源的共同参与。由于物流有时间延续性和空间位移性，因此共同的、被广泛认同的执行方式或设备将会加大物流时空变化导致的不确定性。物流标准化即通过规定和设计统一标准的物流设备、活动规范和工艺方法等确保物流活动的统一执行，以提高流通效率，降低流通成本。例如：通过采用标准化的物品堆垛方法，一定数量的物品被有序堆放在立体区域，既便于盘点和搬运，又美观大方，同时节省堆垛空间；如果不采用标准化的堆垛方法，堆垛的物品可能发生占用空间、不利于盘点和不美观等多种问题。

任务分析：按照相关的标准对物品进行堆垛，无论是就地堆垛，还是在托盘上堆垛，既便于物品的盘点、搬运，又整齐、美观，节省空间的同时也能提高效率，这说明标准化是多么重要。

任务要求：

1. 了解物流标准化的概念
2. 理解物流标准化的内容
3. 掌握物流标准化的特点

一、物流标准化的概念

物流标准化是指以物流系统为对象，围绕运输、仓储、配送、装卸搬运、流通加工、包装以及信息处理等物流活动制定、发布和实施有关技术和工作方面的标准，并按照技术标准和工作标准相配合的要求，统一整个物流系统的标准的过程，如图 1－4 所示。

二、物流标准化的特点

（一）和一般标准化系统不同

物流系统的标准化涉及面更广，其对象也不像一般标准化系统那样单一，而是包括机电、建筑、工具、工作方法等许多种类。虽然处于一个大系统中，但物流标准化缺乏共性，从而造成标准种类繁多、标准内容复杂，也给标准的统一及配合带来很大困难。

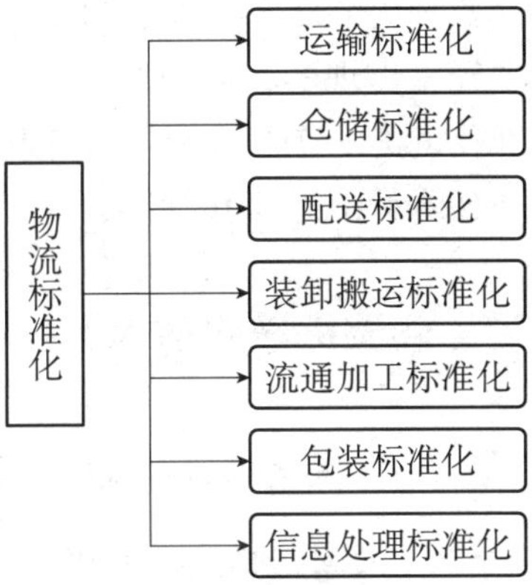

图 1－4　物流标准化

（二）属于二次系统

物流标准化系统属于二次系统。这是由于物流及物流管理思想诞生较晚；组成物流大系统的各个分系统，过去在没有归入物流系统之前，早已分别实现了本系统的标准化，并且经过多年的应用，不断发展和巩固，已很难改变。在推行物流标准化时，必须以此为依据，个别情况固然可将有关旧标准化体系推翻，按物流系统所提出的要求重建新的标准化体系，但通常还是在各个分系统标准化基础上建立物流标准化系统。这就必然要从适应及协调角度建立新的物流标准化系统，而不可能全部创新。

（三）体现科学性、民主性和经济性

科学性、民主性和经济性，是标准的“三性”。由于物流标准化十分特殊，因此必须非常突出地体现这“三性”，才能搞好这一标准化。科学性是要体现现代科技成果，以科学试验为基础，在物流中，则还要求与物流的现代化（包括现代技术及管理）相适应，要求能将现代科技成果联结成物流大系统。民主性是指标准的制定，采用协商一致的办法，广泛考虑各种现实条件，广泛听取意见，使标准更具权威性，减少实施阻力，易于贯彻执行。经济性是标准化的主要目的之一，也是标准化富有生命力的决定性因素，如不注重标准的经济性，片面强调反映现代科学水平、片面顺从物流习惯及现状，引起物流成本的增加，则会使标准失去生命力。

（四）国际性

经济全球化带来国际交往的大幅度增加，而所有的国际贸易又最终靠国际物流来完成。各个国家都很重视本国物流与国际物流的衔接，在本国物流管理发展初期就力求使

本国物流标准与国际物流标准化体系一致，若不如此，不但会加大国际交往的技术难度，还会在本来就很高的关税及运费的基础上又增加了因标准化系统不统一而造成的效益损失，使外贸成本增加。因此，物流标准化的国际性也是其不同于一般产品标准化的重要特点。

（五）遵循安全与保险的原则

物流安全问题也是近些年来非常突出的问题，往往是一个安全事故致使一个公司的利益损失殆尽，这样的事例并不乏见。当然，除了经济方面的损失，人身伤害也是物流中经常出现的，如交通事故的伤害、物品对人的伤害、危险品的爆炸等。所以，物流标准化的另一个特点是在物流标准中对物流安全性、可靠性的规定和为安全性、可靠性统一技术标准、工作标准。

三、物流标准化的内容

（一）其他国家和地区的物流标准化

1. 美国的物流标准化

美国作为北大西洋公约组织成员之一，参与制定的北大西洋公约组织物流标准包括物流结构、物流技术规范、海上多国部队物流、物流信息识别系统等。美国国家标准协会积极推进物流的运输、供应链、配送、仓储、EDI 和进出口方面的标准化工作。在美国，与物流相关的标准有千余条。在参加国际标准化活动方面，ISO/TC104 由美国牵头，并设立了第一分委会（负责普通多用途集装箱）、第二分委会（负责特殊用途集装箱）和第四分委会（负责识别和通信）。

2. 日本的物流标准化

日本是对物流标准化比较重视的国家之一，实施标准化的速度快。在标准体系研究中注重与美国、欧洲地区的合作，将重点放在标准的国际通用上。目前，日本已经提出了物流模数体系、集装箱的基本尺寸、物流用语、物流设施的设备基准、输送用包装的系列尺寸、包装用语、大型集装箱、平托盘等标准。在日本现有的标准体系中，与物流相关的标准有百余条。

3. 欧洲的物流标准化

欧洲标准化委员会成立于 1961 年。该组织目前设立了 300 余个技术委员会，负责运输、物流和服务的标准化工作，与此相关，还设立了负责道路交通和运输的信息化的技术委员会，分工作组进行与 ISO/TC204 内容大致相同的标准制定工作。另外，还有其他技术委员会。这些委员会共同推进物流标准化进程，并在标准制定过程中进行多方面的联系与合作。

在英国现有的标准体系中，与物流相关的标准有 2 000 余条。德国也形成了比较完善的物流标准体系，与物流相关的标准有 2 000 余条。

（二）我国的物流标准化

目前，我国已经制定的与物流相关的标准主要有：物流术语、托盘术语、运输包装指南等。

课堂延伸：全国物流标准化技术委员会

（三）技术标准

1. 物流基础标准

物流基础标准是制定物流标准应遵循的、全国统一的标准，是制定物流标准必须遵循的技术基础与方法指南，如图 1－5 所示。

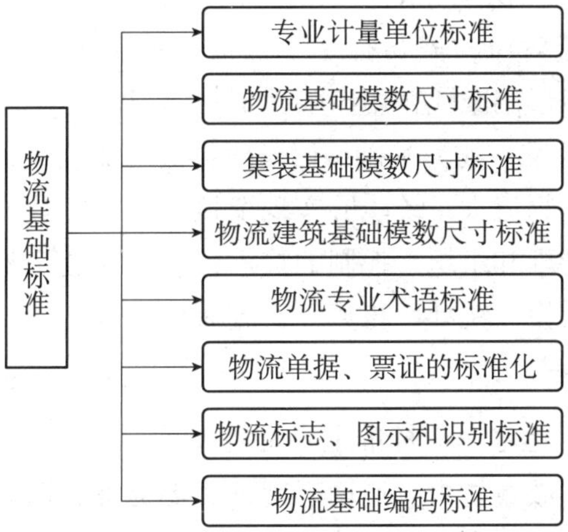

图 1－5　物流基础标准

（1）专业计量单位标准。物流标准是建立在一般标准化基础之上的专业标准化系统，除国家规定的统一计量标准外，物流系统还要有自身独特的专业计量标准。

（2）物流基础模数尺寸标准。物流基础模数尺寸是指标准化的共同单位尺寸，或系统各标准尺寸的最小公约尺寸。在基础模数尺寸确定之后，各个具体的尺寸标准，都要以基础模数尺寸为依据，选取其整数倍数为规定的尺寸标准。由于基础模数尺寸已经确定，因此只需在倍数系列进行标准尺寸选择，这就大大减少了尺寸的复杂性。物流基础模数尺寸的确定不仅要考虑国内物流系统，而且要考虑与国际物流系统的衔接，具有一定难度和复杂性。

（3）集装基础模数尺寸标准。集装基础模数尺寸是最小的集装尺寸，是在物流基础模数尺寸基础上，推导出的各种集装设备的基础尺寸。在物流系统中，由于集装尺寸必须与各环节物流设施、设备、机具相配合，在对整个物流系统进行设计时，通常以集装尺寸为核心进行设计。因此，集装基础模数尺寸影响和决定着与其有关的各环节的标准化。

（4）物流建筑基础模数尺寸标准。物流建筑基础模数尺寸是指物流系统中各种建筑物所使用的基础模数，它是以物流基础模数尺寸为依据确定的，也可选择共同的模数尺寸。该尺寸是设计建筑物长、宽、高尺寸，门窗尺寸，建筑物柱间距，跨度及进深等尺寸的依据。

（5）物流专业术语标准。物流专业术语标准包括物流专业名词的统一化、专业名词的统一编码以及术语的统一解释等。物流专业术语标准可以避免由于人们对物流词汇的不同理解而造成物流工作的混乱。

（6）物流单据、票证的标准化。物流单据、票证的标准化，可以实现信息的录入和采集，将管理工作规范化和标准化，也是应用计算机和通信网络进行数据交换和传递的基础标准。它可实现物流核算、统计的规范化，是建立系统情报网、对系统进行统一管理的重要前提条件，也是对系统进行宏观控制与微观监测的必备前提。

（7）物流标志、图示和识别标准。物流中的物品、工具、机具都是在不断变化的，因此，对于物流中的物流对象，需要有易于识别又易于区分的标识，有时需要自动识别，这就可以用复杂的条形码来代替用肉眼识别的标识。

（8）物流基础编码标准。物流基础编码是对物流对象物编码，并且按物流过程的要求，转化成条形码，这是物流大系统能够实现衔接、配合的最基本的标准之一，也是采用信息技术对物流进行管理和组织、控制的技术标准。在这个标准之上，才可能实现电子信息传递、远程数据交换、统计、核算等物流活动。

2. 物流系统技术标准

（1）运输车船标准。运输车船标准主要是对火车、卡车、货船、拖挂车等运输设备制定的车厢、船舱尺寸、载重能力、运输环境条件等标准，以保证设备之间以及设备与固定设施的衔接标准化。

（2）仓库技术标准。仓库技术标准包括仓库尺寸、建筑面积、通道比例、单位储存能力、温度、湿度、照明等技术标准。

（3）包装标准。包装标准包括尺寸、包装材料、质量要求、包装标志以及包装的技术要求等标准。

（4）传输机具标准。传输机具标准包括水平、垂直输送的各种机械式、气动式起重机、传送机、提升机的尺寸、传输能力等技术标准。

（5）站台技术标准。站台技术标准包括站台高度、作业能力等技术标准。

（6）集装箱、托盘标准。集装箱、托盘标准包括托盘、集装箱系列尺寸标准、荷重标准以及集装箱的材料等标准。

（7）货架、储罐标准。货架、储罐标准包括货架净空间、载重能力、储罐容积尺寸标准等。

课堂延伸：货架标准

（8）信息标准。EDI 标准等就属于信息标准。

3. 物流工作标准与物流作业标准

（1）物流工作标准。物流工作标准是指根据工作的内容、方法、程序和质量要求制定的标准。物流工作标准是对各项物流工作制定的统一要求和规范化制度，主要包括：各岗位的职责及权限范围；完成各项任务的程序和方法及与相关岗位的协调、信息传递方式、工作人员的考核和奖励方法；物流设施、建筑的检查验收规范；吊钩、索具使用、放置规定；货车和配送车辆运行时刻表、运行速度限制及异常情况的处理方法等。

（2）物流作业标准。物流作业标准是指在物流作业过程中的物流设备运行标准、作业程序、作业要求等标准。这是实现作业规范化、效率化以及保证作业质量的基础。

四、物流标准化的方法

（一）确定物流基础模数尺寸

物流基础模数尺寸的作用和建筑基础模数尺寸的作用大体是相同的，考虑的基点主要是简单化。物流基础模数一旦确定，设备的制造、设施的建设、物流系统中各环节的配合协调、物流系统与其他系统的配合就有所依据。目前 ISO 中央秘书处及欧洲各国基本认定 600 mm×400 mm 为物流基础模数尺寸，如图 1－6 所示。

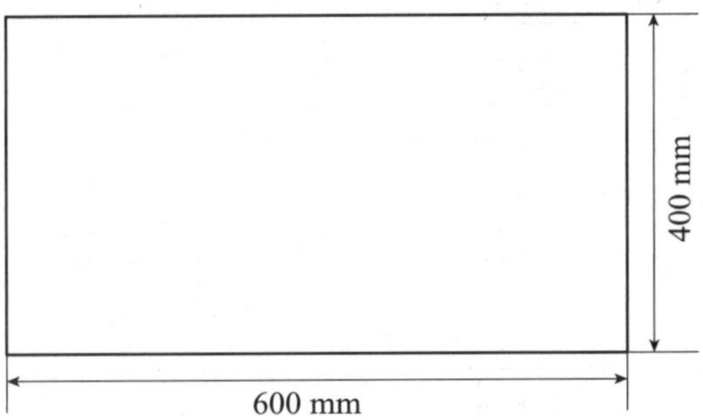

图 1－6　物流基础模数尺寸

因为物流标准化系统较其他标准系统建立较晚，所以确定基础模数尺寸主要考虑了目前对物流系统影响最大而又最难改变的事物，即输送设备。采取“逆推法”，由输送设备的尺寸来推算最佳的物流基础模数尺寸。当然，在确定物流基础模数尺寸时也考虑到了现在已通行的包装模数和已使用的集装设备，并从行为科学的角度研究了人及社会的影响。从物流基础模数尺寸与人的关系看，它是适合人体操作的最高限尺寸。

（二）确定物流模数尺寸

物流模数尺寸即集装基础模数尺寸，是最小的集装尺寸，是在物流基础模数尺寸的基础上，推导出的各种集装设备的基础尺寸。

集装基础模数尺寸可以从 600 mm × 400 mm 按倍数系列推导出来，也可以在满足 600 mm × 400 mm 基础模数的前提下，从卡车或大型集装箱的分割系列推导出来。目前，ISO 确定的集装基础模数尺寸以 1 200 mm × 1 000 mm 为主，也有 1 200 mm × 800 mm 和 1 100 mm × 1 100 mm，如图 1－7 所示。

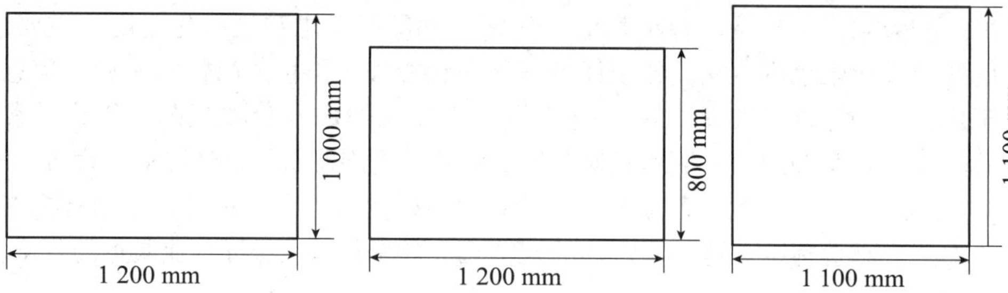

图 1－7　集装基础模数尺寸

（三）以分割及组合的方法确定系列尺寸

物流模数作为物流系统各环节标准化的核心，是形成系列化的基础。依据物流模数进一步确定的有关系列的大小及尺寸，再从中选择全部或部分，确定为定型的生产制造尺寸，这就完成了某一环节的标准系列。系列尺寸的推导关系如图 1－8 所示。

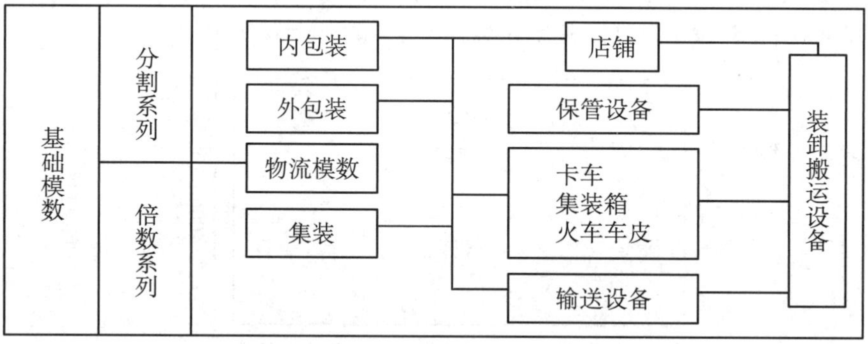

图 1－8　系列尺寸的推导关系

项目小结

将物流是指根据实际需要，将运输、储存、装卸、搬运、包装、流通加工、配送、信息处理等基本功能实施有机结合，使物品从供应地向接收地进行实体流动的过程。

任务一主要包括物流的产生与发展，物流的概念，物流的功能要素，物流的特征，物流的价值，物流的类型等内容。

任务二主要包括物流管理的概念，物流管理的内容，物流管理的特征等内容。

任务三主要包括物流标准化的概念，物流标准化的特点，物流标准化的内容，物流标准化的方法等内容。

项目实训

物流企业调研

实训目的

1. 提高对物流的认知。
2. 了解、分析物流企业运营状况和存在的问题。

实训资料

在本地选择2~3家物流企业，对不同类型和发展水平的物流企业分别进行调查比较，了解它们现在的发展水平和发展方向，对典型物流企业的运营模式和主营业务功能进行调研。

实训要求

1. 分组进行，选举一人为组长。
2. 确定每组所要调研的物流企业。
3. 落实外出调研的交通工具。
4. 强调外出调研的任务与纪律。
5. 小组讨论。
6. 总结并撰写调研报告，全班共享。

实训指导

1. 指导学生遵守所调研企业的管理制度。
2. 指导学生学会沟通。
3. 指导学生按正确的格式撰写调研报告。

实训评价

实训评价标准如表1-1所示。

表1-1 实训评价标准

姓名__________ 学号__________

序号	评价标准	分值	得分
1	考勤、纪律	10	
2	调研态度	10	
3	沟通协调	15	
4	职业素养	15	
5	调研报告	50	

项目二
物流系统

学习目标

※ 知识目标

- 了解系统的概念、系统的模式
- 理解物流系统的一般模式、构成，物流系统分析的基本要素与程序
- 掌握物流系统的特征、要素和物流系统优化的目标
- 掌握物流系统分析的特点和改善物流系统的方法

※ 能力目标

- 具有分析物流系统的能力
- 运用改善物流系统的方法的能力

※ 素质目标

- 牢固树立系统的意识
- 具有全局的观念、发展的观念
- 具有良好的职业道德、安全意识

思维导读

- 项目二 物流系统
  - 任务一 物流系统认知
    - 一、系统
    - 二、物流系统概述
  - 任务二 物流系统的构成
    - 一、运输子系统
    - 二、仓储子系统
    - 三、配送子系统
    - 四、装卸搬运子系统
    - 五、流通加工子系统
    - 六、包装子系统
    - 七、信息处理子系统
  - 任务三 物流系统分析
    - 一、物流系统分析的目的
    - 二、物流系统分析的特点
    - 三、物流系统分析的基本要素
    - 四、物流系统分析的程序
    - 五、改善物流系统的方法及注意事项

案例导入

蒙牛的快速物流系统

物流运输是乳品企业的重大挑战之一。目前，蒙牛的触角已经伸向世界各个角落，其产品远销海内外。蒙牛要如何突破配送的瓶颈，把产自大草原的牛奶送向更广阔的市场呢？另外一个重要的问题是，巴氏奶和酸奶的货架期非常短，巴氏奶仅10天，酸奶也不过21天左右，而且对冷链的要求很高。从挤出牛奶运送到车间加工，到市场销售，全过程巴氏奶都必须保持在0℃～4℃之间，酸奶则必须保持在2℃～6℃。这对运输的时间控制和温度控制提出了更高的要求。为了能在最短的时间内、有效的存储条件下，以最低的成本将牛奶送到商超的货架上，蒙牛采取了以下措施：

1. 缩短运输半径

对于酸奶这样的低温产品，由于其保质期较短，加上消费者对新鲜度的要求很高，一般产品超过生产日期三天送达商超，商超就会拒绝该批产品，因此，对于这样的低温产品，蒙牛要保证在2～3天内将其送到销售终端。

为了保证产品及时送达，蒙牛尽量缩短运输半径。在成立初期，蒙牛主打常温液态奶的销售，因此奶源基地和工厂基本都集中在内蒙古，以发挥内蒙古草原的天然优势。将酸奶加入产品线后，蒙牛的生产布局也逐渐向黄河沿线以及长江沿线伸展，以使牛奶产地尽量接近市场，从而保证低温产品快速送达卖场、超市。

2. 合理选择运输方式

目前，蒙牛产品的运输方式主要有两种：汽车和火车集装箱。蒙牛在保证产品质量的原则下，尽量选择费用较低的运输方式。

为了产品既能快速地送达消费者手中，又能保证质量，蒙牛对于路途较远的低温产品往往采用成本较为高昂的汽车运输。例如：北京销往广州等地的低温产品，全部走汽车运输，虽然成本较铁路运输高出很多，但在时间上能有保证。

车辆在途过程中，基于中交兴路在北斗时空应用和物流AI优势的蒙牛数智物流平台，通过车辆可视化监控模块，生动呈现每个运输节点，可时刻掌握车辆位置和货物状态，提前预判到达时间、随时查看运输轨迹回放。在牛奶到货后，车辆将自动触发到货围栏，经销商可通过小程序便捷查询货物送达状态，全方位提升客户体验。为提升物流运输效率，蒙牛数智物流平台引入大数据技术，整合运力资源，实现智能配载。平台基于货车轨迹挖掘POI深度信息的基础数据模型、高精度车辆位置数据补全等技术，根据不同车型、不同路线及不同货物量，自动完成智能配载，高效分配资源，保证最优调度。

而像利乐包、利乐砖这样保质期比较长的产品，则尽量依靠内蒙古工厂的供应，因为这里有较好的奶源。产品远离市场所带来的长途运输问题就依靠铁路集装箱来解决。与汽车运输相比，这样更能节省费用。

在铁路运输方面，蒙牛与中铁集装箱运输有限责任公司开创了牛奶集装箱“五定”班列这一铁路运输的新模式。“五定”即“定点、定线、定时间、定价格、定编组”，“五定”班列定时、定点，一站直达，有效地保证了牛奶运输的及时、准确和安全。

2003年7月20日，首列由呼和浩特至广州的牛奶集装箱“五定”班列开出，将来自内蒙古的优质牛奶运送到了祖国的大江南北，打通了蒙牛的运输“瓶颈”。目前，蒙牛销往华东、华南的牛奶80%依靠铁路运到上海、广州，再向其他周边城市分拨。现在，通过“五定”列车，上海消费者在70个小时内就能喝上草原鲜奶。

3. 全程冷链保障

低温奶产品必须全过程都保持2℃～6℃，这样才能保证产品的质量。蒙牛牛奶在“奶牛—奶站—奶罐车—工厂”这一运行序列中，采用低温、封闭式的运输。无论在茫茫草原的哪个角落，蒙牛的冷藏运输系统都能保证将刚挤下来的原奶在6个小时内送到生产车间，确保牛奶新鲜的口味和丰富的营养。出厂后，在运输过程中，蒙牛则采用冷藏车保障低温运输。蒙牛在其每个小店、零售店、批发店等零售终端投放冰柜，以保证其低温产品的质量。

4. 使每一笔单子做大

物流成本控制是乳品企业成本控制中一个非常重要的环节。蒙牛减少物流费用的方法是尽量使每一笔单子变大，形成规模后，在运输的各个环节上就都能得到优惠。比如利乐包产品走的铁路运输，每年运送货物达到一定量后，在配箱等方面可以得到很好的折扣。而利乐枕产品走的汽车运输，走5吨的车和走3吨的车，成本要相差很多。

此外，蒙牛的每一次运输活动都经过了严密的计划和安排，运输车辆每次往返都会将运进来的外包装箱、利乐包装等原材料和运出去的产品做一个基本结合，使车辆的使用率提高了很多。

任务一 物流系统认知

任务导入

电商仓配系统

以电商仓配系统运作过程为例，为保障及时交付，卖家要将所售商品提前入库。为迎接商品入库，仓库要提前准备人员、设备、储位等。当消费者在网上下订单后，仓库要进行汇单处理、拣货、包装、质检、出库、配送等，直到将商品安全、准确地交给消费者。消费者收到商品后，可能会对物流体验进行评价。电商仓配系统的输入包括人力、设备、商品、储位、订单信息等资源，系统的处理包括汇单处理、拣货、包装、质检、出库、配送、交货等，系统的输出是指商品的空间位移和物流服务。客户订单的突增、交通拥堵、恶劣天气等是影响系统正常运行的常见干扰因素，而消费者对物流的评价就是一种反馈。

任务分析：以上案例涉及物流系统的模式，主要包括输入、处理、输出、干扰和反馈五个方面。

任务要求：

1. 理解系统
2. 掌握物流系统

一、系统

（一）系统的概念

“系统”一词源于古希腊语 system，有“共同”和“给以位置”的含义。追根溯源，近代比较完整地提出“系统”的概念的是亨德森，后来发展为贝塔朗菲的一般系统论。

系统是由两个或两个以上相互联系、相互作用的要素或子系统有机结合并完成某一特定功能的有机整体。系统与子系统的关系是相对的，一个系统可能是另一个更大系统的子系统，而一个系统也可以继续分成更小的系统。

由系统的定义可知，系统的形成应具备以下条件：一是系统是由两个或两个以上的要素组成；二是各个要素都具有一定的目的；三是各要素之间相互联系，使系统保持相对稳定；四是系统具有一定的结构，并保持系统的有序性，从而使系统具有特定的功能。

（二）系统的模式

外部环境向系统提供劳动力、手段、资源、能量、信息，这些称为系统的“输入”。将系统的“输入”进行必要的转换处理活动，使之成为有用的产品供外部环境使用，称为系统的“输出”。输入、处理和输出是系统的三要素。如一个工厂输入原材料，经过加工处理，得到一定产品作为输出，这就成为生产系统。外部环境因资源有限、需求波动、技术进步以及其他各种变化因素的影响，对系统加以约束或影响，这些因素称为系统的干扰因素。此外，输出的成果不一定是理想的，可能偏离预期目标，因此要将输出的信息返回给输入，以便调整和修正系统的活动，这称为系统的反馈。系统的一般模式如图 2－1 所示。

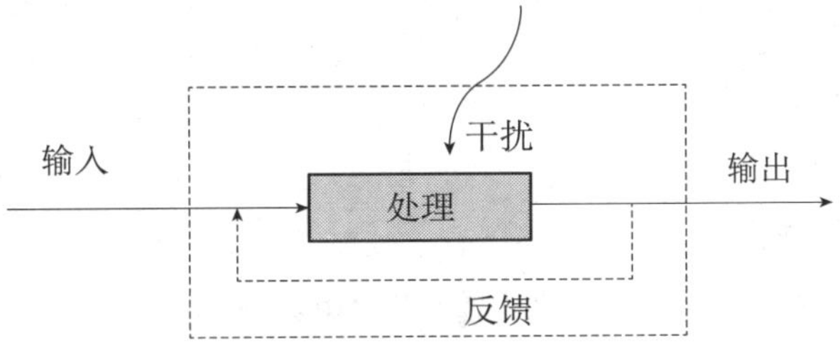

图 2－1　系统的一般模式

想一想：系统的三要素是什么？

（三）系统的特征

系统具有以下特征：

1. 整体性

整体性是指系统必须是由两个或两个以上既有一定区别又有一定联系的要素组成的整体。这种整体的功能不是各个要素功能的简单相加，而是按照逻辑统一性要求组成的整体。系统中任何一个要素的功能都不能代替系统的整体功能。整体性是系统最基本的特征，没有整体性就没有系统的存在。

2. 层次性

任何系统都是有层次的。一个主系统可以包括若干子系统，子系统又有下一级子系统，而主系统本身又可能包含在更高一级的系统中。系统的层次不是单一的，根据属性、目的、特点的不同，系统可以划分为不同的层次。人们在分析系统要素时，要遵循其层次性，注意整体与层次、层次与层次的级别关系。

3. 相关性

相关性是指组成系统的各要素之间是相互联系、相互作用、相互依存、相互制约的。系统内各要素通过相互联系、相互作用、相互依存、相互制约，形成一个有机整体。

4. 目的性

任何系统都有自身特定的目标，系统的一切运动和行为都是为了实现这个目标。在一个多层次的系统中，大系统有总目标，各子系统不仅要服从总目标，其自身还有分目标。要达成系统的总目标，必须使系统内的子系统和要素相互协调配合，朝着共同的目标努力。

5. 适应性

系统总是处于一定的环境之中，受环境的约束。当环境发生变化时，系统的功能就会受到影响。因此，系统必须具有自我调节能力，以适应环境的各种变化。这种自我调节的应变能力称为系统的环境适应性。

想一想：系统最基本的特征是什么？

二、物流系统概述

（一）物流系统的概念

物流系统是指由两个或两个以上的物流功能单元构成的，以完成物流服务为目的的有机集合体。物流系统是社会经济大系统的一个子系统，它将一定时间和空间范围内的物流活动或过程当作一个整体来看待，用系统的观点进行分析和研究。

（二）物流系统的特征

物流系统具有一般系统所共有的特点，即整体性、层次性、相关性、目的性、适应性，同时还具有不同于一般系统的特殊性，具体如下：

1. 物流系统是一个“人机系统”

物流系统是由人和形成劳动手段的设备、工具所组成的。它表现为物流劳动者运用运输设备、装卸搬运机械、仓库、港口、车站等设施，作用于物资的一系列生产活动。在这一系列的物流活动中，人是系统的主体，因此，在研究物流系统的各个方面问题时，要把人和物有机地结合起来，作为不可分割的整体，加以考察和分析，而且始终把如何发挥人的主观能动作用放在首位。

2. 物流系统是一个大跨度系统

物流系统是一个大跨度系统，它主要表现在两个方面：一是地域跨度大，二是时间跨度大。在现代经济社会中，随着经济的全球化、信息化和网络化的发展，物流活动早已突破了地域限制，显现出物流跨地区、跨国界发展的趋势。跨地域性正是物流创造的场所价值的体现。

想一想：为什么物流系统是一个大跨度系统？

3. 物流系统是一个可分系统

首先，物流系统由多个作业环节构成。其中，最基本的功能作业环节包括运输、仓储、配送、装卸搬运、流通加工、包装及信息处理等。其次，物流系统的层次具有多样性。按照不同的属性、特征或目的，可以将物流系统划分出不同的层次。物流系统的层次还具有相对性的特点。也就是说，每个系统相对于它所包含的组成要素来说是一个系统；相对于比它更高一层的系统来说，就变成了要素。

4. 物流系统是一个动态系统

物流系统和生产系统的一个重大区别在于：生产系统按照固定的产品、固定资产生产方式，连续或不连续生产，少有变化，系统稳定的时间较长。而一般的物流系统，总是联结多个生产企业和用户，随需求、供应、渠道、价格的变化，系统内的要求及系统的运行经常发生变化，难以长期稳定。稳定性差、动态性强带来的主要问题是要求系统有足够的灵活性与可改变性，这自然会增加管理和运行的难度。

5. 物流系统是一个复杂的系统

物流系统运行对象——“物”遍及全部社会物质资源，资源的大量化和多样化使物流复杂化。从物资资源上看，品种成千上万，数量极大；从从事物流活动的人员上看，需要数以百万计的庞大队伍；从资金占用上看，占用着大量的流动资金；从物资供应点上看，遍及全国各地。这些人力、物力、财力资源的组织和合理利用，是一个非常复杂的问题。

6. 物流系统是一个多目标函数系统

物流系统的总目标经常不是单一的，要实现物流成本的最小化、服务水平的最大化、对环境影响的最小化、浪费最小化等。在实现这些目标时，总是会出现一些矛盾，常称其为“效益背反”现象。“效益背反”是物流领域中很普遍的现象，是物流系统中内部矛盾的反映和表现。国家标准《物流术语》（GB/T 18354—2021）对“物流效益背反”（logistics trade off）的定义为：一种物流活动的高成本，会因另一种物流活动成本的降低或效益的提高而抵消的相互作用关系。例如：追求库存的合理化，必然牺牲运输成本的合理性；追求包装费用的节省，会影响其在运输、保管过程中的保护功能和方便功能而造成经济损失。效益背反的特性体现了物流系统中一方利益的追求要以牺牲另一方的利益为代价，这是一种此消彼长、此盈彼亏的现象。因此，要使物流系统满足要求，就必须建立多目标函数，在多目标下寻求物流系统的最优化。

想一想：你能列举“效益背反”的例子吗？

（三）物流系统的一般模式

物流系统与一般系统一样，具备输入、处理（转化）、输出、干扰（限制）、反馈等功能。根据物流系统的性质，其具体内容是不同的。物流系统的一般模式，如图2－2所示。

1. 输入

通过提供资源、能源、设备、劳动力等手段对某一系统发生作用，统称为外部环境对物流系统的输入，它包括原材料、设备、劳动力、能源、资金、信息等的输入。

2. 处理（转化）

处理（转化）是指物流本身的转化过程。输入到输出之间所进行的生产、供应、销

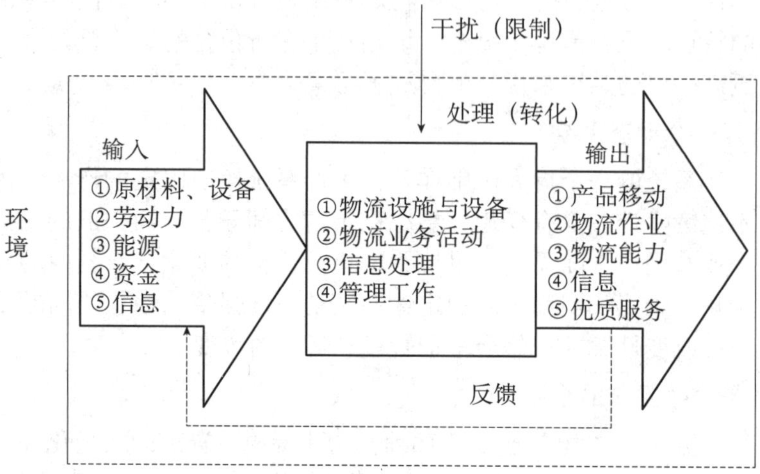

图 2－2　物流系统的一般模式

售、服务等活动中的物流活动称为物流系统的处理或转化，主要内容有物流设施设备的建设、物流业务活动、信息处理和管理工作等。

3. 输出

物流系统与其本身所具有的各种手段和功能，对环境的输入进行各种处理后所提供的物流服务称为系统的输出，主要内容有产品位置与场所的转移、各种劳务等。

4. 干扰（限制）

外部环境对物流系统施加一定的约束称为外部环境对物流系统的干扰或限制，主要内容是资源条件、能源限制、资金与生产能力的限制、市场价格与需求变化的影响、库存容量、物流作业能力、政策变化等。

5. 反馈

物流系统在把输入转化为输出的过程中，由于受到系统各种因素的限制，不能按原计划实现，需要把输出结果返回给输入进行调整；即使按原计划实现，也要把信息返回，以对工作做出评价，称为信息反馈，主要内容是物流活动分析报告、各种统计报告数据、典型调查、国内外市场信息与有关动态等。

（四）物流系统的要素

1. 物流系统的一般要素

物流系统的一般要素主要包括人、财、物。

2. 物流系统的功能要素

物流系统的功能要素主要包括运输、仓储、配送、装卸搬运、流通加工、包装、信息处理。

3. 物流系统的支撑要素

物流系统的支撑要素主要包括体制制度、法律法规、行政命令、标准化系统。

4. 物流系统的物质基础要素

物流系统的物质基础要素主要包括物流设施、物流装备、物流工具、信息技术、网络组织、网络管理等。

5. 物流系统的流动要素

物流系统的流动要素主要包括流体、载体、流向、流量、流程、流速和流效。

课堂延伸：物流系统的流动要素

（五）物流系统优化的目标

1. 规模适当化

规模适当化应该考虑物流设施集中与分散的问题是否适当，机械化与自动化程度如何合理利用，情报系统的集中化所要求的计算机等设备的利用等。由于物流系统比生产系统的稳定性差，因此难于形成标准的规模化模式，获得规模效益较困难。以物流规模作为物流系统优化的目标，以此来追求“规模效益”。在物流领域以分散或集中的方式建立物流系统，研究物流集约化的程度，就体现了规模适当化这一目标。

2. 快捷性

快捷性要求工作人员将货物按照规定的时间迅速送达用户指定的地点。可以把配送中心建在客户所在地区附近，以缩短运输距离；或者利用有效的运输工具和合理的配送计划等手段缩短配送时间。

3. 安全性

安全性是指尽量保证货物在运输途中的安全，在装卸搬运过程中的安全和仓储阶段的安全；尽可能地减少客户订货缺货的风险。物流系统的各个环节、各过程都应坚持“预防为主”，避免由于安全隐患而导致事故的发生，给企业和客户造成损失。

4. 服务性

在为用户服务方面，服务性要求对用户的订货能按照预定的时间送达，做到缺货率低、货物损失小、无货物丢失等，且物流成本控制在一定水平。物流信息系统能够提供在线查询的服务，让货主实时了解货物的在途情况。

5. 库存控制

必要的库存是为了保证需求、减少缺货风险，但库存过多则需要占用更多场所进行保管，而且会产生库存资金的积压，造成浪费。因此，物流系统必须按照生产和流通的需求变化对库存进行控制。

6. 低成本

物流系统是一个多环节、多因素的复杂系统。物流系统优化的目标是通过各个环节的配合与协调，使各个物流环节最大化增值，实现总成本最低。

任务二 物流系统的构成

任务导入

高效物流系统——海尔的生命线

作为世界著名的家电跨国企业，海尔的产品每天要通过全球的营销网点，销往世界多个国家和地区，每月采购几十万种物料，制造多种产品，每月接到大批销售订单。

对于海尔集团来说，高效率的现代物流系统是企业内部运作的生命线，为此海尔开始了与 SAP 的合作。根据海尔的实际情况，SAP 先与其合作伙伴 EDS 为海尔物流本部建造了家用空调事业部的 MM（物料管理）模块和 WM（仓库管理）模块的硬件设施。后来，SAP 开始为海尔设计实施基于协同化电子商务解决方案 mySAP. com 的 BBP 项目。经过双方 7 个月的艰苦工作，mySAP. com 系统下的 MM、PP（生产计划与控制）、FI（财务管理）和 BBP（电子采购平台）模块正式上线。至此，海尔的后台 ERP 系统已经覆盖了整个集团原材料的集中采购、原材料仓库及立体仓库的管理与 19 个事业部 PP 模块中的生产计划、事业部生产线上工位的原材料配送、事业部成品下线的原材料消耗倒冲以及物流本部零部件采购公司的财务等业务，构建了海尔集团的内部供应链。

海尔物流系统可以用“一流三网”来概括。“一流”是指以订单信息流为中心，“三网”分别是全球供应链资源网络、全球用户资源网络和计算机信息网络。围绕订单信息流这一中心，将海尔遍布全球的分支机构整合在统一的物流平台之上，从而使“三网”同时开始执行，同步运营，为订单信息流的增值提供支持。

“一流三网”的同步模式实现了四个目标：为订单而采购，消灭库存，促使采购成本大幅度降低，仓储面积减少了一半，降低了库存资金，库存资金周转日期下降；通过整合内部资源、优化外部资源，使供应商得到优化，建立了更强更大的全球供应链网络，有力地保障了海尔产品的质量和交货期；实现了三个 JIT（准时制），即 JIT 采购、JIT 配送和 JIT 分拨物流的同步流程；实现了与客户的零距离。

任务分析：海尔物流系统可以用“一流三网”来概括，“一流三网”的同步模式实现了四个目标。

任务要求：

理解运输、仓储、配送、装卸搬运、流通加工、包装和信息处理等子系统。

一、运输子系统

运输是指利用载运工具、设施设备及人力等运力资源，使货物在较大空间上产生位置移动的活动。运输是物流的主要功能要素之一。首先，运输的作用体现在它是社会物质生产的必要条件，没有运输，许多生产过程将无法完成，只有通过运输将物品送到需要的地方，物品才能实现其使用价值；其次，运输具有扩大市场、稳定价格的作用，它对发展经济、提高国民生活水平有着十分巨大的影响；最后，运输是“第三利润源”的主要源泉，据分析计算，在整个社会的物流总成本中，运输费用占到近40%～50%，其所占比例最大。因而，合理组织运输活动、节约运输成本，是降低物流成本的重要内容。

二、仓储子系统

仓储是指利用仓库及相关设施设备进行物品的入库、储存、出库的活动。一般来说，物品的生产和消费不可能是完全同步的，为了缓解这种不同步所带来的矛盾，就需要用仓储来平衡供需之间的差异。例如：市场对大米的需求是均衡和连续的，而大米的生产却是集中的，这就需要利用仓储解决集中供给与均衡需求之间的矛盾。

随着现代物流学的发展，仓储作为物流系统的重要子系统越来越受到重视，在物流过程中也发挥着越来越重要的作用。除了利用仓储调节供需之间的时间矛盾之外，还可利用仓储平抑市场的价格波动，降低运输成本，缩短交货时间，提高客户满意度等。

三、配送子系统

配送是根据客户要求，对物品进行分类、拣选、集货、包装、组配等作业，并按时送达指定地点的物流活动。配送是现代社会市场激烈竞争环境下的产物，卖方只有通过提高配送服务水平才能取得竞争优势。

从物流的角度看，配送几乎包括了所有的物流功能要素，是物流的缩影。一般地，配送集运输、仓储、装卸搬运、流通加工、包装、信息处理于一体，通过一系列活动将物品送到目的地。

四、装卸搬运子系统

装卸是指在运输工具间或运输工具与存放场地（仓库）间，以人力或机械方式对物品进行载上载入或卸下卸出的作业过程。搬运是指在同一场所内，以人力或机械方式对物品进行空间移动的作业过程。

装卸搬运是指在一定地域范围内进行的，以改变货物存放状态和空间位置为主要内容的物流活动。装卸搬运是各生产阶段、各物流环节（如运输、保管等）之间相互转换的桥梁。装卸搬运将物资运动的各个阶段联结为“流”，把各种运输方式连接起来，从而实现网络化运输。因此，装卸搬运是物流系统的重要环节之一，它贯穿于物流活动的全过程，是物流各项活动中最基础、最频繁的作业环节，起着衔接和桥梁的重要作用。

五、流通加工子系统

在国家标准《物流术语》（GB/T 18354—2021）中，流通加工（distribution processing）是指根据顾客的需要，在流通过程中对产品实施的简单加工作业活动的总称。（注：简单加工业活动包括包装、分割、计量、分拣、刷标志、拴标签、组装、组配等。）在流通过程中对物品进行进一步的辅助性加工，可以弥补企业、物资部门、商业部门在生产过程中加工程度的不足，更有效地满足客户的需求。

流通加工业务是现代物流企业提供的增值服务，它会提高流通商品的附加价值，提高物流企业的经济效益，也给消费者带来了方便。

六、包装子系统

在国家标准《物流术语》（GB/T 18354—2021）中，包装（package；packaging）是指为在流通过程中保护产品、方便储运、促进销售，按一定技术方法而采用的容器、材料及辅助物等的总体名称。（注：也指为了达到上述目的而采用容器、材料和辅助物的过程中施加一定技术方法等的操作活动。）包装具有保护物品、方便储运和促进销售的作用。保护物品是包装的首要功能，只有实施有效的包装，才能使物品在储运过程中不受损害，顺利地完成流通过程。而方便储存和运输也是包装的作用之一，物品的形态有固体、液体、气体之分，体积有大小之分，形状有规则与不规则之分，质地有硬与软之分等。为了便于物流作业，必须对物品进行包装。大多数情况下，采用对物品成组化或集装化的包装，如装到箱子里、笼车里等。包装能起到促进销售的作用，良好的包装往往能吸引广大消费者，从而激发其购买欲望。

七、信息处理子系统

发展物流的关键是实现物流的信息化，实现物流、信息流、资金流的高度统一，真正做到以客户为中心。物流与信息的关系非常密切，物流从一般活动成为系统活动有赖于信息的作用，如果没有信息，物流则是一个单向活动。只有信息的反馈，才能使物流成为一个有反馈作用的现代服务系统。

现代物流的重要特征是物流的信息化，建立和完善物流信息处理系统是开展现代物流活动的一项重要工作内容。物流信息处理系统对其他物流子系统的运行起着支持和保障作用，并为物流管理人员及其他企业管理人员提供战略及运作决策支持。物流信息处理系统是提高物流运作效率、降低物流成本的重要基础设施，也是实现物流信息化管理的重要基础设施。物流信息处理系统在企业掌握物流系统运行现状、接受订货、指示发货及补货、反馈及结算，以及对外衔接等方面，都起着重要的作用。

任务三　物流系统分析

任务导入

打造物流强国，中国需要智能物流体系

未来，中国要成为世界领先的物流强国。当前，中国物流业发展正处在一个重要时期，可能是全球最有吸引力、最有魅力而且最具创新性的发展阶段。

在这样的一个时期，中国的战略是要打造一个强大、智能、绿色的国家物流系统和连接世界的物流体系，并将这个物流体系嵌入整个经济社会和整个世界经贸体系中。

中国虽是全球物流资源最大的国家之一，但大部分资源是分散、分割的，需要推进资源与要素联接联合联动、共利共赢共享、大规模社会协同，提供灵活、定制的物流服务。另外，中国过去是被动全球化，现在正处在一个主动全球化的过程中，需要有一个连接世界的全球物流体系，支撑中国的全球化生产和全球化贸易，推动世界物流业发展。

中国智能物流骨干网，对接了国家物流战略，助力了物流强国建设。中国智能物流骨干网有两个定位是准的，一是智能，二是骨干。中国智能物流骨干网是构建强大智能绿色国家物流系统与全球物流体系的组成部分，是物流现代化的先导力量，这一巨大的系统性工程需要加强资源整合能力。

任务分析： 建设中国智能物流骨干网，可以整合资源，有效降低整体物流成本，从而推动经济发展。

任务要求：

1. 了解物流系统分析的目的
2. 理解物流系统分析的基本要素、程序和改善物流系统的方法
3. 掌握物流系统分析的特点

一、物流系统分析的目的

物流系统分析的目的就是要使输入（资源）最少，而输出的物流服务效果最佳。物

流系统分析时要运用科学的分析工具和计算方法，对系统的目的、功能、结构、环境、费用和效益等进行充分、细致的调查研究，收集、比较、分析和处理有关数据，建立若干个拟订方案，比较和评价物流结果，寻求系统整体效益最佳和有限资源配备最佳的方案，为决策者最后抉择提供科学依据。

二、物流系统分析的特点

（一）追求整体目标最优

在一个系统中，处于各层次的子系统都有特定的目标和功能，彼此分工协作，才能实现系统整体的共同目标。如果只研究某些局部问题，而忽视其他子系统，那么系统的整体效益将要受到不利影响。因此，从事任何系统的分析，都必须以发挥系统整体的最大效益为目标，不可能只限于局部，以免顾此失彼。

（二）以特定问题为对象

系统分析是一种处理问题的方法，针对性强，其目的在于寻找解决特定问题的最佳方法。物流系统中的许多问题都具有不确定性因素，而物流系统分析就是要针对这种不确定情况，研究解决问题的各种方案及其可能产生的结果。因此，物流系统分析必须以解决特定问题的最佳方案为重点。

（三）运用定量方法

物流系统分析特别注重实践性，深入现场调查研究取得第一手资料非常重要。在许多复杂的情况下，需要准确、可靠的数字和资料，以此作为科学判断的依据。如果利用数学模型有困难，可以借助结构模型解析法或计算机仿真模型。

想一想： *为什么要运用定量方法？*

（四）凭借价值判断

进行系统分析时，必须对某些事物作出预测，或者利用过去发生的事实作为样本，以此推断未来可能出现的趋势。由于所提供的资料有许多不确定的因素，而外部环境经常发生变化，因此在进行物流系统分析时，还要凭借各种价值观念进行判断并从中选优。

三、物流系统分析的基本要素

物流系统分析有五个基本要素，即目标、可行方案、模型、指标和评价标准。

（一）目标

目标是对目的的细化，明确物流系统的目标是进行物流系统分析的起点。通过对目标的分析，可以进一步明确物流系统的任务，同时还应确定物流系统的构成和范围。

（二）可行方案

一般情况下，为了实现某一目的，总会有几种可采取的方案或手段。这些方案彼此之间可以替换，称为替代方案或可行方案。通常，每种方案都各有利弊，必须经过分析、比较，从中选择一种最佳或最优的方案。

（三）模型

模型可对实体物流系统进行抽象的描述。借助模型可以有效地求得物流系统设计所需的参数，并据此确定各种约束条件。同时，还可以利用模型来预测各种可行方案的性能、费用和效益，有利于各种方案的分析和比较。在物流系统分析中经常采用数字模型和逻辑模型。

（四）指标

指标是系统分析的依据，它包括性能、费用与效益、时间等。性能是技术论证的主要方面；费用与效益是经济论证的重要标准，一般来说，效益大于费用的方案是可取的，反之则不可取；时间是一种价值因素，进度与周期是它的具体体现。

（五）评价标准

评价标准是物流系统分析中确定各种可行方案优先顺序的标准。标准包括费用效益比、性能周期比、费用周期比等。利用评价标准对各种方案进行综合评价以确定各种方案的优先顺序。评价标准一般根据物流系统的具体情况而定，费用与效益的比较是评价各种方案优劣的基本标准。

想一想：物流系统分析的基本要素有哪些？

四、物流系统分析的程序

物流系统分析的程序如图 2－3 所示。

（一）确定物流系统问题

进行物流系统分析首先要确定物流系统问题的范围，明确物流系统问题的性质。物流系统问题是一个包括运输、仓储、配送、装卸搬运、流通加工、包装、信息处理等许多环节在内的大系统，或是一个物流中心。通常，问题是在一定的内外环境作用下产生的，它不可避免地带有一定的本质属性和特定范围。只有明确了问题的性质、范围后，物流系统分析才能有可靠的起点。

（二）确定目标

物流系统分析是针对具体目标开展的，目标通过一定的指标来表示，而指标是衡量目标所要达到的结果。由于系统功能的目标受多方面因素的影响，因此物流系统优化的

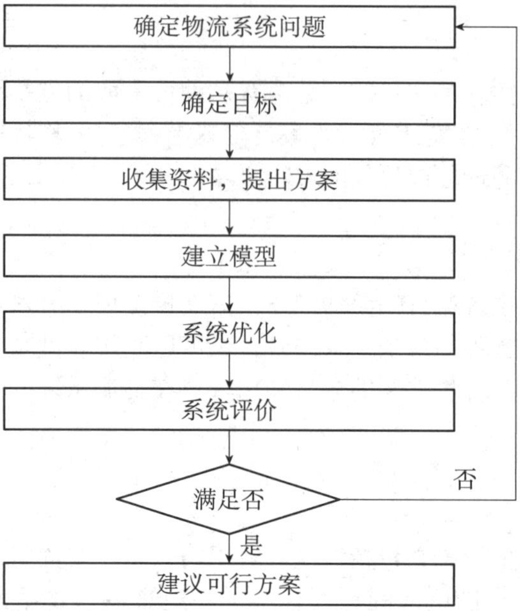

图 2-3 物流系统分析的程序

目标也有很多。在多目标的情况下，既要考虑目标之间的协调性，又要考虑目标的经济性、可行性、科学性和整体性。

（三）收集资料，提出方案

要实现物流系统的目标，必须收集实现目标的一些资料，提出多种备选方案。方案的可行性论证要有准确的数据资料作为支撑，并为物流系统分析做好准备。

（四）建立模型

建立模型就是找出影响系统功能的主要因素及其相互关系。由于表达方式和方法不同，模型有实物模型、图示模型、模拟模型、数学模型等。通过建立模型，可以确认影响系统功能和目标的主要因素及其影响程度，同时，确认这些因素的相关程度，总目标和分目标的达成途径及约束条件。

课堂延伸：四种模型

（五）系统优化

运用最优化理论和方法，对若干个替代方案的模型进行优化计算，求出几个替代解。

（六）系统评价

在考虑前提条件、假设条件、约束条件后，在结合知识和经验的基础上选择最优解，从而为选择物流系统的最优方案提供必要的信息。

五、改善物流系统的方法及注意事项

（一）改善物流系统的方法

（1）改善成本与服务，改变物流系统。

（2）提高物流服务，取得竞争优势。

（3）采用成本对策，改善物流服务。

（4）降低物流成本，提高竞争力。

（二）改善物流系统的注意事项

在改善物流系统时，需要注意的是物流系统中常见的效益背反现象。不仅物流各部门和各功能之间存在效益背反，物流服务与物流成本之间也存在效益背反。一般来说，成本与服务之间受“收益递减法则”的支配。虽然决策层可以提出降低物流成本的要求，但这时必须认真考虑物流成本下降与物流服务之间的关系，如以下几种情况：

（1）减少物流据点并尽量减少库存，势必使库存补充变得频繁，必然增加运输次数。简化包装，则包装强度降低，仓库里的货物就不能堆放过高，这就降低了保管效率；而且在装卸和运输过程中容易出现破损，以致搬运效率下降，破损率增多。

（2）将铁路运输改为航空运输，尽管运费增加了，但运输速度大幅度提高了，不但减少了各地物流据点的库存，还大量减少了仓储费用。

由于各物流活动之间存在效益背反，因此就必须研究总体效益，使物流系统优化。物流的各项活动，如运输、仓储等都各自具有提高自身效率的机制，也就是具有运输系统、仓储系统等子系统。因此，我们必须使各个系统相互配合，以实现总体最佳效益为目的。由于这些系统之间存在效益背反，因此物流系统就是以成本为核心，按最低成本的要求，使整个物流系统化。

想一想：一般来说，成本与服务之间受什么支配？

项目小结

物流系统是指由两个或两个以上的物流功能单元构成的，以完成物流服务为目的的有机集合体。

任务一主要包括系统，物流系统概述等内容。

任务二主要包括运输子系统，仓储子系统，配送子系统，装卸搬运子系统，流通加工子系统，包装子系统，信息处理子系统等内容。

任务三主要包括物流系统分析的目的，物流系统分析的特点，物流系统分析的基本要素，物流系统分析的程序，改善物流系统的方法及注意事项等内容。

项目实训

物流企业调研

实训目的

1. 形成对物流系统的认知。
2. 形成对物流系统分析的能力。

实训资料

在本地调研一家物流企业，认识物流企业的业务活动；认识物流企业与其供应链企业的联系；认识物流企业的服务内容。

实训要求

1. 分组进行，选举一人为组长。
2. 落实外出调研的交通工具。
3. 强调外出调研的任务与纪律。
4. 小组讨论。
5. 总结并撰写调研报告，全班共享。

实训指导

1. 指导学生遵守所调研企业的管理制度。
2. 指导学生学会沟通。
3. 指导学生收集物流企业的主营物流业务，特别是涉及物流子系统的业务。
4. 指导学生按正确的格式撰写调研报告。

实训评价

实训评价标准如表 2－1 所示。

表 2－1 实训评价标准

姓名________ 学号________

序号	评价标准	分值	得分
1	考勤、纪律	10	
2	调研态度	10	
3	沟通协调	15	
4	职业素养	15	
5	调研报告	50	

项目三
运输管理

学习目标

※ **知识目标**

- 了解运输的概念、作用和运输设施设备
- 理解运输的原则、影响运输合理化的因素、不合理运输的表现形式
- 掌握各种运输方式的特点、运输合理化的途径

※ **能力目标**

- 初步具有从事物流运输管理的能力
- 能够结合实例合理选择运输方式
- 能够结合实例判断不合理运输的表现

※ **素质目标**

- 培养爱国主义精神、民族自豪感
- 培养爱岗敬业、务实上进的精神
- 增强交通安全意识

思维导读

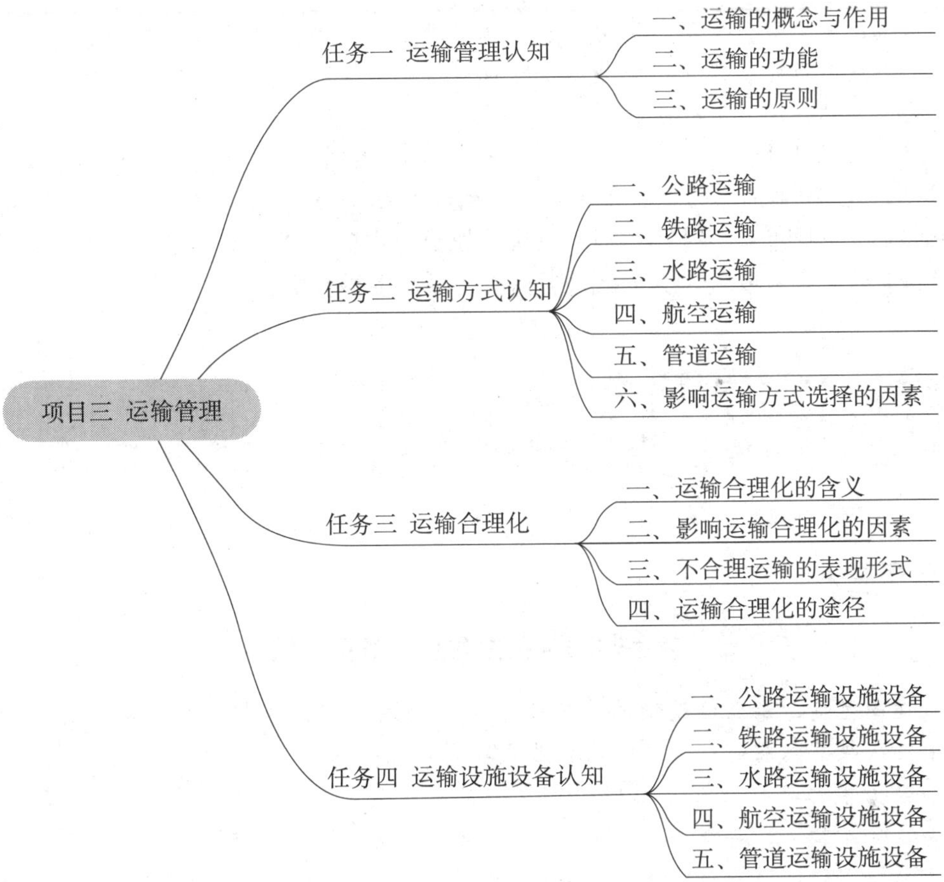

案例导入

中欧班列

中欧班列是指按照固定车次、线路、班期和全程运行时刻开行，往来于中国与欧洲以及“一带一路”沿线各国的集装箱等国际铁路联运班列。

近年来，在“一带一路”倡议推动下，中欧班列充分发挥其在时效、价格、运能、安全性等方面的比较优势，逐渐被中欧广大客户所接受，成为中欧间除海运、空运外的第三种物流方式。

目前，中欧间已形成了西、中、东三大铁路运输通道。

西通道，主要吸引西南、西北、华中、华北、华东等地区进出口货源，经陇海、兰新线在新疆阿拉山口（霍尔果斯）铁路口岸与哈萨克斯坦、俄罗斯铁路相连，途经白俄罗斯、波兰等国铁路，通达欧洲其他各国。

中通道，主要吸引华中、华北等地区进出口货源，经京广、京包、集二线在内蒙古二连浩特铁路口岸与蒙古国、俄罗斯铁路相连，途经白俄罗斯、波兰等国铁路，通达欧洲其他各国。

东通道，主要吸引华东、华南、东北地区进出口货源，经京沪、京哈、滨州线在内蒙古满洲里铁路口岸、黑龙江绥芬河铁路口岸与俄罗斯铁路相连，途经白俄罗斯、波兰等国铁路，通达欧洲其他各国。

2023 年 1 月至 11 月，中欧班列累计开行 16 145 列，发送货物 174.9 万标箱，同比分别增长 7%、19%，综合重箱率 100%。截至 2023 年 11 月，中欧班列已通达欧洲 25 个国家的 217 个城市。一列列“钢铁驼队”正成为中国与“一带一路”相关国家政策沟通、设施联通、贸易畅通、资金融通、民心相通的重要桥梁。

任务一　运输管理认知

任务导入

数字驱动，拥抱智慧公路新时代

交通新基建，是以科技创新为核心驱动力的新经济发展模式，数字交通是源泉。行业管理决策智慧赋能，公路运输行业管理高效规范。

智慧公路的应用场景分为四个。第一，以平台为核心，以路网感知为基础来构建。掌握公路状态，实现对车的精准感知和对环境的感知，联网之后传到管理平台，实现智慧应用。城市的公路网、铁路网、民航网共同组成了大交通网，实现了信息互通互享。第二，通过公路视频云联网，实现可测、可控、可服务。第三，打造围绕出行服务的消费、购物、游玩、人文等综合智慧服务区。第四，通过车路协同提高行车安全，提升管理效率，助力自动驾驶的实现。

公路智慧化就是要围绕安全、便捷、高效、绿色、经济，让路网运行更畅通，让市民出行更便捷愉快，让交通管理更高效智能。希望更多有技术、懂行业的生态合作伙伴能够共同推动智慧公路的建设，使我国智慧公路建设处于国际领先水平。

任务分析：本案例涉及智慧公路的四个应用场景，公路智慧化就是要围绕安全、便捷、高效、绿色、经济，使智慧公路建设处于国际领先水平。

任务要求：

1. 了解运输的概念、作用
2. 理解运输的原则
3. 掌握运输的功能

一、运输的概念与作用

（一）运输的概念

国家标准《物流术语》（GB/T 18354—2021）将运输（transport）定义为：利用载运工具、设施设备及人力等运力资源，使货物在较大空间上产生位置移动的活动。

（二）运输的作用

1. 运输是物流系统功能的核心

物流系统具有创造物品的时间价值、加工附加价值和空间价值。时间价值主要是通过仓储活动实现的，加工附加价值是通过流通加工实现的，空间价值是通过运输实现的。

2. 运输是“第三利润源”的主要源泉

首先，运输是运动中的活动，它和静止的保管不同，要靠大量的动力消耗才能实现这一活动，而运输又承担大跨度空间转移的任务，所以活动的时间长、距离长、消耗大，消耗的绝对数量大，其节约的潜力也就大。其次，从运费来看，运费在全部物流费中占比最高，一般综合分析计算社会物流费用，运费在其中占 40% ~50%，有些产品的运费高于产品的生产费，所以可节约的潜力是很大的。最后，由于运输总里程大，运输总量巨大，通过体制改革和运输合理化可大大缩短运输吨公里数，因此可以节约。

3. 运输合理化是物流系统合理化的关键

物流系统合理化是指在各物流子系统合理化的基础上形成的最优物流系统总体功能，即系统以尽可能低的成本创造更多的空间效用、时间效用和形式效用。运输是各功能的基础与核心，直接影响物流子系统。只有运输合理化，才能使物流结构更加合理、总体功能最优，因此，运输合理化是物流系统合理化的关键。

4. 运输是生产与消费的桥梁和纽带

运输作为物流系统中的“动脉”，它联系着生产内部的各个环节，也联系着供产销、不同国家和地区，实现材料供给、供应源、市场的无缝衔接。

二、运输的功能

（一）物品的空间移动

运输的主要功能就是实现物品在空间上的移动，即以最少的时间、最低的成本将物品从起始地转移到目的地。无论是材料、零部件、装配件、在制品、半成品，还是产成品，运输都是必不可少的。运输通过改变物品的地点与位置创造价值，这就是运输的空间效用；运输还能使物品在规定的时间内到达目的地，这是运输的时间效用。

（二）物品的储存

运输的另一个功能是将运输工具（车辆，船舶、飞机、管道等）作为临时的储存场所。运输工具对物品在运输期间进行短时储存；或在仓库空间有限的情况下，采用迂回路径或间接路径将物品运往目的地以延长物品的在途时间，起到临时储存作用。如果转移中的物品需要储存，并在短时间内还需再次转移，将物品暂时储存在运输工具中应是不错的选择。尽管使用运输工具储存物品可能是昂贵的，但如果从总成本或完成任务的角度来看，考虑装卸成本、装卸时间和储存能力的限制等，利用运输工具储存物品往往是合理的，有时甚至是必要的。

想一想：运输的功能是什么？

三、运输的原则

（一）及时

及时就是按运输的实际需要，准时把货物从生产地运到消费地，尽量缩短货物在途时间，尽快满足企业生产和人民生活的需要。

（二）准确

准确就是在货物运输过程中，切实防止各种差错事故，做到不错不乱，准确无误地完成运输任务。

（三）经济

经济就是合理选择运输方式与运输路线，有效地利用各种运输工具和运输设施，节约人力、物力和动力，提高运输经济效益，降低货物运输费用。

（四）安全

安全就是货物在运输过程中，不发生霉烂、残损、丢失、燃烧、爆炸等事故，保证货物完好无损。

任务二　运输方式认知

任务导入

中国高铁举世瞩目

中国的高铁，可谓举世瞩目。首先，截至2024年1月，中国高铁运营里程4.5万公里，在世界排名第一，到2035年，高铁运营里程将达到7万公里左右，50万人口以上城市高铁通达，坐着高铁去旅行早已经成为中国民众的生活常态。其次，自主创新能力很强。尤其是“复兴号”，是具有完全自主知识产权的标准动车组。最后，技术处于世界前沿。高铁不仅利用高超的5G通信技术，还使用北斗卫星导航系统等设备。在中国坐高铁，很安全、很舒适、很方便。

任务分析： 中国高铁里程位居世界第一，是具有自主知识产权的列车，技术处于世界前沿，在中国坐高铁，很安全、很舒适、很方便，说明高铁是一种高效的运输方式。

任务要求：

1. 理解运输方式的选择
2. 掌握运输方式的特点

按运输工具分类，运输可以分为公路运输、铁路运输、水路运输、航空运输和管道运输五种，如图3-1所示。

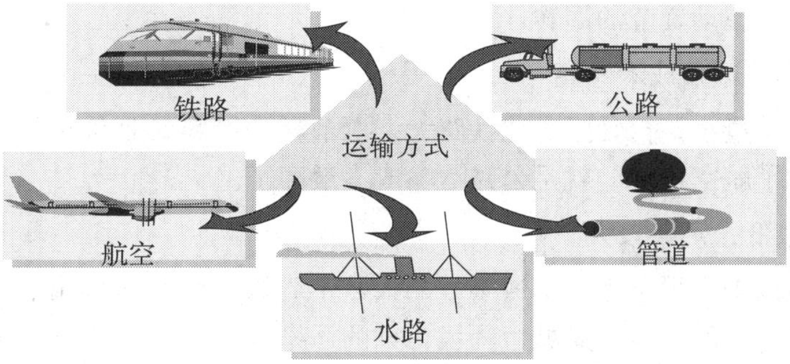

图3-1 五种运输方式

一、公路运输

（一）公路运输的概念

公路运输主要是指使用汽车，也使用其他车辆（如人力、畜力等）在公路上进行运输的一种方式。公路运输主要承担铁路与水路优势难以发挥的近距离、小批量的货运以及水路、铁路难以达到地区的长途大批量运输任务。公路运输如图3-2所示。

图3-2 公路运输

（二） 公路运输的特点

1. 机动灵活，适应性强

一般情况下，由于公路运输网比铁路、水路网的密度要大十几倍，分布面也广，因此公路运输车辆可以“无处不到、无时不有”。公路运输在时间方面的机动性也比较大，车辆可随时调度、装运，各环节之间的衔接时间较短。

2. 可实现“门到门”直达运输

由于汽车体积较小，中途一般也不需要换装，除了可沿分布较广的路网运行，还可离开路网深入工厂企业、农村田间、城市居民住宅等地，即可以把旅客和货物从始发地门口直接运送到目的地门口，实现“门到门”直达运输。这是其他运输方式无法与公路运输比拟的特点之一。

3. 运送速度较快

在中、短途运输中，公路运输的送达速度较快，有利于保证货运的质量和提高物流的时间价值，加速流动资金的周转。

4. 运量较小，运输成本较高

由于汽车载重量小，行驶阻力比铁路大，所消耗的燃料又是价格较高的液体汽油或柴油，因此，除了航空运输，就是公路运输成本最高了。

5. 安全性较低，污染较大

自汽车诞生以来，死于汽车交通事故的人数不胜数。汽车所排出的尾气和引起的噪声也严重地威胁人类的健康，是城市环境污染的污染源之一。

想一想：公路运输与其他运输方式相比，最显著的特点是什么？

（三）公路运输的应用

1. 自营运输

自营运输是指工厂、企业、机关自购汽车，专门运送自己的货物，一般不对外营业。其优点是成本低、服务方便、运作绩效好，缺点是灵活性差、投资大。

2. 契约运输

契约运输是指按照承托双方签订的运输契约运送货物。与运输商签订契约的一般都是一些大的工矿企业，常年运量较大而又较稳定，契约期限一般都比较长，短的有半年、一年，长的可达数年。

3. 公共运输

公共运输是指运输商专业经营汽车货物运送业务并以整个社会为对象，经营方式有定期定线、定线不定期和定区不定期。

4. 汽车货运代理

汽车货运代理是指企业本身既不掌握货源也不掌握运输工具，以中间人身份一方面向货主揽货，一方面向运输公司托运，借此收取手续费和佣金。

课堂延伸：连霍高速

（四）网络货运

网络货运是公路运输中的一种。网络货运经营是指经营者依托互联网平台整合配置运输资源，以承运人身份与托运人签订运输合同，委托实际承运人完成道路货物运输，承担承运人责任的道路货物运输经营活动。网络货运经营不包括仅为托运人和实际承运人提供信息中介和交易撮合等服务的行为。通过网络货运经营可以减少车辆空驶和等待时间，发展网络货运经营对推进道路货运高质量发展、促进物流业降本增效具有重要意义。

1. 网络货运的特征

网络货运的出现为中国道路货运带来了一次变革，其作为新兴的物流运作模式，把整个运输网络、运输主体、运力资源、信息流、管理方式等进行了整合和优化，结合互联网技术，实现效率提升和互利共赢。网络货运的特征包括：

（1）轻资产运营。企业通过网络货运平台进行资源整合，网络货运因为不直接掌握运输工具和物流设施，所以其固定资产等较少，主要以轻资产平台为运营载体。

（2）全程承运承担。网络货运需要与上下游双方签订运输合同，对托运人（货主）、实际承运人（司机）承担责任与义务。

（3）技术先进性。网络货运是依托互联网平台进行的，相比于传统的物流企业，网络货运需要物流信息、大数据、智能集配等技术的支撑，是先进技术的融合应用，其核心内容更是对运输组织的优化。

（4）多适应性。在道路货运领域中，网络货运可以为多种运输形式提供服务，既可以整合整车、零担等市场需求，同样也可以进行城市内配送、冷链及多式联运等。

（5）跨领域延伸。以互联网平台为载体的网络货运，其整合的资源是一整条道路运输货运链，涉及的问题及解决方式不再属于单一领域，需要行业、技术等内容跨界融合。

（6）社会公益性。网络货运的产生是对社会闲置资源的充分利用，并且在进行网络货运业务时，会逐渐建立一套标准的信息共享、信用透明的体系，对社会未来的发展具有极大的促进作用。网络货运对道路货运行业起到了组织管理的作用，在以后的发展中，对整个物流行业都会产生极大冲击，将大大提高社会经济的运行效率。

想一想：网络货运为什么要轻资产运营？

2. 网络货运对经营企业的要求

经营企业进行网络货运一般须满足如下要求：

（1）具有较强的货源组织能力与货运车辆整合能力，运输经营组织化、集约化程度较高。

（2）具备较为完善的互联网物流信息平台与开展业务相适应的信息数据交互及处理能力，能够通过现代信息技术对实际承运人的车辆运营情况进行过程管理。

（3）具备健全的安全生产管理制度、经营管理规范，具有较高的经营管理水平和良好的社会信誉。

（4）具备较强的赔付能力，能够承担全程运输风险。

（五）甩挂运输

1. 甩挂运输概述

国家标准《物流术语》（GB/T 18354—2021）将甩挂运输（tractor-and-trailer swap transport）定义为：用牵引车拖带挂车至物流节点，将挂车甩下后，牵引另一挂车继续作业的运输组织方式。

甩挂是指有动力的机动车随车拖带的承载装置，包括半挂车、全挂车甚至货车底盘上的货箱甩留在目的地后，再拖带其他装满货物的装置返回原地，或者驶向新的地点。这种一辆带有动力的主车，连续拖带两个以上承载装置的运输方式被称为甩挂运输。甩挂运输也称为甩挂装卸，这种运行组织方式可以使得载货汽车（或牵引车）的停歇时间缩短到最低限度，从而充分发挥其运输效能，最大限度地利用其牵引能力。

在同样的条件下，甩挂运输相比定挂运输有较高的运输效率。以在往复行驶路线上运送散装货物为例，单程运距 20 千米，技术速度 40 千米/小时，装车作业时间定额 6 分钟/吨，卸车作业时间定额 4.5 分钟/吨，摘挂作业 6 分钟/次，载货主车、全挂车、半挂车的装载量分别为 4 吨、4 吨、8 吨，则组织甩挂运输和定挂运输时的工作情况分别如图 3－3、图 3－4、图 3－5 所示。通过对各图例的分析，基本上可以得出如下结论：甩挂运输比定挂运输能获得更高的生产率；在承担相同载重量的情况下，由牵引车和半挂车组成的汽车列车所完成的工作量比由载货汽车和全挂车组成的汽车列车完成得要高。

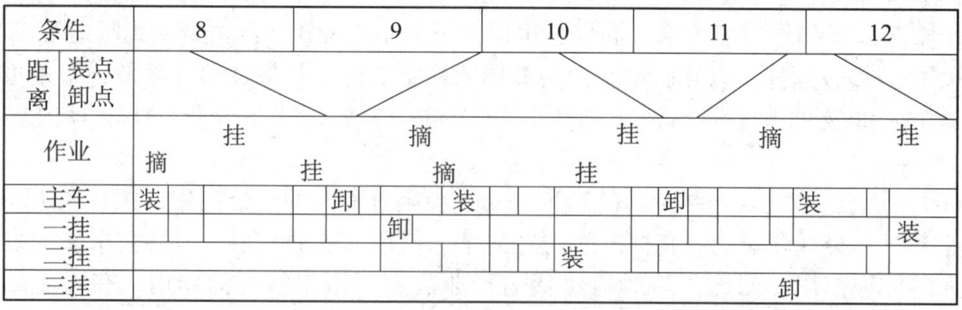

图 3－3　一（车）三（全）挂甩挂运行示意图

甩挂运输是为了缩短短途运输中因装卸能力不足，造成车辆过长的装卸作业停歇时间而发展起来的。为了说明甩挂运输的基本原理，以汽车列车行驶在往复式线路上，一

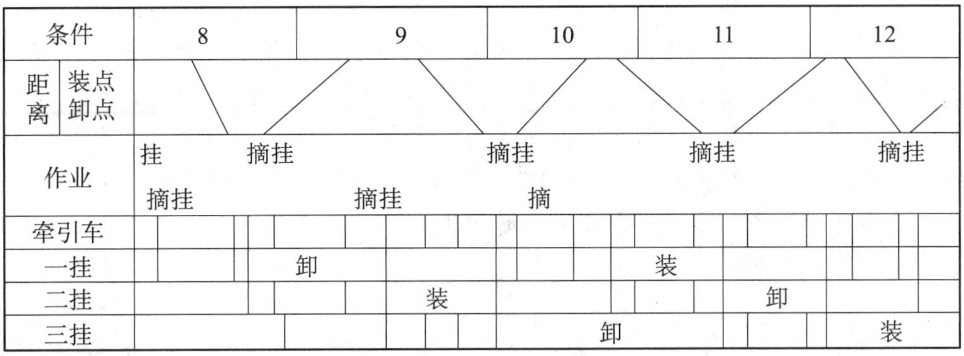

图 3-4　一（牵引）三（半）挂甩挂运行示意图

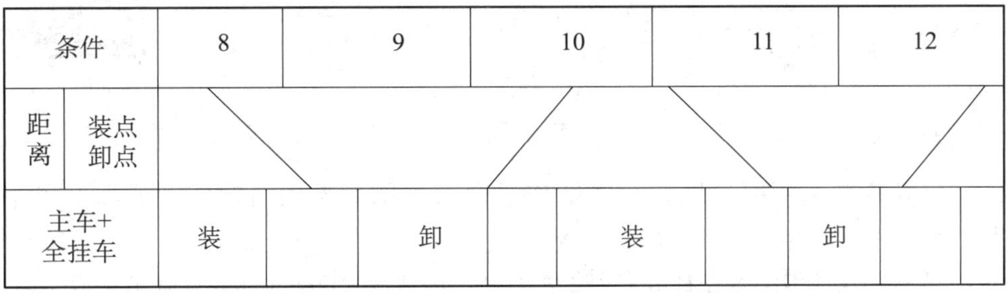

图 3-5　一（汽）车一（全）挂定挂运行示意图

辆汽车配备三辆全挂车作两头甩挂运输为例，如图 3-6 所示。当汽车列车在 A 地装货行驶至 B 地后，卸车工人摘下重挂，再将载货汽车卸空，然后挂上已预先卸完的全挂车返回 A 地；与此同时，B 地卸车工人完成摘下挂车卸车作业。当汽车列车返回 A 地，装车工人摘下空挂，再完成载货汽车的装车作业，然后挂上已预先装完的全挂车继续向 B 地行驶……

图 3-6　一线两点两端甩挂示意图

由此可见，上述甩挂运输的基本原理实质上是平行作业原则的最大应用，它是利用汽车列车的返回行驶时间来完成甩下挂车的装卸作业，从而使原来整个汽车列车的装卸作业时间缩短为汽车装卸作业时间和甩挂作业时间，加速了车辆的周转，提高了运输效率。甩挂运输虽有不同的组织形式，其作业程序也可能会有所区别，但基本作业原理是一样的。

想一想：甩挂运输的基本原理实质上是什么？

从以上甩挂运输的工作过程中可以看出，只有当主车的装卸作业时间加甩挂作业时间小于整个汽车列车装卸停歇时间时，采用甩挂运输才是合理的，同时，为充分发挥挂车的效能，挂车在完成装（卸）作业后的待挂时间也不宜太长。

事实上，挂车待挂现象是在所难免的，其长短虽与装卸工人的休息时间有关，但主要取决于运距的长短、技术速度的高低等因素。甩挂运输一般适宜于短距离运输，运距太长情况下如采用甩挂运输，汽车列车装卸作业时间在其出车时间中所占比重相对挂车待挂时间反而很长，甩挂运输效果不甚明显，反倒增加了作业的复杂性。有时可能还会产生这样的情况：当运距大到一定程度时，即使甩挂运输可减少汽车列车装卸作业停歇时间，由于汽车列车的技术速度低于同等载重的汽车，使得汽车列车生产率不一定高于同等载货量载货汽车生产率。

课堂延伸：拖挂运输

2. 甩挂运输的优点

（1）提高单车利用率。甩挂运输增加了牵引车的有效运行时间，提高了单车利用率，提高了车辆运输生产率。

（2）降低相关费用。完成同等运输量，可以减少牵引车的数量，降低牵引车的购置费用和运行费用，同时减少了车辆对道路的占用，减轻了交通压力，降低能源消耗，减少汽车排放污染。

（3）节约支出。企业可以尽可能减少雇佣驾驶员的数量以节约相应支出。

（4）开展多式联运。可以促进汽车运输与铁路运输、水路运输多式联运的发展，实现以汽车甩挂运输为基础的铁路驮背运输、水运滚装等方式的联合运输，充分发挥各种运输方式的技术经济优势，减少货物装卸作业，提高铁路车辆和轮船的装卸效率。

（5）提高运输效率。合理协调货物运输与装卸作业时间，提高运输效率。

（6）提高服务水平。可以促进物流配送中心和货物站场物流节点的建设与发展，促进物流行业实现网络化经营，不断提高物流服务能力与水平。

3. 甩挂运输对货物种类的要求

（1）整批货物的甩挂运输。道路运输中整批货物是指一次托运量在3吨以上，或者虽然不足3吨但其性质决定需要一辆整车运输的货物。一般情况下对于货源稳定、货运量较大、装卸货地点比较固定、运输距离较短的“一线两点”之间的整批货物运输，适宜在装货点和卸货点两端都进行甩挂作业。对于整批货物的长途运输和短途零散客户的货物运输一般不适宜采用甩挂运输。

（2）零担和快件货物的甩挂运输。零担和快件货物运输属于网络化运输组织形式，其组织化程度较高，运输站场等节点设施较齐全，适宜采用甩挂运输。零担和快件运输一般是按地理位置和物流吞吐量将运输点分成不同级别。大城市和重要枢纽位置的一级站点，一般物流吞吐量较大，站点与站点之间多以高等级干线公路连接，适宜采用甩挂运输。零担和快件运输的支线运输，运输量较小、道路条件较差，一般不适宜采用甩挂运输。

（3）道路集装箱运输。道路集装箱运输是适宜采用甩挂运输的一种运输形式。一方面，道路集装箱运输大多是承接和转运海运集装箱，为港口和铁路车站进行集装箱货物集散运输，运输距离一般较短，而集装箱在货主一端的装货和卸货点，大多需要进行就车装货或拆箱卸货，装卸作业时间较长，采用甩挂运输可以大大提高牵引车周转速度；另一方面，集装箱大多利用专用集装箱半挂车运输，开展甩挂运输不占用牵引车装卸作业时间，而且集装箱半挂车结构简单，购置费用、使用费用均较低，因此集装箱甩挂运输具有明显的经济优势。对于特种运输和各类专业运输，一般由于运输量较小、运距较远，因此不适宜采用甩挂运输。

想一想： 为什么道路集装箱运输是适宜采用甩挂运输的一种运输形式？

4. 甩挂运输的组织形式

根据汽挂车的配备数量、线路网、装卸作业点的装卸能力等，甩挂运输可有不同的组织形式。而且随着运输组织工作的日益发展和完善，甩挂运输的概念和技术也在不断发展。一般地说，甩挂运输（或作业）有以下几种形式：

（1）一线两点甩挂运输。这通常是在短途往复式运输线路上采用的一种甩挂形式。汽车列车往复于两装卸作业点之间，在整个系统中配备一定数量的挂车，汽车列车在线路两端根据具体条件做甩挂作业（装卸），根据货流量情况或装卸能力，可组织“一线两点，一端甩挂”（即装甩卸不甩或卸甩装不甩，如图 3－7 所示）和“一线两点，两端甩挂”。

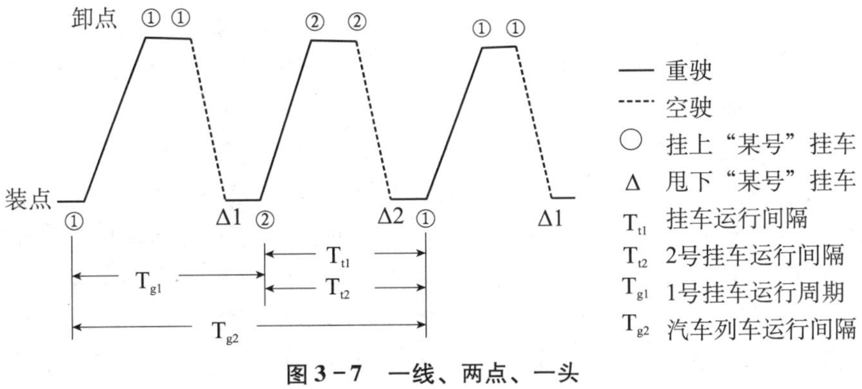

图 3－7　一线、两点、一头

这种形式对于装卸点固定、运量较大的地区，只要组织得合理，效果就比较显著。在运量大或运输任务比较紧急的情况下，还可以增加主车的数量。在一个复式甩挂系统内进行两头甩挂作业，这对于车辆运行组织工作要求较高，必须根据汽车列车的运行时间、主挂车的装卸作业时间等因素，预先编制汽车列车甩挂运行图，以保证工作效率。

这种形式被广泛应用于集装箱甩挂作业。

想一想： 广泛应用于集装箱甩挂作业的形式是什么？

（2）循环甩挂作业。这是在车辆环形行驶线路上，进一步组织甩挂作业的一种方式。它要求在闭合循环回路的各装卸点上，配备一定数量的周转集装箱或挂车，汽车列车每到达一个装卸点后甩下所带集装箱或挂车，装卸工人完成主车的装（或卸）车作业，然后装（挂）上事先准备好的集装箱（挂车）继续行驶，如图3－8所示。

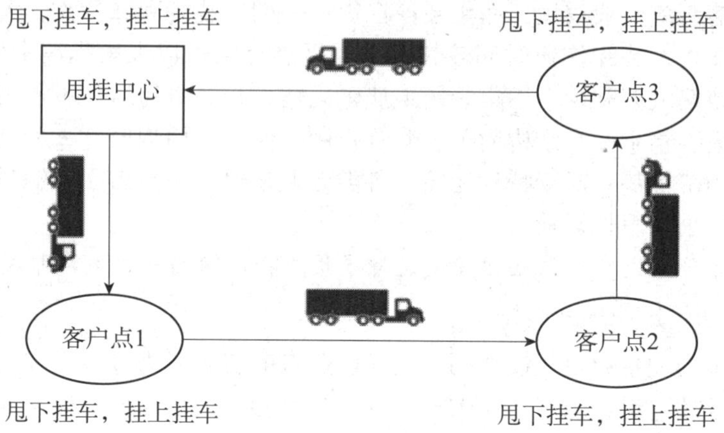

图3－8 循环甩挂

这种组织方法的实质就是用循环调度的办法来组织封闭回路上的甩挂作业。它不仅提高了载运能力、压缩了装卸作业停歇时间，而且提高了行程利用率，所以是甩挂运输较为经济、运输效率较高的组织形式。由于它涉及面广、组织工作较为复杂，因此，在组织循环甩挂作业时，一方面要满足循环调度的基本要求，另一方面应选择运量较大、稳定且适宜组织甩挂作业的货物。

（3）驮背运输。国家标准《物流术语》（GB/T 18354—2021）将驮背运输（piggy-back transport）定义为：将装有货物的道路运输车辆固定在铁路车辆上，并由铁路实现的运输活动。为了适应多式联运发展的需要，更好地解决伴随联运产生的大量的装卸和换载作业带来的问题，甩挂运输的基本原理与组织方法也已被运用到集装箱或挂车的换装作业中。其基本方法是：在多式联运各运输工具的连接点，由牵引车将载有集装箱的底盘车或挂车直接开上铁路平板车或船舶上，停稳摘挂后离去，集装箱底盘车或挂车由铁路平板车或船舶载运至前方换装点，再由到达地点的牵引车，开上车船、挂上集装箱底盘车或挂车，直接运往目的地。这种组织形式被形象地称为“驮背运输”。

驮背运输的组织方式使得汽车列车运行作业与摘下集装箱底盘车或挂车的载运作业平行进行，加速了车辆的周转；同时，由于这种方式扩大了货运单元，因此节约了装卸和换装作业的时间，提高了作业效率。

二、铁路运输

（一）铁路运输的概念

铁路运输是在相对固定的列车线路上利用铁路设施、设备进行运送的一种运输方式。铁路运输主要承担长距离、大批量的货运任务。在没有水运条件的地区，几乎所有大批量货物都依靠铁路或公路来进行运送，铁路运输在干线运输中是主力运输形式。铁路运输如图 3－9 所示。

图 3－9　铁路运输

（二） 铁路运输的特点

1. 连续性和可靠性较高

铁路运输可以实现全年全天候运营，受地理和气候条件的限制较小。

2. 运输量大，安全程度高

一列货车可装 2 000～3 500 吨货物，重载列车可装万吨货物。在各种现代化运输方式中，铁路运输的事故率较低。

3. 运输速度较快，能耗小

“复兴号”列车在京沪高铁线已率先实现 350 千米的运行时速。铁路机车所能牵引的重量比汽车高，因而铁路运输单位运量的能耗比公路运输小得多。

4. 运输成本低

虽然铁路运输成本高于水运和管道运输，但比公路运输和航空运输成本要低得多。但铁路运输基础设施与设备成本很高，原始投资较大，建设周期较长。

5. 灵活性差

不能实现“门到门”运输。铁路运输只能在固定线路上实现运输，需要以其他运输手段配合和衔接，才能完成运输任务。

想一想：目前，重载列车可装多少吨货物？

（三）铁路运输的应用

根据发货人托运的货物数量、性质、体积、状态等条件，铁路货物运输主要有整车运输、零担运输和集装箱运输。

1. 整车运输

整车运输是指一批属于同一发（收）货人的货物且根据其重量、体积、形状或性质，需要以一节货车车皮进行运输，并据此办理承托手续、组织运送和计费的运输活动。

2. 零担运输

零担运输是指根据一批货物的重量、体积、形状或性质，不需要单独使用一节货车车皮进行运输，并据此办理承托手续、组织运送和计费的运输活动。

3. 集装箱运输

集装箱运输是指使用集装单元器具或利用捆扎方法，把裸状物品、散装物品、体积较小的成件物品，组合成一定规格的单元进行运输的运输方式。铁路集装箱运输如图3－10所示。

图3－10　铁路集装箱运输

想一想：为什么要开通中欧班列？

课堂延伸：青藏铁路的建设为西藏提供了新的发展机遇

（四）高铁货运

高铁货运是中国铁路为客户提供的与高铁品牌形象和客运服务水准相匹配，具有速度快、品质优、标准高等特点的货物运输服务。目前我国高铁货运还在起步阶段，主要应用于快递领域。2014 年初，高铁快运在京沪高铁上试运行。快递正式运营，高铁快运在 154 个城市开办高铁快运业务，这意味着中国国内的高铁快运网络初步形成。2016 年“双 11”期间，高铁快运以载客动车组专列模式开始大规模参与电商快递运输服务。2018 年 9 月，中国中车发布了全球首款时速超过 250 公里的货运动车组产品，为高铁货运专列开行提供了装备技术支撑。2020 年 11 月 1 日，全国首次开通高铁货运专列，往返开行于北京西站至汉口站，服务于电商快件运输。按照《新时代交通强国铁路先行规划纲要》，2035 年全国铁路将达到 20 万公里，其中高铁 7 万公里左右，未来我国高铁不仅仅是客运网络，也将成为承担一定货运功能的快捷通道。

课堂延伸：高铁快运

1. 高铁货运的特征

(1) 速度快。近年来，我国的高速铁路骨干网络已经形成，为打造高效、快捷的高铁货运服务圈提供了基础条件，在保证运输安全性的条件下，运输速度也成倍提升，形成京津冀、长三角、珠三角等 2 小时快运圈，北京、上海、广州等 4 小时快运圈。这种明显的速度优势，对物流市场极大利好。

(2) 安全性高。公路运输受天气和季节的影响，在恶劣天气（如大雪、大雾和大雨）极易发生交通事故，造成货物损毁。而高速铁路列车运行时振动与摆幅相对较小，能有效减少货物的货损情况；且采用集装化的包装设备，加上铁路部门严格规范的操作程序，其安全系数相对较高、事故率低。

(3) 准点率高。航空运输容易受天气影响或航空管制导致航班延误甚至取消，公路运输也易受天气影响或交通堵塞而造成延误。除极端天气外，高速铁路均能够准时发车并到达目的地，其准点率较高，能够保证快递的稳定性。

(4) 绿色环保。高铁货运是一种以电力为能源动力的运输方式，相较于公路和航空运输，其在能耗和减排方面更具优势。随着高铁货运动车组的开行，未来更多的货物将采用高铁进行运输，这会在一定程度上减少二氧化碳的排放量，为节能减排贡献力量。

2. 高铁货运的产品介绍

目前，我国高铁货运主要应用于快递领域，其业务统称高铁快运，由中铁快运股份有限公司运营。高铁快运业务发展到今天已初具规模，其主要推出的产品有“当日达”“次日达”“三日达”等。

(1) 当日达。“当日达”能做到“今日寄，今日达”，是目前全程速度最快、品质最优的快运产品。产品的主要货源为商务文件、个人证件、医疗急救用品等对时效性要求非常高、对价格敏感度较低的急件。

(2) 次日达。“次日达”能实现货物在 24～48 小时内送达。产品的主要货源为生鲜食品、高档电商产品、信函等对时效性有一定要求的高附加值物品。

(3) 三日达。“三日达”承诺货物在 72 小时内送达。产品的货源相对宽泛，可适用于一般电商快件运输。

想一想：高铁货运为什么主要应用于快递领域？

3. 高铁货运的组织模式

目前我国高铁货运的组织模式主要分为四种：高铁确认车运输模式、客运动车组预留车厢运输模式、高铁客运列车捎带运输模式和高铁货运专列模式。

(1) 高铁确认车运输模式。高铁确认车运输模式是利用每日检修天窗后的第一列空驶客运动车组车厢进行快件运输。其优点为：充分利用铁路设施设备能力，并且不对高速铁路客运业务产生影响，且停站方案、停站时间灵活可控，对设施设备条件要求较低，不用进行升级改造。

（2）客运动车组预留车厢运输模式。2018 年“双 11”，北京西—长沙南的“复兴号”高速铁路客运列车上有一列车厢并未安装座椅，而是全部用于快递运输，有效提高了高铁货运能力。这种模式下，虽然减少了一节客运车厢的客运票价收入，但该车的上座率与未改造客运动车组前相近，即客运动车组预留车厢并未影响客运收入。因此，此种模式可作为目前高铁货运需求较高的两地间重点推进的模式。

（3）高铁客运列车捎带运输模式。高铁客运列车捎带运输模式是目前我国高铁货运的主要组织模式，配合高铁货运专用箱或集装袋使用，以优先选择快运柜，再选择大件行李处、二等车厢最后一排座椅后的原则装车，以减少对旅客运输的影响和保证货物运输安全。

（4）高铁货运专列模式。高铁货运专列模式是采用专用的高铁货运动车组进行高铁货运的运输，能够整列运载货物，运载能力大、速度快、安全性高、准点率高，可与货源稳定的大型制造企业、商贸企业进行长期合作，获取稳定收益。车辆的设计须适合集中机械化作业，货物集中堆放，方便管理人员对货物进行分类、清点与管理。货物可按到站进行堆放，便于提前制订货物装卸计划，提高装卸效率。高铁货运专列与客运系统分离，不会对旅客运输造成干扰，可以充分利用高速铁路检修天窗后不适合开展旅客运输的时间及旅客列车空闲时间段开展高速铁路动车组货物运输，充分利用高速铁路剩余运能。

想一想：我国目前高铁货运的主要组织模式是什么？

三、水路运输

（一）水路运输的概念

水路运输是指利用船舶、排筏和其他浮运工具在江、河、湖泊、人工水道及海洋上运送旅客和货物的一种运输方式。水运主要承担大运量、长距离的运输，是在干线运输中起主力作用的运输形式。水路运输如图 3－11 所示。

图 3－11 水路运输

（二）水路运输的特点

1. 运输能力大

在海洋运输中，超大型油轮的载重达 30 万吨以上。

2. 运输成本低

水运成本之所以低于其他运输方式，主要是因为其船舶的运载量大、运输里程远，路途运行费用低。

3. 运输速度较慢

船舶体积大、运量大、水流阻力大，所以速度慢。

4. 受自然条件的限制与影响大

水路运输受海洋与河流的地理分布及地质、地貌、水文与气象等条件和因素的明显制约与影响。

想一想：在所有运输方式中，成本最低的运输方式是什么？

（三）水路运输的应用

1. 沿海运输

沿海运输是使用船舶通过大陆附近沿海航道运送客货的一种方式，一般使用中、小型船舶。

2. 近海运输

近海运输是使用船舶通过大陆邻近国家海上航道运送客货的一种运输形式，视航程远近可使用中型船舶，也可使用小型船舶。

3. 远洋运输

远洋运输是使用船舶跨大洋长途运输的形式，主要依靠运量大的大型船舶。

4. 内河运输

内河运输是使用船舶在陆地内的江、河、湖等水道进行运输的一种方式，主要使用中、小型船舶。

四、航空运输

（一）航空运输的概念

航空运输是指使用飞机或其他航空器进行运输的一种运输方式。航空运输工具主要是飞机，如图 3－12 所示。

图 3－12　航空运输飞机

（二）航空运输的特点

1. 速度快

“快”是航空运输的突出特点和优势。距离越长，航空运输所能节约的时间越多，速度快的特点也就越显著。

想一想：在各种运输方式中，速度最快的运输方式是什么？

2. 灵活性高

航空运输所受阻碍较少，只要有机场，有航空设施保证，即可开辟航线。

3. 安全性高

航空运输平稳，货物在空中震动、受到撞击的力度均小于其他运输方式，安全性较高。

4. 运输量小、运输成本高

由于航空运输的运输量小、运输成本高，因此适用于贵重物品、精密仪器、高级服装、生鲜货物等体积小、价值高、时间要求高的物品运输。

5. 受天气影响大

恶劣天气会影响飞行安全，造成飞机大面积延误或停飞。

想一想：为什么天气对飞机安全飞行影响大？

（三）航空运输的应用

1. 班机运输

班机是指定期开航的，定航线、定始发站、定目的港、定途经站的飞机。一般航空公司都使用客货混合型飞机，一方面搭载旅客，一方面又运送少量货物。但一些较大的航空公司在一些航线上开辟定期的货运航班，使用全货机运输。

2. 包机运输

包机运输可分为整包机和部分包机两类。

整包机指航空公司按照与租机人事先约定的条件及费用，将整架飞机租给包机人，从一个或几个航空港装运货物至目的地的运输方式。

部分包机是指由几家航空货运公司或发货人联合包租一架飞机或者由航空公司把一架飞机的舱位分别卖给几家航空货运公司装载货物。部分包机适用于托运物品不足一架整飞机舱但货物又较重的情况。

3. 集中托运

集中托运可以采用班机或包机运输方式，是指航空货运代理公司将若干批单独发运的货物集中成一批向航空公司办理托运，填写一份总运单送至同一目的地，然后由其委托的当地代理人负责分发给各个实际收货人。这种托运方式，可降低运费，是航空货运代理的主要业务之一。

4. 联合运输

联合运输是指采用包括空运在内的两种以上运输方式，主要有陆空联运、陆空陆联运等。

5. 航空快件传送

航空快件传送是目前国际航空运输中最快捷的运输方式之一。航空快件传送的主要形式是从机场到机场、门到门、派专人送货（即由快递公司专人送货）。

课堂延伸：天舟货运飞船

五、管道运输

（一）管道运输的概念

管道运输是指利用管道输送气体、液体和粉状固体的一种运输方式。管道运输是依靠物体在管道内顺着压力方向循序移动实现的，如图 3－13 所示。

图 3－13 管道运输

想一想： 自来水是管道运输吗?

（二）管道运输的特点

1. 运量大

管道能够进行不间断输送，连续性强，运输量大。

2. 机械化程度高

管道输送流体货物，主要依靠每 60～70 km 设置的增压站提供压力能，设备运行比较简单，且易于就地自动化和进行集中遥控；先进的管道增压站已完全做到无人值守。由于管道运输节能和自动化程度高，因此可以减少人工，大大降低运输费用。

3. 环境污染小

管道运输不产生噪声，货物漏失污染少，不受气候影响，可以长期安全、稳定运行。

4. 灵活性差

管道运输不如其他运输方式（如公路运输）灵活，除承运的货物比较单一外，它也不能随便扩展管线。管道运输不能实现“门到门”的运输服务，对一般用户来说，管道运输常常要与铁路运输或汽车运输、水路运输配合才能完成全程输送。

想一想：管道运输的方向是单向还是双向？

（三）管道运输的应用

管道运输按货物性能可分为固体管道、气体管道和液体管道；按货物种类可分为原油管道、成品油管道、天然气管道、煤浆管道和矿浆管道等。

1. 原油管道

世界上大部分的原油是用管道外运的。我国的原油管道始建于克拉玛依油田。

2. 成品油管道

成品油管道可以运送一种油品，也可以运送多种油品，主要是由炼油厂通往化工厂、电厂、化肥厂、商业成品油库以及其他用户。

3. 天然气管道

天然气管道是输送气田天然气和油田伴生气的输气管道，由开采地或处理厂输送到城市配送中心，是陆地上大量运输天然气的唯一方式。

4. 煤浆管道和矿浆管道

煤浆管道和矿浆管道是将原煤或矿石粉碎后加水成浆状后运输的管道。

课堂延伸：川气东送工程

六、影响运输方式选择的因素

一般而言，在选择运输方式时主要考虑服务水平和运输成本。运输方式的选择包括单一运输方式选择和多式联运选择，通常应满足运输的基本要求，即经济性、迅速性、安全性和便利性。实际运用当中，公路、铁路、水路、航空和管道运输五种基本运输方式各有特点，影响运输方式选择的因素包括产品品种、运输批量、运输时间、运输成本和运输距离等，所以企业在选择运输方式时，可以根据运输环境、运输服务的目标以及其他多方面的要求，选择最为合理的运输方式或运输方式组合。运输方式选择的思路如图 3-14 所示。

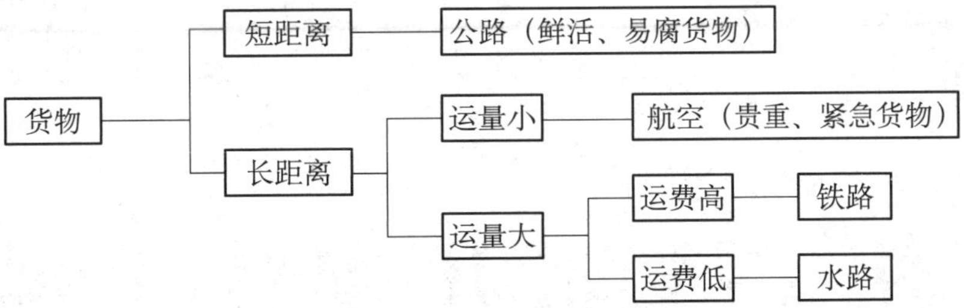

图 3-14　选择运输方式的思路

（一）产品品种

企业在考虑所运输的产品品种时，应以其产品性质、单件重量、形状规格、体积大小和物品危险性、易腐性等为依据，来选择适合所运产品形状和特性的运输方式。同时，还应考虑此种运输方式所产生的运费是否在企业所承受范围之内。

（二）运输批量

运输批量大小不同，选择的运输方式也不同。对于一般产品，15 吨以下的可考虑公路运输；15 吨及以上的，可考虑铁路运输；数百吨以上的，一般考虑水路运输。

（三）运输时间

运输时间通常指产品从起点运输到终点所耗费的平均时间。运输时间的长短会从以下两个方面影响运输的费用：

第一，产品在运输过程中其价值表现为资本占用费用，对高价值产品或货运量大的产品来说，可能占成本的绝大部分。

第二，产品价值。由于产品适用期有限，因此可能造成损失，如鲜花、果蔬等；或因产品时间价值的适用期有限而造成损失，如报纸、杂志、时装等。

（四）运输成本

运输成本是运输方式选择中最主要的指标之一，随产品种类、体积、重量、运输距离等的不同而不同。运输工具发生变化后，运输成本就会发生变化。

（五）运输距离

企业在选择不同的运输方式时，应考虑到运输距离的长短。对于一般产品的运输可以依照以下原则：300 千米以内，考虑公路运输；300～500 千米，考虑铁路运输；500 千米以上考虑铁路运输或水路运输。

想一想：影响运输方式选择的因素有哪些？

课堂延伸：多式联运

任务三 运输合理化

任务导入

借助“互联网+”解决车货匹配问题

不同地区经济发展不平衡，造成运输市场货源差异大；有些司机习惯走固定路线，造成车货信息不匹配，司机难以找到合适的货源，导致单程空驶现象频频出现。如今，司机可以借助“互联网+”解决信息不对称、货源不均衡的问题。车货匹配App就是一种利用信息系统平台发布货源信息的软件。司机通过车货匹配App就可以得知相关的货源信息，现在有很多专业的物流手机软件，如运满满、货车帮等。在“互联网+”时代，通过移动平台解决单程空驶问题实现车货匹配，已经成为现实。

任务分析：通过车货匹配App，可以解决运输空驶的问题，提高运输效率，降低运输成本。

任务要求：

1. 了解不合理运输的表现形式
2. 理解影响运输合理化的因素
3. 掌握运输合理化的途径

一、运输合理化的含义

运输合理化是指从总体目标出发，以最少的运力、最快的速度、最短的线路、最优的服务、最少的费用，组织好货物的运输与配送，以获取最大的经济效益。

二、影响运输合理化的因素

影响运输合理化的因素包括运输距离、运输环节、运输工具、运输时间和运输费用五个因素，即合理运输的“五要素”。

（一）运输距离

运输时间、运输货损、运费、车辆或船舶的周转等运输技术、经济指标都与运距有一定比例关系。运距长短是决定运输是否合理的一个基本因素。因此，在组织物品运输时，首先要考虑运输距离，尽可能优化运输路径。

（二）运输环节

每增加一次运输，不但会增加起运的运费和总运费，还会增加装卸、包装等附属活动，导致物流效率下降，因此减少运输环节，尤其是同类运输工具的运输环节，对合理运输有促进作用。

（三）运输工具

根据各种运输方式的特点及运输要求，选择合适的运输工具是运输合理化的重要问题。各种运输工具都有其使用的优势领域，物流企业对运输工具进行优化选择，按运输工具特点进行装卸作业，能最大限度发挥所用运输工具的作用，是运输合理化的重要一环。

（四）运输时间

运输是物流所有活动中最耗费时间的环节之一，尤其是远程运输。在全部物流时间中，运输时间占绝大部分。而在当今激烈的市场竞争中，运输时间已经成为运输企业的重要竞争要素，运输时间直接影响交货日期。所以，运输时间的缩短对整个流通时间的缩短有着决定性的作用。

（五）运输费用

运费在全部物流费用中占很大比例，一般来说，占40%～50%，运费在很大程度上决定整个物流系统的竞争能力。运输时间与运输成本是相互矛盾的，例如：为缩短运输时间而采用高速的运输方式（如空运），可能增加运输费用。

想一想：影响运输合理化的基本因素是什么？

三、不合理运输的表现形式

不合理运输是指在现有条件下可以达到的运输水平而未达到，从而造成运力浪费、运输时间增加、运费超支等问题的运输形式。常见的不合理运输形式有以下几种：

（一）返程或起程空驶

空车行驶，可以说是不合理运输中最常见又最容易导致资源浪费的形式之一。在实际运输组织中，有时候必须调运空车，从管理上不能将其看成不合理运输。但是，因调运不当、货源计划不周、不采用运输社会化而形成的空驶，是不合理运输的表现。

（二）对流运输

对流运输亦称“相向运输”“交错运输”，是指同一种货物，或彼此间可以互相代用而又不影响管理、技术及效益的货物，在同一线路上或平行线路上作相对方向的运送，而与对方运程的全部或一部分发生重叠交错的运输形式，如图 3－15 所示。已经制定了合理流向图的产品，一般必须按合理流向的方向运输，如果与合理流向图指定的方向相反，也属对流运输。

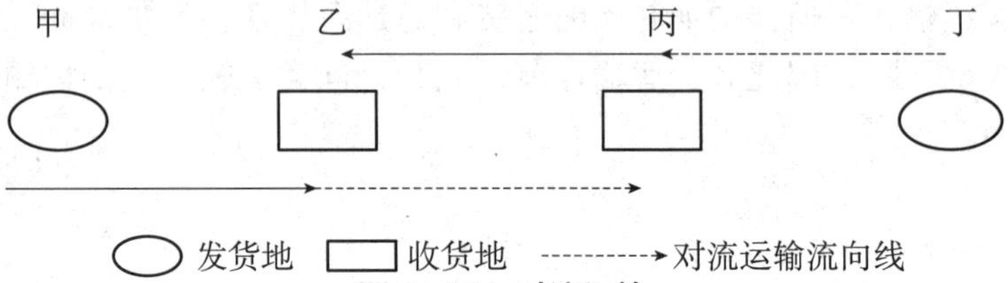

图 3－15 对流运输

（三）迂回运输

迂回运输是指本可以选取短距离进行运输，却选择路程较长路线进行运输的一种不合理形式，如图 3－16 所示。

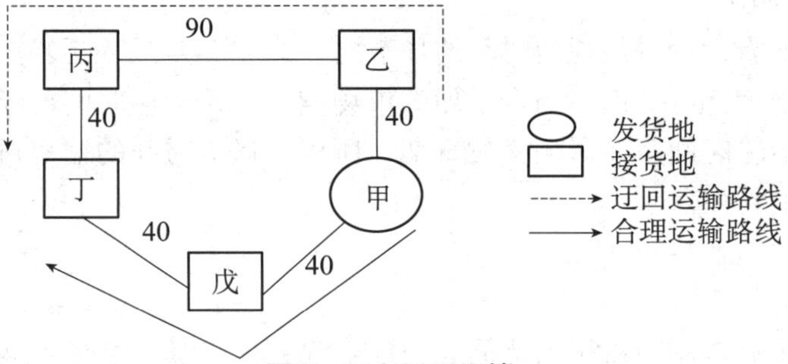

图 3－16 迂回运输

（四）重复运输

重复运输是指货物可以直接运到目的地，但在未达目的地之外的其他场所卸货，重复装运后送达目的地，或者是同品种货物在同一地点同时运进、运出，如图 3－17 所示。

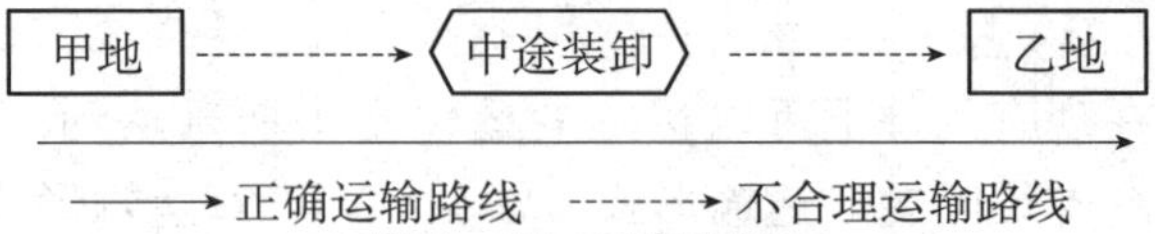

图 3－17 重复运输

（五）倒流运输

倒流运输是指货物从销售地或中转地向原产地或起运地回流的运输现象，如图 3－18 所示。

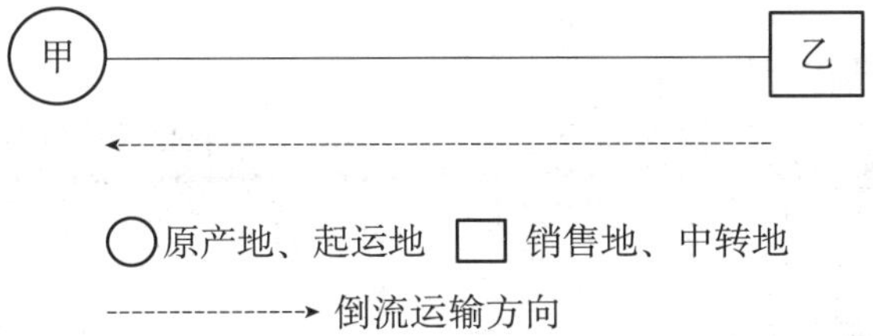

图 3－18　倒流运输

（六）过远运输

过远运输是指调运物资舍近求远，导致货物运距增加的现象。如图 3－19 所示，如果按照合理的路线运输，则从原产地到销售地的里程分别为 200 千米和 300 千米，但是由于运输路线选择错误，因此运输的里程变为 500 千米和 400 千米。这极大地延长了运输时间，增加了运输费用，增大了货损的可能性。

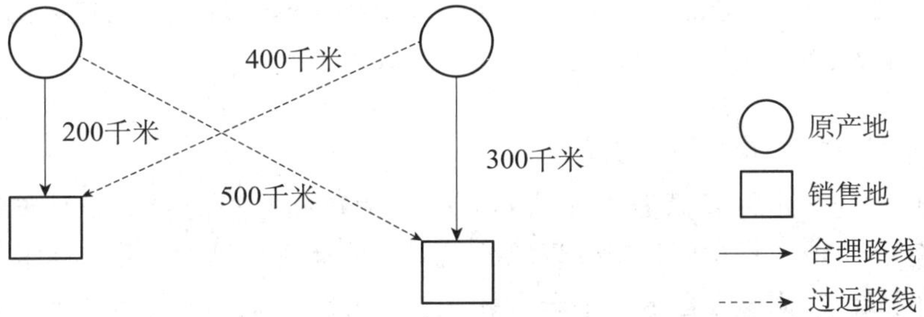

图 3－19　过远运输

（七）运力选择不当

运力选择不当指未按照各种运输工具优势选择运输工具而造成浪费的不合理现象。

各种不合理运输形式都是在特定条件下表现出来的，在进行判断时，必须将其放在运输系统中做综合判断。如果不做系统分析和综合判断，很可能出现“效益背反”现象。

想一想：为什么会出现空驶现象？

四、运输合理化的途径

（一）合理选择运输方式

各种运输方式都有各自的适用范围和不同的技术经济特征，选择时应进行综合分析和比较。首先要考虑运输成本的高低和运行速度的快慢，还应考虑货物的性质、数量的大小、运距的远近和货主需要的缓急程度。

（二）合理选择运输工具

根据不同货物的性质、数量及对湿度等的要求，选择不同类型、吨位的车辆，并通过轻重货物搭配、装载堆码技术，使运输工具装载能力得到充分发挥。

（三）正确选择运输路线

运输路线的选择，一般应尽量安排直达、快速运输，尽可能缩短运输时间。按照货物的合理流向，选择最短路径，避免迂回、倒流等不合理现象的发生。正确选择运输路线可以提高行程利用率，从而达到节省运输费用、节约运力的目的。

（四）提高货物包装质量并改进运输中的包装方法

因为货物运输路线的长短、装卸操作次数的多少都会影响货物的完好程度，所以应合理地选择包装物料，以提高包装质量。另外，有些物品的运输路线较短，且要采取特殊放置方法，如烫好的衣服需垂挂运输，则应改变相应的包装。货物包装的改进，对减少货物损失、降低运费支出、降低成本有明显的效果。

（五）混合运送，减少运力投入

混合运送的优势是将多家需要的同一品种的货物和一家需要的多品种货物实行配装，避免一家提货或送货车回程空驶现象的发生，使运输工具的重量和容积得到充分合理地运用。例如：采用整车运输、整车拼装、整车分卸及整车零卸等措施，均可提高实载率。

想一想：为什么要轻重货物搭配？（可以从利用车辆承载重量和容积角度进行分析）

（六）采用大吨位运输工具

在运输量等条件许可的情况下，尤其在长距离运输中，尽可能采用大吨位的运输工具，可大大降低运输费用。具体的做法是：根据汽车的运载力，加挂拖车增加运输量。

（七）发展社会化运输系统

利用社会运输资源将运输服务外包或与其他企业合作，降低运输工具空驶率。

（八）发展直达运输

直达运输是追求运输合理化的重要方面，通过减少中转环节及换装，达到提高送达速度、节省装卸费用、降低货损货差的目的。

（九）提倡合装整车运输

合装整车运输又称零担拼整车中转分运，主要用于件杂货的运输。合装整车运输有四种方法：零担货物拼装整车直达运输、零担货物拼装整车接力直达或中转分运、整车分卸、整装零担。采用合装整车运输，可提高运输工具的使用效率，降低运输费用。

课堂延伸：华为的智慧运输

任务四　运输设施设备认知

任务导入

中国铁路成都局集团有限公司

中国铁路成都局集团有限公司，是中国国家铁路集团有限公司管理的18个铁路局集团有限公司之一，简称“成局”，地处中国西南，管辖范围辐射四川、贵州、重庆地区。管辖区内气候多变，为自然灾害多发地区，地形复杂，坡陡弯急，桥隧相连，是名副其实的山区铁路。

中国铁路成都局集团有限公司管辖四川、贵州、重庆地区的宝成、成渝、襄渝、成昆、川黔、沪昆、黔桂、内六、渝怀、沪蓉（涓沱至成都东）、万凉11条国家铁路干线，德天、广岳、成汶、资威、宜珙、渡口、开阳、湖雍、水大、三万10条国家铁路支线，以及达成、达万、成灌、成彭、成蒲、成雅、广巴、巴达、成绵乐、成兰、成贵、成自、黄织、织毕、织纳、白龙、小碧、贵开、林织、久永、贵广、贵南、铜玉、金筠、隆叙、万南、安六、盘兴、叙镇、兰渝、郑万、渝万、渝贵、渝利、渝昆、南涪、成昆铁路成峨段、成昆铁路峨米段、成昆铁路米攀段、西成客专四川段、成渝客专、川南城际内自泸段、川南城际自宜段、沪昆客专贵州段、渝涪二线、涪秀二线、三万南扩能、叙毕铁路贵州段、重庆至黔江、万州新田港铁路集疏运中心、成都到江津扩能改造51条合资铁路。

任务分析：中国铁路成都局集团有限公司有11条国家铁路干线、10条国家铁路支线、51条合资铁路，桥梁7 946座，隧道3 300座。

任务要求：

了解公路、铁路、水路、航空、管道等运输的设施设备

一、公路运输设施设备

公路运输设施设备主要由公路、车辆和货运场站组成。

（一）公路

公路一般由路基、路面桥梁、涵洞、排水系统、防护工程设施和交通服务设施构成。我国的公路一般可分为汽车专用公路、一般公路。汽车专用公路是专门供各类汽车、摩托车等快速机动车行驶的公路，一般不允许慢速机动车（如拖拉机）和非机动车及行人使用。按技术等级，公路可分为高速公路、一级公路、二级公路、三级公路、四级公路五个等级。一般公路既可供汽车、摩托车使用，也可供慢速机动车（如拖拉机）、非机动车及行人使用。一般公路构成的交通称为混合交通，包括二、三、四级公路。选择不同等级公路的技术依据可以是交通量调查或预测、公路网络整体规划。我国的公路按照其在公路路网中的地位分为国道、省道、县道、乡道和专用公路。

（二）车辆

物流车辆主要包括普通载货汽车、厢式货车、专用载货汽车、牵引车和挂车等，如图3－20至图3－22所示。

图3－20　厢式货车

图3－21　牵引车

图3－22　挂车

（三）货运场站

货运场站的功能是对汽车运输活动进行组织管理和为运输车辆提供后勤供应、技术保障。例如，货物和货运车辆的集散，办理运输手续，对运输进行指挥调度，等等。

二、铁路运输设施设备

铁路运输设施设备包括线路、机车车辆、信号设备和车站四部分。

（一）线路

线路是列车运行的基础，承受列车重量，并且规定列车的行走方向，包括路基、桥隧建筑物和轨道三部分。

（二）机车车辆

机车车辆包括机车和车辆两部分。机车的种类有蒸汽机车、内燃机车和电力机车。货运车辆的种类有篷车、敞车、平车、罐车、保温车、特种车等，如图3－23至图3－25所示。按规定和计划把若干节车厢编挂在一起并挂上机车，就形成一列货运编组列车，铁路运输是以列车的形式进行的。

图3－23 电力机车

图3－24 敞车

图3－25 罐车

（三）信号设备

信号设备的功用是保证列车运行安全和提高铁路的通过能力，包括铁路信号、联锁设备和闭塞设备。

（四）车站

车站是铁路办理客货运输的基地，是铁路系统的基层生产单位。铁路车站按作业性质可划分为：中间站、区段站、编组站；按业务性质可划分为：客运站、货运站、客货运站；按等级可划分为：特等站、一至五等站。

三、水路运输设施设备

水路运输设施设备主要包括港口、船舶和航道航线。

（一）港口

港口是供船舶安全停靠，以及完成货物由船到岸、由岸到船或由船到船的转运，并为船舶提供补给、修理等技术服务和生活服务的场所。现代港口具有综合物流中心的功能，可提供货物、集装箱的中转、装卸和仓储等综合物流服务。港口主要有运输功能、服务功能、工业功能和商业功能。

（二）船舶

货运船舶主要包括集装箱船、散装货船、油轮、滚装船等，如图 3－26、图 3－27 所示。

图 3－26　集装箱船

图 3－27　油轮

（三）航道航线

航道是能供船舶安全航行的通道。航线是指船舶在两个或多个港口之间从事客货运输的路线。

四、航空运输设施设备

航空运输设施设备由机场或航空港、飞机和航空线网组成。

（一）机场或航空港

机场是供飞机起飞、着陆、停驻、维护、补充给养、组织飞行保障活动的场所。机场既是民航运输网络中的节点，也是航空运输的起点、终点和经停点。机场可实现运输方式的转换，是空中运输和地面运输的转接点。机场也称为航空站，包括飞行区、运输服务区和机务维修区三部分。

（二）飞机

飞机用于装载旅客和物品。客货两用飞机的下层舱为货仓，货机在定期航线上专门运输货物。飞机按机舱载货方式分全货机（如图 3－28 所示）和客货两用机。

图 3－28 全货机

（三）航空线网

航空线网由航线和航路组成。航线是飞机飞行的路线，民航从事运输飞行必须按照规定的航线进行；航路是根据地面导航系统建立的走廊式保护空域，供飞机作航线飞行之用，是由多条航线共用的空中通道。

五、管道运输设施设备

（一）输油管道运输设施设备

长距离输油管道由输油站和管线两大部分组成，输油站包括首站、末站、中间泵站等；输油管道的线路（即管线）包括管道、沿线阀室、穿越江河山谷的设施和管道阴极防腐保护设施等。为保证长距离输油管道的正常运营，管道还设有供电和通信设施。

（二）天然气管道运输设施设备

输气管道系统主要由矿场集气管网、干线输气管道（网）、城市配气管网以及与此相关的站、场等设备组成。这些设备从气田的井口装置开始，经矿场集气、净化及干线输送，再经配气管网送到用户处，形成了一个统一的、密闭的输气系统。

（三）固体料浆管道运输设施设备

用管道输送各种固体物质的基本措施是将待输送固体物质粉碎为粉粒状，再与适量的液体配置成可泵送的浆液，通过长输管道输送这些浆液到目的地，将固体与液体分离后送给用户。

项目小结

运输是指利用载运工具、设施设备及人力等运力资源，使货物在较大空间上产生位置移动的活动。

任务一主要包括运输的概念与作用，运输的功能，运输的原则等内容。

任务二主要包括公路运输，铁路运输，水路运输，航空运输，管道运输，影响运输方式选择的因素等内容。

任务三主要包括运输合理化的含义，影响运输合理化的因素，不合理运输的表现形式，运输合理化的途径等内容。

任务四主要包括公路运输设施设备，铁路运输设施设备，水路运输设施设备，航空运输设施设备，管道运输设施设备等内容。

项目实训

运输作业流程

实训目的

1. 形成对运输管理的认知。
2. 具有对运输流程进行分析的能力。

实训资料

在本地调研运输企业，了解运输企业的发展状况；重点了解运输企业的业务流程。

实训要求

1. 分组进行，选举一人为组长。
2. 落实外出调研的交通工具。
3. 强调外出调研的任务与纪律。
4. 小组讨论。
5. 总结并撰写调研报告，全班共享。

实训指导

1. 指导学生遵守所调研企业的管理制度。
2. 指导学生学会沟通。
3. 指导学生收集与运输企业作业流程有关的资料。
4. 指导学生按正确的格式撰写调研报告。

实训评价

实训评价标准如表3－1所示。

表3－1　实训评价标准

姓名__________　　　　学号__________

序号	评价标准	分值	得分
1	考勤、纪律	10	
2	调研态度	10	
3	沟通协调	15	
4	职业素养	15	
5	调研报告	50	

项目四
仓储管理

学习目标

※ 知识目标

- 了解仓储、仓库、仓储管理、库存、库存控制的概念
- 理解仓库的类型、仓储的设施设备、仓储合理化的指标、编制库存计划与库存分析的具体方法
- 掌握仓储的功能、仓储管理的内容
- 掌握仓储作业管理
- 掌握仓储合理化的措施
- 掌握库存控制的方法与工具

※ 能力目标

- 培养对仓储的认识能力
- 能够利用仓储知识对仓库进行布局
- 能够使用库存控制的方法
- 能够按照仓储作业流程模拟仓储作业

※ 素质目标

- 具有团结协作、创新的能力
- 培养爱岗敬业、工匠精神
- 增强“四个意识”、坚持“四个自信”、做到“两个维护”
- 具有安全意识

思维导读

- 项目四　仓储管理
  - 任务一　仓储管理认知
    - 一、仓储
    - 二、仓储管理
    - 三、仓储的设施设备
  - 任务二　仓储作业管理
    - 一、入库作业管理
    - 二、在库作业管理
    - 三、出库作业管理
  - 任务三　仓储合理化
    - 一、仓储合理化的指标
    - 二、仓储合理化的措施
  - 任务四　库存控制
    - 一、库存控制概述
    - 二、库存控制的方法和工具
    - 三、编制库存计划
    - 四、库存分析

案例导入

鲸仓物流

深圳市鲸仓科技有限公司是国内领先的智能仓储自动化整体解决方案供应商，当前其自主研发的智能密集存储系统为全球首创，获得国家发明专利百余项，配合自主开发的智控系统（PMS、PCS、WMS、PLC）等多套业务应用系统和通过大数据运算下的机器人调度，实现高效、科学的人机交互，为物流仓储行业提供省地、省人、省心的全流程智能自动化仓储解决方案。

信息化（2012 年）：鲸仓携 WMS（仓库管理系统）涉足仓储业，在全国开设分仓，为电商卖家提供分仓就近发货服务。

自动化（2014 年）：鲸仓国际化专利魔方系统亮相，极大提升仓储空间率，并实现货架自动到人，跨入自动化时代。

智能化（2018 年）：鲸仓拣选蜘蛛系统加速了 AI 智能技术在仓储场景中的应用，做到了 100% 无人仓，标志着智能化时代的开启。

鲸仓可发挥协同效应布局全国业务。鲸仓的布局及辐射范围靠近市场，有区域优势。

任务一　仓储管理认知

任务导入

华为的智能化仓储

以仓储为核心的智能技术包含自动控制技术、智能机器人堆码垛技术、智能信息管理技术、移动计算技术、数据挖掘技术等。华为运用人工智能、物联网与数字孪生技术打造的自动化智能AGV无人仓，可大大提升仓库的作业效率。

1. 设备模拟仿真

可完成仓储堆垛机、提升机、自动传输线体、智能AGV等仓储核心设备的建模，且在设备未入场时即可模拟仿真，预先进行系统联调，实现了设备安装就位后的即插即用。

2. 作业调度算法

通过集成智能调度、货到人拣选、拣货任务匹配等算法，大幅提升仓储周转的效率。

3. 设备接入标准化

通过设备接口标准化，可快速接入已对接设备。

4. 无人化仓储作业

以智能AGV为技术主线，贯穿整个业务流程，实现货到人、自动化、一个流的业务运作；采用华为Wi-Fi 6及RFID无线射频识别技术和物联网技术，结合算法实现移动货位管理及自动分配；运用超宽带（UWB）等技术实现人员、设备等热力地图；通过应用算法模型，实现库内作业人员与设备的智能调拨与管理。

任务分析：华为通过运用人工智能、物联网与数字孪生技术打造的自动化智能AGV无人仓，提升了仓库的作业效率。

任务要求：

1. 了解仓储、仓库、仓储管理的概念
2. 理解仓库的类型、仓储的设施设备
3. 掌握仓储的功能、仓储管理的内容

一、仓储

（一）仓储的概念

传统仓储是为了存，现代仓储（物流仓储）是为了不存或减少储存。

我国古代商业仓库是随着社会分工和专业化生产的发展而逐步形成和扩大的。“邸店”可以说是商业仓库的最初形式，它既具有商品寄存性质，又具有旅店性质。随着社会分工的进一步发展和商品交换的不断扩大，专门储存商品的“塌房”从“邸店”中分离出来，成为带有企业性质的商业仓库。

仓储和运输长期以来被看作物流活动的两大支柱。仓储是物流系统的一个子系统，在物流系统中起着缓冲、调节和平衡的作用。

“仓”即仓库，是用以存放、保管和储存物品的建筑物和场地的总称；“储”即储存，表示收存以备使用，具有收存、保护、管理、交付使用的意思。狭义的“仓储”是指通过仓库等场所实现对在库物品的储存与保管，是一种静态仓储，可以比喻为蓄水池。广义的“仓储”是指除了对物品的储存与保管，还包括物品在库期间的装卸搬运、流通加工等增值服务功能，是一种动态仓储，可比喻为河流。

国家标准《物流术语》（GB/T 18354—2021）将仓储（warehousing）定义为：利用仓库及相关设施设备进行物品的入库、储存、出库的活动。

（二）仓储的功能

仓储作为物流的一个重要环节，其功能包括储存与保管、流通加工 、整合、调节、分类和转运、信用担保与现货交易等功能。

1. 储存与保管功能

储存与保管是仓储最基本的功能之一，也是仓储产生的根本原因。

（1）储存功能。国家标准《物流术语》（GB/T 18354—2021）将储存（storing）定义为：贮藏、保护、管理物品。现代社会生产的一个重要特征就是专业化和规模化生产，劳动生产率极高，产量巨大，绝大多数的物品都不能被及时消费，需要经过仓储手段进行储存，这样才能避免生产过程堵塞，保证生产过程能够继续进行。同时，对于生产过程来说，适当的原材料、半成品储存，可以防止由缺货造成的生产停顿。而对于销售过程来说，储存尤其是季节性储存可以为企业市场营销创造良机，适当的储存是市场营销的一种战略，它为市场营销中特别的商品需求提供了缓冲和有力的支持。

（2）保管功能。国家标准《物流术语》（GB/T 18354—2021）将保管（stock keeping）定义为：对物品进行储存，并对其进行保护和管理的活动。生产出的物品在消费之前必须保持其使用价值，否则将会被废弃。这项任务就需要由仓储来承担，在仓储过程中对物品进行保护管理，防止因损坏而丧失价值。因此在保管过程中就要选择合适的储存场所，采取合适的养护措施。

2. 流通加工功能

在保管期间，保管人根据存货人或客户的要求对仓储物的外观、形状、成分构成、尺度等进行加工，使仓储物发生所期望的变化。

3. 整合功能

整合是仓储活动的一个经济功能。通过这种安排，仓库可以将来自多个制造企业的物品或原材料整合成一个单元，进行一票装运。其好处是有可能实现最低的运输成本，也可以减少由多个供应商向一个客户进行供货带来的拥挤和不便。

为了能有效地发挥仓储整合功能，每一个制造企业都必须把仓库作为货运储备地点，或用作产品分类和组装的设施。这是因为，整合装运的最大好处就是能够把来自不同制造商的小批量货物集中起来，形成规模运输，使每一个客户都能享受低于其单独运输成本的服务。

4. 调节功能

仓储在物流中起着“蓄水池”的作用。根据市场供需关系和流通的需要，仓储物的存期可长可短。当市场需求增加、交易旺盛时，可缩短货物存期、增加货物的市场投放量；当市场需求减少、交易清淡时，可延长货物存期、减少货物的市场投放量，等待有利的交易机会。

5. 分类和转运功能

分类就是将来自制造商的组合订货分类或分割成个别订货，然后安排适当的运力运送到制造商指定的个别客户。

从多个制造商处运来整车的货物，仓库的管理人员在收到货物后，如果货物有标签，就按客户要求进行分类；如果没有标签，就按地点分类，然后不在仓库停留就直接装到运输车辆上，装满后运往指定的零售店。同时，由于货物不需要在仓库内进行储存，因此降低了仓库的搬运费用，最大限度地发挥了仓库装卸设施的功能。

6. 信用担保与现货交易功能

在大批货物的实物交易中，购买方必须检验货物，确定货物的存在和品质后方可成交。购买方可以到仓库查验货物，由仓库保管人出具的货物仓单是实物交易的凭证，可以作为向购买方提供的证明。仓单本身就可以作为融资工具，即可以直接使用仓单进行质押。

存货人要转让已在仓库存放的物品时，购买方可以到仓库查验物品并取样化验，双方可以在仓库进行转让交割。国内众多的批发市场，它们既是有物品储存功能的交易场所，又是有物品交易功能的仓储场所。众多具有便利交易条件的仓储场所都提供交易活动服务，甚至部分形成有影响力的交易市场。阁楼式仓储商店，就是仓储功能高度发展、仓储与商业密切结合的结果。

想一想： 仓储最基本的功能是什么？

二、仓储管理

（一）仓储管理的概念

仓储管理与仓库管理相比要复杂得多，仓库管理是指物品的入库、在库、出库等环节的管理，是一种业务层面的管理。而仓储管理既包括战略层面的管理，如选址与建设；又包括业务层面的管理，如出入库、储存保管、分拣配货等。

国家标准《物流术语》（GB/T 18354—2021）将仓储管理（warehousing management）定义为：对仓储及相关作业进行的计划、组织、协调与控制。

课堂延伸：仓储管理的发展过程

（二）仓储管理的内容

仓储管理从单纯意义上的对物品储存管理发展成为物流过程的中心环节，它的功能已不是单纯的物品储存，而且兼有多种增值服务功能。仓储管理研究的是物品流通过程中物品储存环节的管理，主要内容包括：

1. 仓库的选址与建设

仓库的选址与建设是仓储管理战略层面的问题，它直接关系到仓储企业未来的发展与战略优势的保持，如仓库的选址原则、仓库建筑面积的确定、库内运输道路与作业的布置等。

2. 仓库机械设备的选择与配置

仓库机械设备的选择与配置，即如何根据仓库作业特点和所储存货物种类以及其物理、化学特性，选择机械设备的种类以及应配备的数量，如何对这些机械设备进行管理等。

3. 仓库的业务管理

仓库的业务管理，即如何组织货物出入库、在库保管、保养等各项业务活动，这是仓储管理最基本的内容之一。

4. 仓库的库存管理

仓库的库存管理，即如何利用新技术、新方法来实现在保证供应的前提下库存成本的有效降低，进而实现物流总成本的降低。

5. 人力资源管理

人力资源管理包括仓储人员的招聘与后期的培训，建立健全岗位职责、岗位人员配置与优化等内容。

6. 仓库的安全与消防管理

建立健全仓库安全与消防管理制度，做好防盗、防火、防爆等日常安全管理工作。

想一想：仓储管理的最基本内容是什么？

三、仓储的设施设备

（一）仓库的类型

国家标准《物流术语》（GB/T 18354—2021）将仓库（warehouse）定义为：用于储

存、保管物品的建筑物和场所的总称。按不同的标准划分，仓库有不同种类。它们的结构形态各异，服务范围和对象也有着较大的差异。一个企业可以根据自身的条件选择建设或租用不同类型的仓库。

1. 按仓库运营形式分类

（1）自营仓库。国家标准《物流术语》（GB/T 18354—2021）将自营仓库（private warehouse）定义为：由企业或各类组织自主经营和自行管理，为自身的物品提供储存和保管的仓库。仓库的建设、保管物品的管理以及出入库等业务均由公司自己负责。自营仓库所保管物品的种类、数量相对确定，仓库结构和装卸设备与之配套。

（2）公共仓库。国家标准《物流术语》（GB/T 18354—2021）将公共仓库（public warehouse）定义为：面向社会提供物品储存服务，并收取费用的仓库。它是一种社会化的仓库，面向社会，以经营为手段，以营利为目的。与自营仓库相比，公共仓库的使用效率更高。

2. 按库内形态分类

（1）地面型仓库。地面型仓库一般是指单层地面库，多使用非货架型的保管设备。地面型仓库如图4－1所示。

图4－1　地面型仓库

（2）货架型仓库。货架型仓库是指采用多层货架保管货物的仓库。货架上放着物品和托盘，物品和托盘可在货架上滑动。货架分为固定货架和移动货架。货架型仓库如图4－2所示。

（3）立体仓库。国家标准《物流术语》（GB/T 18354—2021）将立体仓库（stereoscopic warehouse）定义为：采用高层货架，可借助机械化或自动化等手段立体储存物品的仓库。立体仓库如图4－3所示。

图4－2　货架型仓库

图4－3　立体仓库

3. 按保管物品种类的数量分类

（1）综合库。综合库是指用于存放多种不同属性物品的仓库，如图4－4所示。

（2）专业库。专业库是指用于存放一种或某一大类物品的仓库，如图4－5、图4－6所示。

图4-4　综合库

图4-5　酒库

图4-6　粮库

4. 按仓库保管条件分类

（1）普通仓库。普通仓库是指用于存放无特殊保管要求的物品的仓库，如图4-7所示。

（2）保温、冷藏、恒湿恒温库。保温、冷藏、恒湿恒温库是指用于存放要求保温、冷藏或恒湿恒温的物品的仓库，如图4-8所示。

图4-7　普通仓库

图4-8　保温、冷藏、恒湿恒温库

（3）特种仓库。特种仓库通常是指用于存放易燃、易爆、有毒、有腐蚀性或有辐射性的物品的仓库，如图4-9所示。

（4）气调仓库。气调仓库是指用于存放要求控制库内氧气和二氧化碳浓度的物品的仓库，如图4-10所示。

图4-9 特种仓库

图4-10 气调仓库

想一想：特种仓库主要存放什么物品？

5. 按仓库建筑封闭程度分类

（1）封闭式仓库。这种仓库俗称“库房”，国家标准《物流术语》（GB/T 18354—2021）将库房（storehouse）定义为：在仓库中，用于储存、保管物品的封闭式建筑物。该结构的仓库封闭性强，便于对库存物进行维护保养，适宜存放保管条件要求比较高的物品，如图4-11所示。

图4-11 封闭式仓库

（2）半封闭式仓库。这种仓库俗称“货棚”，其保管条件不如封闭式仓库，但出入库作业比较方便，且建造成本较低，适宜存放那些对温度、湿度要求不高且出入库频繁的物品，如图4-12所示。

（3）露天式仓库。这种仓库俗称“货场”，其最大优点是装卸作业极其方便，适宜存放较大型的货物，如图4-13所示。

图4-12 半封闭式仓库

图4-13 露天式仓库

6. 按建筑结构分类

（1）平房仓库。平房仓库的构造比较简单，建筑费用便宜，人工操作比较方便，如图4-14所示。

（2）楼房仓库。楼房仓库是指二层楼以上的仓库，它可以减少土地占用面积，进出库作业可采用机械化或半机械化，如图4-15所示。

图 4－14　平房仓库

图 4－15　楼房仓库

（3）高层货架仓库。建筑本身是平房结构，但高层棚的顶很高，内部设施层数多，具有可保管 10 层以上的托盘的仓库棚。在作业方面，高层货架仓库主要使用电子计算机控制堆垛机、吊机等装卸机械自动运转，能实现机械化和自动化操作，也称为自动化仓库或无人仓库，如图 4－16 所示。

（4）罐式仓库。罐式仓库的构造特殊，呈球形或柱形，主要用来储存石油、天然气和液体化工品等，如图 4－17 所示。

图 4－16　高层货架仓库

图 4－17　罐式仓库

（5）简易仓库。简易仓库的构造简单、造价低廉，一般是在仓库不足而又不能及时建库的情况下采用的临时代用办法，包括一些固定或活动的简易货棚等，如图 4－18 所示。

图 4－18　简易仓库

7. 按仓库功能分类

现代物流管理力求进货与发货同期化，使仓库管理从静态管理转变为动态管理，仓库功能也随之改变，这些新型仓库有了以下新的称谓：

（1）集货中心。将零星货物集中而形成批量货物称为“集货”。集货中心可设在生产点数量很多，每个生产点产量有限的地区；只要这一地区某些产品的总产量达到一定水平，就可以设置这种有“集货”作用的物流据点。

（2）分货中心。将大批量的货物分成批量较小的货物称为“分货”。分货中心是主要从事分货工作的物流据点。企业可以采用大规模包装、集装货散装的方式将货物运到分货中心，然后按企业生产或销售的需要进行分装。利用分货中心可以降低运输费用。

（3）转运中心。转运中心的主要工作是承担货物在不同运输方式间的转运工作。转运中心可以承担货物在两种运输方式间的转运工作，也可承担货物在多种运输方式间的转运，在名称上有的称为卡车转运中心，有的称为火车转运中心，还有的称为综合转运中心。

（4）加工中心。加工中心的主要工作是进行流通加工，设置在供应地的加工中心主要进行以物流为主要目的的加工，设置在消费地的加工中心主要进行以销售、强化服务为主要目的的加工。

（5）储调中心。储调中心以储备为主要工作内容，其功能与传统仓库基本一致。

（6）配送中心。国家标准《物流术语》（GB/T 18354—2021）将配送中心（distribution center）定义为：具有完善的配送基础设施和信息网络，可便捷地连接对外交通运输网络，并向末端客户提供短距离、小批量、多批次配送服务的专业化配送场所。

（7）物流中心。国家标准《物流术语》（GB/T 18354—2021）将物流中心（logistics center）定义为：具有完善的物流设施及信息网络，可便捷地连接外部交通运输网络，物流功能健全，集聚辐射范围大，存储、吞吐能力强，为客户提供专业化公共物流服务的场所。

想一想：为什么配送中心与物流中心不同？

课堂延伸：智慧物流成国之重器

（二）货架

1. 货架的概念

国家标准《物流术语》（GB/T 18354—2021）将货架（rack）定义为：由立柱、隔板或横梁等结构件组成的储物设施。货架是基本的仓储设备之一，是现代企业仓库、物流中心、配送中心的重要组成部分。

2. 货架的作用

（1）充分利用仓库空间，提高库容利用率，扩大仓库储存能力。

（2）有利于实现仓库的机械化、自动化管理。

（3）存入的物品互不挤压，损耗小，能够减少物品的损失。

（4）便于采取防潮、防尘、防盗、防破坏等设施，保证储存物品的质量。

（5）存取方便，便于清点及计量，可以做到先进先出。

3. 常用的货架

（1）托盘货架。托盘货架是专门用于存放已经码放到托盘上的物品，如图 4－19 所示。托盘货架是使用得最广泛的货架之一。托盘货架具有较强的通用性、利于物品保管、实现机械化存取作业、库容利用率高、出入库可做到先进先出等特点。

想一想：使用得最多的货架是什么？

（2）轻型货架。轻型货架是用优质钢板制造，表面采用静电喷涂处理，防腐、防锈，坚固美观，如图 4－20 所示。轻型货架适用于轻型散件物品、商城、超市、图书馆等。其具有结构简单，适用性强，有利于提高库容利用率，物品存取方便，安装拆卸方便，钢层板上下任意调节，满足多种使用需求等特点。

图 4－19　托盘货架

图 4－20　轻型货架

（3）阁楼式货架。阁楼式货架是利用支柱、货架、楼板将库房内的存储空间分隔成上下两层，如图 4－21 所示。阁楼式货架具有提高高层空间的利用率，有效地增加库容利用率等特点。但是，阁楼式货架的上层部分因为楼板承重有限、装卸搬运不方便，所以通常用来存放轻小型货物或者周转量较低的货物。

（4）悬臂式货架。悬臂式货架是在立柱的一侧或两侧装设杆臂构成货架，如图 4－22 所示。悬臂式货架具有结构稳定，载重能力好，空间利用率高，存取物品方便、快速等特点。悬臂式货架适用于长、大型物品和不规则物品的存放。

图4－21 阁楼式货架

图4－22 悬臂式货架

（5）重力式货架。重力式货架是一种密集储存单元物品的货架系统。重力式货架在货架每层的通道上，都安装一定坡度、带有轨道的导轨，入库的单元物品在重力的作用下，由入库端流向出口端，如图4－23所示。重力式货架具有单位面积库容量大；固定了出入库位置，出入库工具运距短；出入库作业分离，互不干扰；保证货物的先进先出；拣选货作业面小，拣选效率高等特点。重力式货架主要适用于大批量、少品种货物的存放或出库前准备。

（6）移动式货架。移动式货架是指在底部安装行走轮使其可在地面轨道上移动的货架，如图4－24所示。移动式货架具有只需一个作业通道，可以提高仓库利用率；物品存取方便，易于控制，安全性好等特点。移动式货架广泛用于办公室存放档案、图书馆存放档案文献、仓库存放工具等。

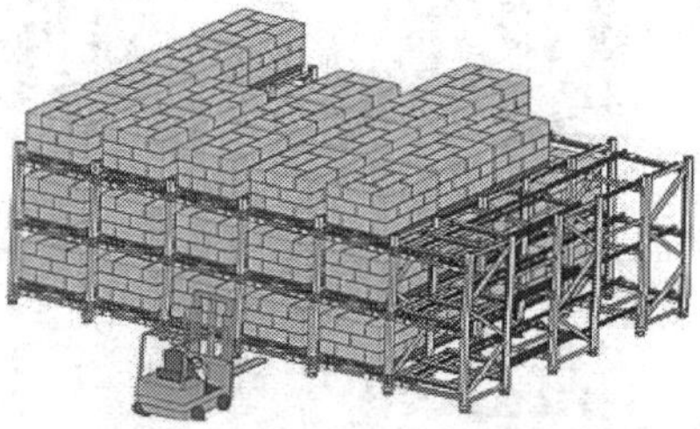

图4－23 重力式货架

图4－24 移动式货架

图4－25 流利货架

（7）流利货架。物品从有坡度的滑道上端存入，当在低端取货时，物品借助动力自动下滑，如图4－25所示。流利货架具有可实现先进先出，使用成本低，储存密度大，可提高工作效率等特点。流利货架广泛用于超市、医药、化工、电子等行业。

课堂延伸：抽屉式货架

(三) 托盘

1. 托盘的概念

国家标准《物流术语》(GB/T 18354—2021) 将托盘 (pallet) 定义为：在运输、搬运和存储过程中，将物品规整为货物单元时，作为承载面并包括承载面上辅助结构件的装置。托盘是重要的集装设备，与叉车配合使用，可形成科学高效的装卸搬运系统，极大地提高了装卸搬运的效率，也提高了装卸搬运作业的机械化水平。

2. 托盘的优缺点

(1) 优点。成本低，自重小；周转回运效率高；堆叠容易；搬运效率高。

(2) 缺点。对货品的保护性能不如集装箱，自身容易损坏；不宜露天存放；托盘本身的回运需要消耗资源。

3. 托盘选择的影响因素

(1) 堆存物品的体积、形状和重量。

(2) 托盘运输过程中，上游供应商和下游客户使用的托盘类型。

图 4-26　平托盘

4. 托盘的种类

按托盘的结构划分，托盘可以分为平托盘、柱式托盘、箱式托盘、轮式托盘等。

按材料划分，托盘可以分为塑料托盘、金属托盘、木制托盘、纸质托盘。

(1) 平托盘。平托盘是指承载面上无其他装置的托盘，如图 4-26 所示。平托盘几乎是托盘的代名词，只要提到托盘，一般都是指平托盘，因为平托盘使用范围广、利用数量大、通用性好。按照承托货物的台面，可以分为单面使用型平托盘、双面使用型平托盘和翼型平托盘。根据叉车叉入方式，可以分为单向叉入型平托盘、双向叉入型平托盘、四向叉入型平托盘等，如图 4-27 所示。

(2) 柱式托盘。柱式托盘是指承载的四角有固定式或可卸式的立柱，有的柱与柱之间有连接的横梁，形成框架型的托盘，如图 4-28 所示。柱式托盘具有可防止托盘上的物品在运输、装卸等过程中发生塌垛；利用柱子支撑物品，将物品堆高叠放，不会压坏下面的物品等特点。

单面使用型平托盘

双面使用型平托盘

翼型平托盘

双向叉入型平托盘

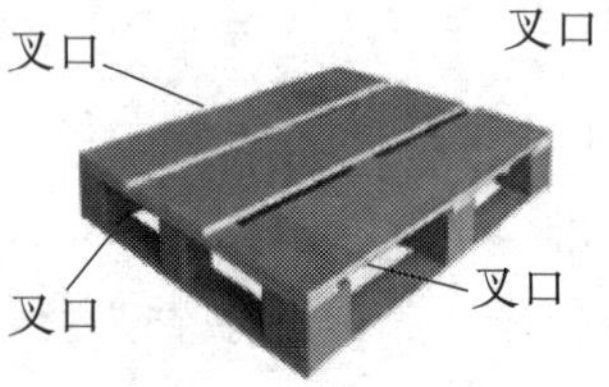

四向叉入型平托盘

图 4-27　平托盘类型

（3）箱式托盘。箱式托盘是指承载面的四边有侧板的托盘，如图 4-29 所示。箱式托盘有固定箱式、折叠式、可卸下式三种。箱式托盘具有防护能力强，可防止塌垛和货损；既可装运形状整齐的稳定堆码的物品，也可装载异型不能稳定堆码的物品，应用范围广等特点。

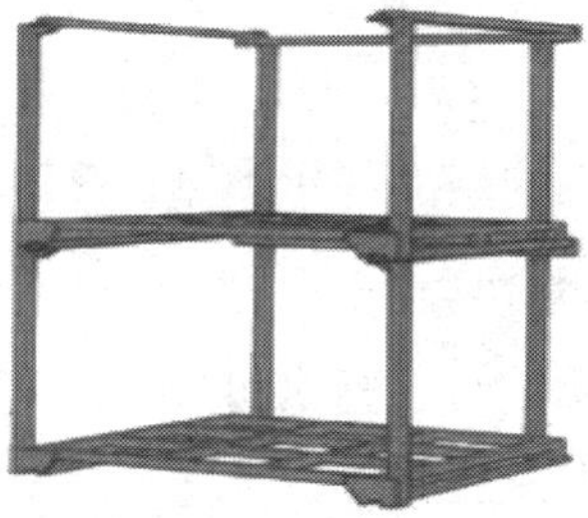

图 4-28　柱式托盘

图 4-29　箱式托盘

图 4-30　轮式托盘

（4）轮式托盘。轮式托盘是指在柱式托盘或箱式托盘的底部装入滑轮而形成的托盘，如图 4-30 所示。轮式托盘可以利用底部的滑轮进行短距离的移动。轮式托盘可以对大多数的货物进行集装，尤其适用于需要短距离移动的较为沉重的货物。但是因为轮式托盘底部有滑轮，所以不可以多层码垛，只能单层存放，不利于提高库容利用率，因而使用范围受到限制。

想一想：为什么使用最广的托盘是平托盘？

5. 托盘的规格

我国的托盘规格种类繁多，标准规格托盘的占有率低。为了提高我国物流系统的整体运作效率，降低物流成本，2008 年 3 月 1 日起我国正式使用标准为 1 200 mm × 1 000 mm 和 1 100 mm × 1 100 mm 两种规格的托盘，并优先推广使用

1 200 mm×1 000 mm 规格的托盘。国际标准化组织承认的四种国际规格的托盘为：

（1）1 200 mm×800 mm，欧洲普遍使用。

（2）1 200 mm×1 000 mm，欧洲部分国家、加拿大、墨西哥普遍使用。

（3）1 219 mm×1 016 mm，美国普遍使用。

（4）1 100 mm×1 100 mm，亚洲普遍使用。

任务二　仓储作业管理

任务导入

菜鸟云仓的货物入库

在货物到达仓库之前，仓库作业人员就能通过信息系统收到菜鸟公司预发的到货清单，然后根据系统到货清单打印到货通知单，根据到货通知单提前安排好卸车人员、装卸搬运设备，制订准备放置货物的储位计划。待货物到达仓库相应卸货码头后，立即进行卸车，用托盘搬运车将货物放到指定暂存区。在暂存区，仓库派专门人员进行货物登记，包括纸质到货登记和系统到货登记，仓库和送货司机之间采用纸质交接单进行交接验收。交接验收时，查看货物外包装有无破损、水湿等状况，查验货物数量、质量和有效期，若有问题则现场拍照取证，发商家确认，待商家确认处理方式后再做处理；若无异常，则用电动托盘搬运车将货物由垂直电梯送到二楼计划好的存储区存放。

任务分析：菜鸟云仓的货物入库作业流程，包括入库准备、接运货物、货物验收、办理交接手续和办理入库等。

任务要求：

1. 了解物品的分区分类、出库作业基本要求
2. 理解物品的接运、苫垫、盘点
3. 掌握物品的检验、堆码、保管保养，出库作业的基本形式

一、入库作业管理

（一）物品入库前的准备

1. 入库申请

（1）入库申请的概念。入库申请是生成入库作业计划的基础和依据，是存货人（供应商）对仓储服务产生需求，并向仓储企业发出需求通知。

（2）入库通知单。入库通知单是存货人给仓库的一个客户委托，即存货人向仓储企

业提出入库申请的书面形式。

2. 编制入库作业计划及计划分析

入库作业计划是存货人发货和仓库部门进行入库前准备的依据。入库作业计划主要包括到货时间，接运方式，包装单元与状态，存储时间及物品的名称、品种、规格、数量、单件体积与重量、物理、化学、生物特性等详细信息。

仓库部门对入库作业计划的内容要进行分析，并根据物品在库时间和物理、化学、生物特性以及单品体积、重量、包装物等，合理安排货位。仓库部门通过对入库作业计划做出测评与分析之后，即可进行物品入库前的准备工作。

3. 入库准备

入库准备是仓库部门根据拟订的入库作业计划，合理安排货位、苫垫材料与验收、装卸搬运器械等，以便货物入库。

（1）货位的准备。仓库部门应根据入库物品的性能、数量、类别，结合仓库分区分类的要求核算货位大小；根据货位使用原则严格验收场地，妥善安排货位，确定堆垛方法和苫垫方式。

（2）苫垫材料的准备。根据预计到货物品的特性、体积、质量、数量和到货时间等信息，结合物品分区、分类和货位管理的要求，确定货位。同时，要做好防雨、防潮、防尘、防晒准备，即准备所需要的苫垫材料。苫垫材料应根据货位位置和到货物品特性进行合理的选择。

苫盖材料主要有：塑料薄膜、席子、油毡纸、铁皮、苫布等。

垫垛材料主要有：枕木、方木、石条、水泥墩、防潮纸等。

（3）验收、装卸搬运器械准备。投入的物流设备有：夹抱叉车、托盘、周转箱、叉车、地牛、RFID 手持终端等。同时根据到货物品的特性、货位、设备条件、人员等情况，科学合理地确定卸车搬运工艺，备好相关作业设备，安排好卸货站台或场地，保证装卸搬运作业的效率。

（二）物品的接运

接运物品是物品入库前的重要环节，目的是向托运人或承运人办清业务交接手续，及时将货物安全接运回库。仓库管理人员首先要了解接运货物的方式及程序，然后才能根据不同的接运方式，安排人员进行接货，并处理接货过程中出现的各种问题。

接运的方式主要包括到车站、码头提货，铁路专用线路接货，自提货及库内接货四种。

1. 到车站、码头提货

这是由外地托运单位委托铁路、水运、民航等运输部门或邮局代运或邮递货物到达本地车站、码头、机场、邮局后，仓库依据货物通知单派车接运货物。此方式常见于零担托运、到货批量较小的货物的接运。

2. 铁路专用线路接货

铁路专用线路接货是铁路部门将转运的物品直接运送到仓库内部专用线的一种接运

方式。此方式一般见于整车大批量货物的接运。接货人员在接到车站到货通知后，一般按照接车卸货准备、卸车前检查、卸车作业、卸车后清理和办理交接手续等程序安排接货工作。

3. 自提货

自提货是指仓库受托运方的委托，直接到供货单位提货的一种形式。其流程是做好接货准备、前往供货单位、现场验收、办理收货手续、装载运回、质量复检、办理内部交接。

4. 库内接货

库内接货是指供货单位或其委托的承运单位将物品直接送达仓库的方式。采取这种方式通常是托运单位与仓库在同一城市或附近地区，不需要长途运输。

想一想：接运的方式有哪些？

（三）核查入库凭证

（1）入库通知单和订货合同副本，是仓库接受物品的凭证。

（2）供货单位提供的材质证明书、装箱单、磅码单、发货明细表等。

（3）物品承运单位提供的运单。若物品在入库前发生残损情况，还要有承运部门提供的货运记录或普通记录，作为向责任方交涉的依据。

核查入库凭证，也就是将上述凭证加以整理和核对。入库通知单、订货合同副本要与供货单位提供的所有凭证逐一对比核对，相符才可进行实物验收。

（四）物品的检验

物品检验是审核入库凭证中账实相符的过程。

1. 数量检验

数量检验包括计件、检斤和检尺求积。

（1）计件。计件是指按件数供货，或以件数为计量单位的物品做数量验收时清点件数。

（2）检斤。检斤是指按重量供货，或以重量为计量单位的物品做数量验收时称重。

（3）检尺求积。检尺求积是指对以体积为计量单位的物品，先检尺、后求积，作数量验收。

2. 质量检验

质量验收包括物品的外观检验、物品的尺寸精度检验和理化检验。

（1）物品的外观检验。在仓库中，物品的外观检验由仓库保管职能机构组织进行。外观检验是指通过感官，检验物品的包装外形或装饰有无缺陷；检查物品包装的牢固程度；检查物品有无损伤，如撞击、变形、破碎等；检查物品是否被雨、雪、油污等污染，有无潮湿、霉腐、生虫等。

（2）物品的尺寸精度检验。物品的尺寸精度检验由仓库保管职能机构组织进行。进行尺寸精度检验的物品，主要是金属材料中的型材、部分机电产品和少数建筑材料。

（3）理化检验。理化检验是对物品内在质量和物理化学性质所进行的检验，一般主要是对进口物品进行理化检验。对物品内在质量的检验要求检验员掌握一定的技术知识和检验手段，目前仓库多不具备这些条件，所以一般由专门的技术检验部门进行。

想一想： 为什么仓库不具备理化检验的条件？

（五）办理交接手续

交接手续是指仓储对接收到的货物向送货人进行确认，表示已经接收货物。办理完交接手续，意味着划清了运输、送货部门和仓库的责任。完整的交接手续包括接收物品、接收文件、签署单证。

（六）入库信息处理

入库信息是指把物品的相关信息录入的过程，包括登账、立卡和建档。

（七）生成提货凭证

生成提货凭证是指根据合同的约定或存货人的要求，向存货人签发仓单，作为提货时的有效凭证。

二、在库作业管理

（一）物品的分区分类

物品分区分类是指根据物品的种类、性质和仓库设备条件划分若干货区，每区又分为若干货位，将物品分别固定存放的一种方法。

1. 物品分区分类方法

（1）按物品种类和性质分区分类。

（2）按不同货主分区分类。

（3）按物品流向分区分类。

（4）按物品必需的储存条件分区分类。

（5）按物品的流时分区分类。

2. 物品分区分类的原则

（1）存放在同一库区的物品必须具有互容性。所谓互容性，是指两种物品之间不发生或很少发生不良影响。也就是说，物品的性质互有影响、互相抵触的不能同库储存。

（2）不同的保管条件要求不同的物品不应混存。当物品的温度、湿度等保管条件不同时，不能存放在一起。

（3）不同的作业手段要求不同的物品不应混存。它是指当存放在同一场所中的物品体积和重量悬殊时，如存入同一库房将严重影响设备的利用率和仓容的利用率，同时还增加了作业的复杂性和难度。

（4）不同的灭火条件要求不同的物品不能混存。灭火方法要求不同的物品不能储存在一起，必须分开储存。存放在一起不仅增加了安全隐患，也增加了火灾控制的难度和补救措施的难度。

（二）物品的堆码

国家标准《物流术语》（GB/T 18354—2021）将堆码（stacking）定义为：将物品整齐、规则地摆放成货垛的作业。

1. 物品堆码的重要性

（1）堆码要与所采用的托盘相匹配。要根据托盘的规格进行堆码，以方便叉车、托盘车搬运作业。而且托盘上的物品要尽量堆放平整。

（2）堆码对物品质量具有维护作用。正确的堆码方式可以减少物品的损坏，可以帮助工作人员识别和检查物品质量，这对于保证物品的质量具有重要意义。

（3）堆码能够充分利用库房容积并提高装卸作业效率。合理的堆码能够提高仓库的空间使用率。合理堆码后的物品整齐、牢固，这样在进行装卸搬运时不易掉落，避免造成货物损失，可节省搬运时间，提高作业效率。

2. 物品堆码的要求

物品堆码的要求，如图 4－31 所示。

合理　牢固　定量

整齐　节约　方便

图 4－31　物品堆码的要求

（1）合理。不同物品的性质、规格、尺寸不相同，因此应采用各种不同的垛形。不同品种、产地、等级、单价的物品，须分别堆码，以便收发、保管。

（2）牢固。适当选择垛底面积、堆垛高度和垫衬材料，提高货垛的稳定性，保证堆码的牢固、安全和物品不受损害。

（3）定量。定量是指每一货堆的物品数量应保持一致，采用相同的长度和宽度且为正整数；每垛的数字要准确，要放在很明显的地方。

（4）整齐。整齐是指货垛堆放要整齐，货垛上每件物品都摆放整齐，垛边横竖成列，垛不压线，物品外包装的标志和标记一律朝垛外。

（5）节约。节约是指堆码尽可能堆高，避免少量物品占用一个货位，提高库容利用率；做到一次作业到位，节约劳动消耗；合理使用苫盖材料，避免浪费。

（6）方便。便于装卸搬运 ，便于收发保管 ，便于日常维护保养，便于检查点数，便于灭火消防；有利于物品保管和安全。

课堂延伸：物品堆码的原则

3. 物品堆垛的方法

（1）散堆法。散堆法是指无包装的散货在库场上堆成货堆。这种方法特别适用于大宗散货，如煤炭、矿石、散粮和散化肥等，也适用于库内少量存放的谷物、碎料等散装货物。

（2）货架存放法。货架存放法是指采用通用或者专用的货架进行货物堆码，适用于存放小件货物或不宜堆高的货物。

（3）成组堆码法。成组堆码法是指采用成组工具使货物的堆存单元扩大。常用的成组工具有货板、托盘等。

（4）堆垛法。堆垛法是指直接利用物品或包装外形进行堆码。堆垛法的特点是可以增加堆高、提高库容利用率、有利于保护物品质量。这种方式应用广、复杂。堆垛的常见方式主要有重叠式、纵横交错式、旋转交错式、正反交错式、压缝式、衬垫式、栽桩式、“五五化”等，如图 4－32 所示。

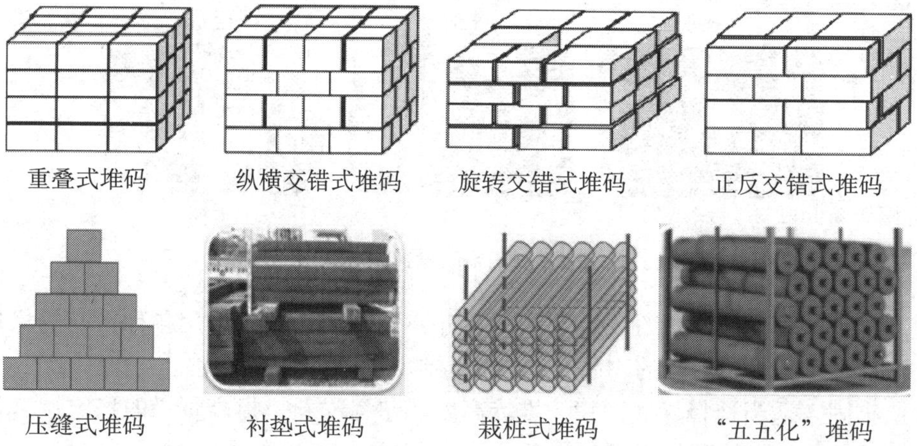

图 4－32 常见的物品堆码方式

想一想：哪些物品适合散堆方式？

课堂延伸：特殊要求物品的堆码

（三）物品的苫垫

1. 物品苫盖

苫盖是指采用专用苫盖材料对货垛进行遮盖，以减少自然环境对物品的侵蚀、损害。

苫盖的要求包括选择合适的苫盖材料、苫盖要牢固、苫盖接口要紧密、苫盖材料底部要平整等。

通常使用的苫盖材料有：帆布、芦席、竹席、塑料膜、铁皮铁瓦、玻璃钢瓦、塑料瓦等。

苫盖的方法包括就垛苫盖法、鱼鳞式苫盖法、固定棚架苫盖法、活动棚架苫盖法、隔离苫盖法等。

2. 物品垫垛

垫垛是指在物品码垛前，在预定的货位地面位置，根据物品保管的要求和堆放场所的条件，使用适合的衬垫材料进行铺垫。

通常采用水泥墩、条石、枕木、模板、垫架等垫高材料和苇席、防潮纸、塑料薄膜等垫隔材料，根据不同的储存条件、物品的不同要求，采用不同的垫垛材料。

物品垫垛的要求包括衬垫物抗压强度好、衬垫物铺设平整、衬垫物摆放有序、衬垫物高度适当等。

物品垫垛的方式包括码架式、垫木式、防潮纸式等。

（四）物品的保管保养

1. 物品质量的变化

（1）物品的物理、机械变化。物理变化是指只改变物质本身的外表形态，不改变其本质，没有新物质的生成，并有可能反复的变化。机械变化是指物品在外力的作用下，发生形态变化。物品常发生的物理、机械变化主要有挥发、熔化、破碎与变形等。

（2）物品的化学变化。物品的化学变化是指在外界环境的影响下，物品本身的性质和结构发生了变化，不仅物品的外表形态改变了，物品的本质也改变了，并且有新物质生成，且不能恢复原状，严重时会使物品失去使用价值。物品的化学变化有分解、水解、化合、氧化、裂解等。

（3）物品的生物变化及其他生物引起的变化。生物变化是指有生命活动的有机物品，在生长发育过程中，为了维持生命，本身所进行的一系列生理变化。这些变化主要有呼吸作用、发芽、胚胎发育、后熟、霉变、发酵、虫蛀、鼠咬等。

想一想：在我们的日常生活中，哪些物品容易串味？

2. 影响物品质量变化的因素

物品在保管过程中质量发生变化主要是由内因和外因共同作用产生的。

（1）影响物品质量变化的内部因素。物品本身的组成部分、分子结构及所具有的物理性质、化学性质和机械性质，决定了在储存期间发生损耗的程度。影响物品质量变化的内因主要是物品的物理性质、机械及工艺性质、化学性质、化学成分、结构形态等。

（2）影响物品质量变化的外部因素。影响物品质量变化的外部因素有很多，主要包括空气中的氧、日光、微生物、仓库害虫、温度、空气湿度、卫生条件和有害气体等。

想一想：常见的机械变化是什么？

3. 温湿度的控制

仓库温湿度控制的方法很多，主要包括密封、通风、吸湿、气幕隔潮、空气调节自动化等。

（1）密封。密封是指利用绝热性与防潮性较好的材料，把物品尽可能严密地密封起来，减少外界不良气候的影响，以达到安全保管的目的。密封的方式包括整库密封、按垛密封、按货架（柜、橱）密封、按件（箱）密封等。

（2）通风。通风是指利用库内外空气温度不同形成的气压差，使库内外空气形成对流，来达到调节库内温度、湿度的目的。通风的方式包括自然通风和机械通风。

（3）吸湿。吸湿是指采用吸潮剂或吸湿机械，通过直接降低仓库空气中水分的方法，降低仓库的湿度。吸湿的方式包括吸潮剂吸湿和机械吸湿。

（4）气幕隔潮。气幕俗称风帘，是利用机械鼓风产生强气流，在仓库门口形成一道气流帘子，其风速大于库内外的流速，可以阻止库内外空气的自然交换，从而防止库外热潮空气进入库内。

（5）空气调节自动化。空气调节自动化简称空调自动化，是借助自动化装置，自动地进行空气调节。

4. 仓库害虫的防治

（1）保持环境卫生。仓库害虫的防治主要应该杜绝害虫来源、不给害虫生长繁殖的环境。因此，要保持仓库内外的环境卫生，特别注意害虫喜藏匿和过冬之处，定期做好消毒工作。

（2）物理防治法。物理防治法是利用各种物理方法，破坏害虫生理活动和机体结构，使其不能生存或繁殖的方法。

想一想：物理防治法有哪些？

（3）化学杀虫法。化学杀虫法是指用化学药剂防治害虫的方法。化学杀虫法主要有熏蒸杀虫法、杀虫剂杀虫法、驱避剂杀虫法。熏蒸杀虫法是指熏蒸杀虫剂汽化后，通过害虫呼吸系统进入虫体，使害虫中毒死亡的杀虫方法。常用的熏蒸剂包括溴甲烷、环氧乙烷、硫黄等。杀虫剂杀虫法是指主要通过触杀、胃毒作用杀灭害虫的杀虫方法。常用的杀虫剂有敌敌畏、美曲磷脂等。驱避剂杀虫法是利用易挥发并具有特殊气味和毒性的固体药物挥发出来的一定的浓度气体进行驱避、毒杀仓库害虫的方法。常用的驱避剂主要有对二氯苯、樟脑精等。

5. 金属的防锈与除锈

（1）金属的防锈。金属锈蚀的原因：一是金属材料自身的原因，二是受大气中因素的影响。

金属制品在储存期间发生锈蚀，这是常见的现象。锈蚀不仅影响外观质量，造成物品陈旧，而且使机械强度下降，从而降低金属制品的使用价值，严重者甚至报废。金属防锈的主要方法包括选择适宜的保管场所、保持库房干燥、塑料封存、涂油防锈、气相防锈等。下面主要介绍塑料封存、涂油防锈、气相防锈三种方法。

塑料封存就是利用塑料对水蒸气及空气中腐蚀性物质的高度隔离性能，防止金属制品受大气中因素的影响发生锈蚀。

涂油防锈是金属制品防锈的常用方法。它是在金属表面涂刷一层油脂薄膜，使金属制品在一定程度上与大气隔离开来，达到防锈的目的。

气相防锈是使用挥发性缓蚀剂，利用其在金属制品周围挥发出的缓蚀气体，来阻隔腐蚀介质，以达到防锈的目的。

（2）金属除锈。金属除锈的方法主要有人工除锈、机械除锈、化学除锈三种。

人工除锈是指用钢刷、铁锤、铲（刮刀）、纱布、砂纸等除去铁锈的方法。

机械除锈是利用机械摩擦的方法，清除金属表面上的锈蚀。常用的机械除锈方法有抛光机械除锈、喷射法除锈、滚筒式除锈。

化学除锈是采用化学材料，使其作用于被锈蚀的金属材料或其制品上，从而达到除锈的目的。化学除锈法，包括酸洗以及电解酸洗等。

课堂延伸：电化学除锈

6. 物品霉腐的防治

物品霉腐的防治方法有加强库存管理、低温防霉腐、干燥防霉腐、药剂防霉腐、辐射防霉腐、气相防霉腐。下面主要介绍药剂防霉腐和气相防霉腐两种方法。

药剂防霉腐是用化学药剂使霉腐微生物的细胞和新陈代谢活动受到抑制或破坏，从而达到抑制或杀灭微生物，防止物品霉腐的一种防霉腐方法。

气相防霉腐是利用气相防霉剂散发出的气体，抑制或毒杀物品上的霉菌的一种防霉腐方法。

（五）物品的盘点

1. 盘点的目的

（1）查清实际库存数量。盘点可以查清实际库存数量，并通过盈亏调整使库存账面数量与实际库存数量一致。通过盘点可查清实际库存数量与账面库存数量，若发现问题应查明原因，并及时调整。

（2）确认企业损益。库存物品的总金额直接反映企业流动资金的使用情况，库存量过高，将会影响流动资金的正常运转。通过盘点，弄清库存物品的盈亏情况，分析盈亏的原因，提出改进的措施。

(3) 发现仓库管理中存在的问题。通过盘点，查明盈亏原因，可以发现库存管理中存在的问题，并通过解决问题来改善作业流程和作业方式，提高管理人员的素质和管理水平。

想一想：为什么要对物品进行盘点？

2. 物品盘点的内容

(1) 查数量。通过盘点计数查明物品在库的实际数量，核对库存账面资料与实际库存数是否一致。

(2) 查质量。检查在库物品质量有无变化，有无超过保质期、有无长期积压现象。

(3) 查保管条件。检查保管条件是否与各种物品的保管条件相符合。

(4) 查安全。检查各种安全措施和消防设备、器材是否符合安全要求，建筑物和设备是否处于安全状态。

3. 盘点的方法

(1) 账面盘点法。账面盘点法又称永续盘点法，是指为每一种物品分别设立存货账卡，然后将每一种物品的出入库数量及有关信息记录在账面上，逐笔汇总出账面库存结余数，这样随时可以从电脑账册上查悉物品的出入库信息及库存结余量。

(2) 现货盘点法。现货盘点又称实地盘点或实盘，也就是实地去库内清点数量，再依货物单价计算出实际库存金额的方法。

现货盘点法按盘点时间、频率的不同又可分为“期末盘点法”和“循环盘点法”。期末盘点法是指在会计计算期末统一清点所有货物数量的方法；循环盘点法是指在每天、每周清点一小部分物品，一个循环周期将每种货物至少清点一次的方法。

三、出库作业管理

(一) 出库作业基本要求

出库作业是仓储作业中的一个重要环节，也是仓库作业的最后一个环节。出库作业是仓储经营人根据存货人或仓单持有人所持有的仓单，按其所列物品编号、名称、规格、型号、数量等项目，组织物品出库的一系列工作的总称。

物品出库要做到“三不、三核、五检查”。“三不”，即未接单据不翻账，未经审单不备货，未经复核不出库；“三核”，即在发货时，要核对凭证、核对账卡、核对实物；“五检查”，即对单据和实物要进行品名检查、规格检查、包装检查、数量检查、重量检查。具体地说，物品出库时要严格执行各项规章制度，杜绝差错事故，提高服务质量，让客户满意。

1. 按程序作业，手续必须完备

物品出库必须按规定程序进行，领料单、仓单等提货凭证必须符合要求；物品出库时，必须有正式凭证，保管人员根据凭证所列品种和数量发货。

2. “先进先出”原则

在保证库存物品的价值和使用价值不变的前提下，坚持“先进先出”的原则；同时要做到有保管期限的先出，保管条件差的先出，容易变质的先出，近失效期的先出，包装简易的先出，回收复用的先出。坚持“先进先出”原则的目的在于避免物品因库存时间过长而发生变质或影响其价值和使用价值。

3. 做好发放准备

为使物品及时流通，合理使用，必须快速、及时、准确地发放。因此必须做好发放的各项准备工作，如化整为零、集装单元化、备好包装、复印资料、组织搬运人力、准备好出库的各种设施设备及工具。

4. 发货和记账要及时

保管员接到发货凭证后，应及时发货，不压票；物品发出后，应立即在物品保管账上核销，并保存好发货凭证，同时调整垛牌或料卡。

5. 保证安全

物品出库作业要注意安全操作，防止损坏包装和震坏、压坏、摔坏物品。同时，还要保证运输安全，做到物品包装完整、捆扎牢固、标志清楚正确、性能不相互抵触和影响、质量安全有保障。仓库作业人员必须经常注意物品的安全保管期限等，对已变质、已过期失效、已失去原使用价值的物品不允许出库。

6. 无差错

保管人员发货时，应按照发货凭证上列明的物品品名、产地、规格、型号、价格、数量、质量准确发货，当面点清数量和检验质量。确保出库物品数量准确、质量完好、包装牢固、标识正确、发运及时安全，避免发生运输差错和损坏物品的事故。

（二）出库作业的基本形式

1. 送货

送货就是仓储单位派自己的车辆和人员，根据用户的要求，把出库凭证所开列的物品直接运送到客户指定地点的一种出库方式。这种发货形式就是通常所称的送货制。送货要划清交接责任。仓储部门与运输部门的交接手续是在仓库现场办理完毕的。运输部门与收货单位的交接手续根据货主单位与收货单位签订的协议，一般在收货单位指定的到货目的地办理。

它具有“预先付货、按车排货、发货等车”的特点。

仓库送货有多方面的好处：仓库可预先安排作业，缩短发货时间；收货单位可避免因人力、车辆等不便而发生取货困难；可合理使用运输工具，减少运费。

2. 收货人自提

收货人自提是指收货人自派车辆和人员，持提货单（领料单）到仓库直接提货的一种出库方式。这种方式是仓库通常所称的提货制。

它具有“提单到库，随到随发，自提自运”的特点。为划清交接责任，仓库发货人与提货人在仓库现场，当面交接清楚出库物品并办理签收手续。这种方式适用于运输距离近，提货数量少的客户。

3. 过户

过户是一种就地划拨的形式。物品虽未出库，但是所有权已从原有的货主转移到新的货主。仓库必须根据原有货主开出的正式过户凭证，才予以办理过户手续。

4. 取样

取样是货主单位出于对货物质量检验、样品陈列等需要，到仓库提取货物样品而需要开箱拆包、分割，形成部分货物出库。货主取样时必须持有仓单，仓库也必须根据正式取样凭证发出货物样品，并做好账务记载。

5. 转仓

货主单位为了业务方便或改变物品储存条件，需要将某批库存物品从甲库转移到乙库，这就是转仓的出库方式。仓库也必须根据货主单位开出的正式转仓票，办理转仓手续。

想一想：送货与收货人自提的特点分别是什么？

任务三 仓储合理化

任务导入

不合理库存的危害

库存不能太高也不能太低，否则都会带来不良的影响。库存过多，会带来库存积压、货损概率增加，呆滞成本、陈旧损失增加，储存费用增加，流动资金被占用等不良影响；库存过少，会带来缺货风险增加，服务水平下降，有流失客户的风险等不良影响。

任务分析：库存过多或过少都会给企业带来不良的影响。因此，在发挥仓储功能的前提下，要有一个合理的数量范围。

任务要求：

1. 理解仓储合理化的指标
2. 掌握仓储合理化的措施

一、仓储合理化的指标

（一）质量

在存储期间，保证物品的品质不发生变化，包括物品不变质、损坏等，以实现物品的“时间价值”。

（二）库存数量

在保证发挥仓储功能的前提下，要有一个合理的数量范围。既要保证充足的供应，又要不产生库存积压。一般参照订单满足率和库存周转天数这两个指标来进行控制和评价。

（三）库存持有时间

库存持有时间和数量有关，库存数量越大，储存时间越长。往往参考库存周转速度，如库存周转天数、周转次数等指标来控制库存持有时间。

（四）库存结构

不同销售单位物品的储存数量的比例关系，尤其相关性很强的各种物品之间的比例关系更能反映库存结构的合理与否。库存结构的合理与否，需要结合销售进行分析，一个结构合理的库存，既不会有畅销品货缺的情况，又不会有滞销品积压的情况。

（五）地区分布

地区分布是指不同地区库存数量和库存结构的比例关系。通过地区分布可以判断与当地需求相比，库存对需求的保障程度，也可以判断库存对整个物流的影响。

（六）从实际的费用判断储存的合理性

只有考虑仓租费、维护费、保管费、损失费、资金占用利息支出等，才能从实际费用上判断储存的合理与否。

二、仓储合理化的措施

（一）实行 ABC 管理分类管理

仓库中一般储存的物资品种种类繁多，不同品种价格各异，库存数量和价值也不尽相同。为了使有限的企业资源能得到更为有效的利用，应该对库存物资进行分类，将管理的重点放在重要的物资上。

国家标准《物流术语》（GB/T 18354—2021）将 ABC 分类法（ABC classification）定义为：将库存物品按照设定的分类标准和要求分为特别重要的库存（A 类）、一般重要的库存（B 类）和不重要的库存（C 类）三个等级，然后针对不同等级分别进行控制的管理方法。

（二）适度集中储存，追求规模经济

采用集中储存代替分散的小规模储存，可以达到储存规模化、降低库存总量、提高设施设备的利用率的效果，从而实现仓储合理化。但过分集中的储存，储存点与客户间距离增加，虽然储存总量降低了，但运费增加了，因此要适度集中储存。

（三）加快周转速度，提高单位产出

储存现代化的一个重要方面是将静态储存变为动态储存，加快周转速度，加快资金周转，减少货损，增加仓库吞吐能力，降低仓储成本。

（四）采取有效的“先进先出”方式

采取有效的“先进先出”方式，可以缩短储存物品的储存期，从而降低仓储成本。有效的“先进先出”方式主要有：贯通式货架系统储存、“双仓法”储存、计算机存取系统储存等。

（五）提高储存密度，提高仓容利用率

通过增加储存的高度，或者缩小库内通道密度、减少通道数量等方法，增加储存的有效面积。

（六）采取有效的储存定位系统

采取有效的储存定位系统可以快速查找货物位置，提高上货和取货速度，提高作业效率。行之有效的方式主要有：“四号定位”、电子计算机定位系统。

想一想：什么是“四号定位”？

（七）按物品的特性进行储存

按照物品的特性进行储存，如出入库频率高的货物靠近出入口、重量大的物品放置货架的下部、标准形状的物品直接放在托盘上，以提高作业效率。

（八）采用有效的监测清点方式

这种方法可以保证储存物品数量与质量。监测清点的有效方式主要有：“五五化”堆码、光电识别系统、计算机监控系统等。

任务四 库存控制

任务导入

海尔洗衣机的库存计划

众物智联物流与供应链集团某物流中心有前置仓（云仓）和立体化仓库两种类型仓库。其中前置仓（云仓）的主要存货有各品牌洗衣机、空调、冰箱、液晶电视、油烟机灶具、微波炉、热水器以及快速消费品。存货有利于避免销售过程中物品紧缺情

况的发生。在各类成本和存货效果之间达到平衡，是物流中心存货管理的最终方向。

以该仓库中的海尔洗衣机为例，每次订货费用 S（包括通信费、手续费等）为 1 600 元，订货提前期 T_k（从订货到收货）约 30 天。每台洗衣机的进货成本是售价的 70%，每台洗衣机每月库存费用大约是进货成本的 0.5%。海尔洗衣机的售价为 3 200 元，去年的销量为 3 110 台。根据销售部门预测，今年的海尔洗衣机销量有可能比去年增加 20%。对仓库货物进行 ABC 分类后可知，海尔洗衣机为 A 类货物。请为海尔洗衣机制订库存计划。

任务分析： 分析所给条件可知，海尔洗衣机为 A 类货物，选用定量订货法进行库存控制。海尔洗衣机经济订货批量为 298 台，订货点为 321 台。

任务要求：

1. 了解库存的类型和库存分析
2. 理解库存控制的概念，编制库存计划
3. 掌握库存控制的方法和工具

一、库存控制概述

（一）库存的概念

国家标准《物流术语》（GB/T 18354—2021）将库存（inventory）定义为：储存作为今后按预定的目的使用而处于备用或非生产状态的物品。（注：广义的库存还包括处于制造加工状态和运输状态的物品。）

（二）库存控制的概念

库存控制（inventory control）是指对制造业或服务业生产、经营全过程的各种物品、产成品以及其他资源进行管理和控制，使其储备保持在经济合理的水平上。库存控制是使用控制库存的方法，得到更高盈利的商业手段。

（三）库存控制的意义

库存控制具有以下几方面的意义：

（1）在保证企业生产、经营需求的前提下，使库存量保持在合理的水平上。

（2）掌握库存量动态，适时、适量提出订货，避免超储或缺货。

（3）减少库存空间占用，降低库存总费用。

（4）控制库存资金占用，加速资金周转。

（四）库存控制的目的

库存控制有两个关键考核指标（KPI）：客户满意度和库存周转率。提高库存周转率实际上直接提高了资金使用效率，有利于企业降低资金成本、增加销售额。

库存周转率是指在某一时间段内库存货物周转的次数，是反映库存周转快慢程度的指标。库存周转率越大表明销售情况越好。在物料保质期及资金允许的条件下，可以适当增加其库存控制目标天数，以保证合理的库存。反之，则可以适当减少其库存控制目标天数。

（五）牛鞭效应与库存控制目标

1. 牛鞭效应

“牛鞭效应”是经济学上的一个术语，是指供应链上的一种需求变异放大现象，是信息流从最终客户端向原始供应商端传递时，无法有效地实现信息共享，使得信息扭曲而逐级放大，导致了需求信息出现越来越大的波动，此信息扭曲的放大作用在图形上很像一根甩起的牛鞭，因此被形象地称为“牛鞭效应”。

国家标准《物流术语》（GB/T 18354—2021）将牛鞭效应（bullwhip effect）定义为：由供应链下游需求的小变动引发的供应链上游需求变动逐级放大的现象。

“牛鞭效应”是市场营销中普遍存在的高风险现象，是销售商与供应商在需求预测修正、订货批量决策、价格波动、短缺博弈、库存责任失衡和应付环境变异等方面博弈的结果，增大了供应商生产、供应、库存管理和市场营销的不稳定性。企业可以从六个方面规避或化解需求放大变异的影响，即：订货分级管理；加强入库管理，合理分担库存责任；缩短提前期，实行外包服务；规避短缺情况下的博弈行为；参考历史资料，适当减量修正，分批发送；调整回款期限，提前回款。

2. 库存控制目标

（1）在满足需求的前提下，降低库存水平。

（2）提高客户服务质量。

（六）库存的类型

常见的库存类型有以下七种。

1. 周转库存

周转库存是指企业为满足日常需要而建立的库存。这种库存随着每日的需要不断减少，当库存降低到某一水平时（如订货点），就要按一定的规则反复进行订货来补充库存。

2. 安全库存

国家标准《物流术语》（GB/T 18354—2021）将安全库存（safety stock）定义为：用于应对不确定性因素而准备的缓冲库存。

3. 季节性库存

季节性库存是指为了满足特定季节出现的特定需要而建立的库存，或是指对季节性出产的原材料在出产的季节大量收购所建立的库存。

4. 促销库存

促销库存是指为了解决企业促销活动引起的预期销售增加而建立的库存。

5. 投资库存

投资库存是指由特定事件造成的满足物价上涨或物料短缺囤积的库存。

6. 闲置库存

闲置库存是指某些物品在某些具体的时期内不存在需求。这种库存可能在整个公司中或者仅仅在库存存储的地方已不再使用。

7. 生产加工和运输过程中的库存

生产加工过程中的库存是指处于加工状态以及为了生产的需要暂时处于储存状态的零部件、半成品或成品。

运输过程中的库存是指处于运输状态或为了运输而暂时处于储存状态的物品。

二、库存控制的方法和工具

（一）定量订货法

1. 定量订货法的概念

定量订货法是指当库存量下降到预订的库存数量（订货点）时，立即按一定的订货批量进行订货的一种方式。

2. 基本原理

定量订货法的基本原理是预先确定一个订货点，在销售的过程中，如果库存下降到订货点时，就发出一个订货批量，如图 4 - 33 所示。

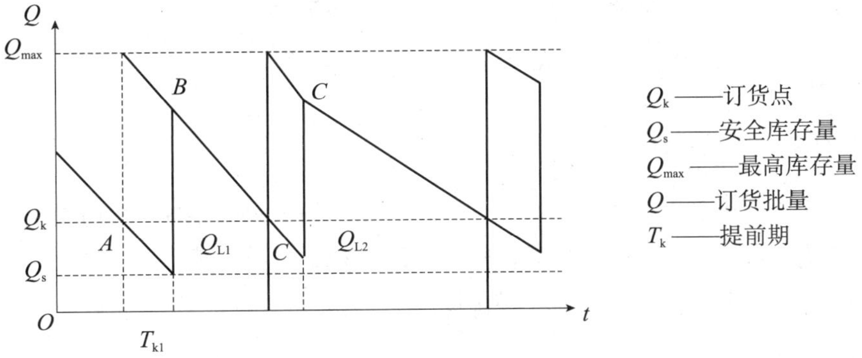

图 4 - 33　定量订货法

课堂延伸：安全库存量与缺货成本

3. 订货点的确定

在定量订货法中，发出订货时仓库里该品种保有的实际库存量叫作订货点。它是直接控制库存水平的关键。

影响订货点的因素有三个：平均需求量、订货提前期、安全库存。

一般情况下，订货点等于订货提前期的平均需求量。

如果考虑安全库存量，则订货点的公式为：

订货点 = 订货提前期的平均需求量 + 安全库存
= (平均需求量 × 订货提前期) + 安全库存量

4. 订货批量的确定

（1）经济订货批量（EOQ）的概念。国家标准《物流术语》（GB/T 18354—2021）将经济订货批量（economic ordering quantity，EOQ）定义为：通过平衡采购进货成本和保管仓储成本核算，以实现总库存成本最低的最佳订货量。

（2）库存成本的构成。与物资仓储有关的费用有两大类，即订货费和库存保管费。

1）订货费。订货费是指每一次订货时所发生的费用，主要包括差旅费、通信费、手续费以及跟踪订单的成本等。订货费与每次订货量的多少无关，在年需求一定的情况下，订货次数越多，则每次订货量越小；而全年订货成本越大，分摊到每次的订货费也越大。

2）库存保管费。库存保管费是指保管存储物资而发生的费用，包括存储设施的成本、搬运费、保险费、折旧费、税金以及货物变质损坏等产生的费用，这些费用随库存量的增加而增加。

年总库存成本 = 年购买成本 + 订货成本 + 保管成本

$$TC = D \times P + \frac{D}{Q} \times C + K \times \frac{Q}{2}$$

$$EOQ = \sqrt{\frac{2CD}{K}} = \sqrt{\frac{2CD}{PF}}$$

式中：TC——年总库存成本；D——年需求量；P——单位物品的购入价格；Q——批量或订货量；C——每次订货成本；K——单位物品年保管成本；F——年保管费率；$\frac{Q}{2}$——年平均储存量；EOQ——经济订货批量。

（3）经济订货批量（EOQ）的假设条件。

1）需求量已知。

2）库存的需求量为常量。

3）订货提前期不变。

4）订货费与订货批量无关。

5）所有费用是库存量的线性函数。

6）全部订货一次性交付。

7）无数量折扣。

5. 特点及适用范围

（1）单价比较便宜，而且不便于少量订货的物品。

（2）比较紧缺，订货较难、管理复杂的物品。

（3）特别适合需求均匀稳定的物品。

（4）需求预测比较困难的物品。

（二）定期订货法

1. 定期订货法的概念

定期订货法是指按预先确定的订货间隔期进行订货的一种方式。

2. 定期订货法的基本原理

预先确定一个订货周期和最高库存量，周期性地检查库存，根据最高库存量、实际库存量、在途订货量和待出库物品数量，计算出每次订货批量，发出订货指令，组织订货，如图 4－34 所示。

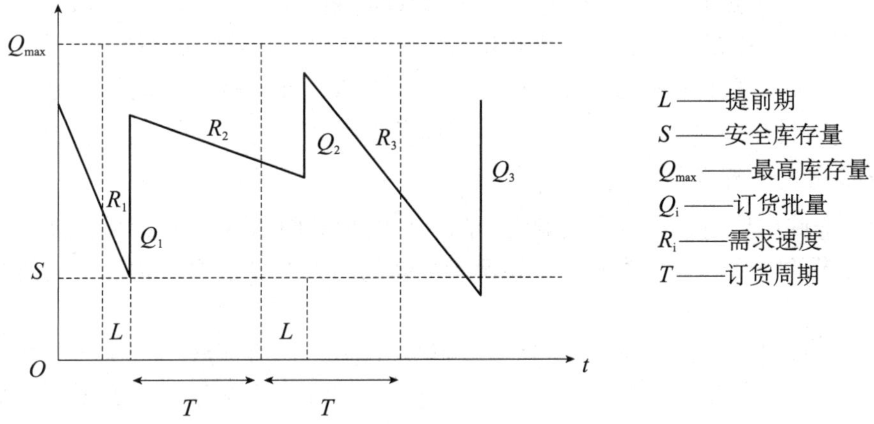

图 4－34　定期订货法

3. 订货周期的确定

订货周期实际上就是定期订货法中的订货点，其间隔时间总是相等的。订货周期的长短直接决定最高库存量的大小，即库存水平的高低，进而也决定了库存成本的多少。从费用角度出发，如果要使总费用达到最少，可以采用经济订货周期的方法来确定。

4. 确定最高库存量

定期订货法的最高库存量是为了满足除订货周期和订货提前期外，考虑到不确定因素，增加一个安全库存。因此，最高库存量由两部分组成：一部分是订货周期和订货提前期的平均需求量，另一部分是为防止随机性需求而设置的安全库存量。

最高库存量＝平均需求量（需求速率）×（订货周期＋订货提前期）＋安全库存量

5. 确定订货批量

运用定期订货法时，每次的订货数量是不确定的，订货批量的多少都是由当时的实际库存量的大小来决定的，考虑到订货点的在途预计到货量和待出货数量，每次订货的订货数量的计算公式为：

订货量 = 最高库存量 - 现有库存量 - 订货未到量 + 客户延迟购买量

6. 特点及适用范围

（1）价格高、需要严格控制管理的物品。

（2）需要经常调整生产或采购数量的物品。

（3）需求量变动幅度大，而其变动具有周期性，可以正确判断的物品。

（4）需要定期制造的物品。

（三）ABC 分类法

1. ABC 分类法的概念

国家标准《物流术语》（GB/T 18354—2021）将 ABC 分类法（ABC classification）定义为：将库存物品按照设定的分类标准和要求分为特别重要的库存（A 类）、一般重要的库存（B 类）和不重要的库存（C 类）三个等级，然后针对不同等级分别进行控制的管理方法。

2. ABC 分类的标准

一般把那些单价高、资金占用额大、品种少的物品归为 A 类；把单价低、资金占用额小、品种多的物品归为 C 类；介于这两者之间的归为 B 类。具体按照下面的标准进行分类：

A 类：品目累计百分数为 5% ~15%，资金占用额累计百分数为 60% ~80%。

B 类：品目累计百分数为 20% ~30%，资金占用额累计百分数为 20% ~30%。

C 类：品目累计百分数为 60% ~80%，资金占用额累计百分数为 5% ~15%。

3. 库存管理策略

A 类货物作为重点管理。采取定期订货法，定期盘点库存，尽量减少安全库存，必要时紧急补货。

B 类货物作为次重点管理。采取以定量订货法为主，以定期订货法为辅，适当提高安全库存的方法；也可以采用三堆法等简单的管理策略。

C 类货物作为一般管理。采取较高的安全库存，减少订货次数，隔较长时间检查一次库存的方法。

（四）CVA 管理法

CVA 管理法，又称关键因素分析法。CVA 管理法比起 ABC 分类法有更强的目的性。CVA 管理法的基本思想是把存货按照其关键性分为 3 ~5 类，如表 4 - 1 所示。

表 4-1　CVA 管理法的基本思想

类型	特点	管理策略
最高优先级	经营活动的关键性物资，或 A 类存货	不允许缺货
较高优先级	经营活动的基础物资，或 B 类存货	允许偶尔缺货
中等优先级	经营中重要的物资，或 C 类存货	允许合理范围内缺货
较低优先级	经营中需用物资，但可替代性高	允许缺货

三、编制库存计划

（一）库存计划的内容

库存计划是指以物资储备定额为基础，为使生产过程不受干扰，以最少的物资储备费用保证正常活动进行，合理确定物资储备数量的计划。

库存计划包括确定订货的时间以及订货的数量。

（二）降低库存水平的策略

1. 降低周转库存策略

降低周转库存的基本做法是减少库存批量，同时采取一些具体措施，寻求降低订货成本或作业交换成本的办法。运用此策略较为成功的是日本企业的“快速换模法”，利用一人多机、成组技术和柔性制造技术，即尽量利用“相似性”来增大生产批量、减少作业交换。此外，还可以尽量采用通用零件来减少库存。

2. 降低在途库存策略

影响在途库存的变量有需求和“生产—配送”周期。由于企业难以控制需求，因此降低这种库存的基本策略是缩短“生产—配送”周期。可采取的具体措施：一是标准品库存前置；二是选择更可靠的供应商和运输商，以尽量缩短不同存放地点之间的运输和存储时间；三是利用计算机管理信息系统来减少信息传递上的延误。此外，还可以通过减小批量来降低在途库存。

3. 降低调节库存策略

降低调节库存的基本策略是尽量使生产速度与需求变化吻合。一种思路是尽力把需求的波动“拉平”，有针对性地开发新产品，使不同产品之间的需求“峰”“谷”错开，相互补偿；另一种思路是在需求淡季通过价格折扣等促销活动转移需求。

4. 降低安全库存策略

安全库存是一种额外持有的库存，它作为一种缓冲器用来补偿在订货提前期内实际需求量超过期望需求量，或提前期超过期望提前期所产生的需求，其目的是防止不确定因素（如不能按时到货、进货品质不符合要求或大量突发性订货等）对生产和销售的影响。降低这种库存的具体策略是使订货时间尽量接近需求时间，订货量尽量接近需求量。

四、库存分析

（一）订货点的控制

订货点是指对于某种物料或产品，由于生产或销售的原因而逐渐减少，当库存量降低到某一预先设定的点时，即开始发出订货单（采购单或加工单）来补充库存。此订货的数值点，称为订货点。

市场瞬息万变，订货点的控制较为复杂。例如：某种物料库存量虽然降到了订货点，但是可能在近一段时间内企业没有收到新的订单，所以近期没有新需求产生，可以暂时不用考虑补货。因此，完全按订货点订货会造成一些较多的库存积压和资金占用。

（二）订购量的控制

每批订购量的大小，既影响经营活动，又涉及成本和利润。订购数量过多，会占用大量资金，影响资金周转，增加存储成本，导致物品存放时间过长、质量下降、产生损耗等。订购数量过少，会增加订货和验收的费用；失去大批量订购享受的折扣优惠；甚至引起库存中断，无法生产某些产品，引起客户的不满。因此，订购量控制就是通过使用经济订货量方式确定最适当的订货量，降低与订购和储存相关的成本，增加利润。订购量控制的重点是确定最经济的订购量。订购量的确定，既关系到订购资金的使用和周转，也关系到仓库的占用，更直接影响生产加工部门的使用，如果订购量不适度，无论多或少，都将影响生产加工的正常进行，因此，确定订购量具有非常重要的作用。

订购量的确定要考虑诸多因素。例如：餐饮企业食品原料订购量的确定，需要考虑菜肴成本、菜肴销售数量、仓储容量、安全存储量、现有存储量、最低送货量、包装方式等方面的因素。只有全面地、系统地综合考虑各方面的因素，才能确定最合理的订购量。另外，订购量的确定，还需要考虑市场变化情况，如原料涨价的可能等。

想一想：结合具体案例，说说订购量的确定要考虑哪些因素。

（三）库存基准的制定

无论是库存不足还是库存过剩，都是因为在订购、作业、保管等方面有所疏忽，因此在库存管理上要尽量避免库存不足或库存过剩。为了预防库存不足和库存过剩，一般要先设定必要的库存基准，而维持这个库存基准十分重要。这个标准包括“最低库存量”及“最高库存量”两种。

要预防库存不足，库存量的最低标准就是“最低库存量”。相对于此，为了不让库存过多，必要的库存标准就是“最高库存量”。用这两个标准监控库存状况是必要的。

以下是可参考的两个最低库存量、最高库存量的计算公式：

1. 最低库存量的计算公式

最低库存量（成品）＝最低日生产量×最长交付天数＋安全系数/天

最低库存量 = 安全库存量 + 采购提前期内的消耗量

最低库存量 = 日销售量 × 到货天数 + 安全系数/天

2. 最高库存量的计算公式

最高储备日数 = 供应间隔日数 + 整理准备日数 + 保险日数

最高库存量 = 平均每日耗用量 × 最高储备日数

当某种物资库存量达到或将超过此定额时，应暂停进货。其超过部分，即构成超定额储备。

课堂延伸：基准定量法

项目小结

仓储是指利用仓库及相关设施设备进行物品的入库、储存、出库的活动。

任务一主要包括仓储，仓储管理，仓储的设施设备等内容。

任务二主要包括入库作业管理，在库作业管理，出库作业管理等内容。

任务三主要包括仓储合理化的指标，仓储合理化的措施等内容。

任务四主要包括库存控制概述，库存控制的方法和工具，编制库存计划，库存分析等内容。

项目实训

仓储作业管理

实训目的

1. 形成对出入库作业流程的认知。
2. 培养对在库作业管理的能力。

实训资料

在本地调研食品企业，了解食品企业的发展状况；重点了解食品企业的入库作业流程、在库作业管理（如物品堆码、物品保管保养、物品盘点等）和出库作业流程。

实训要求

1. 分组进行，选举一人为组长。
2. 落实外出调研的交通工具。
3. 强调外出调研的任务与纪律。
4. 小组讨论。
5. 总结并撰写调研报告，全班共享。

实训指导

1. 指导学生遵守所调研企业的管理制度。
2. 指导学生学会沟通。
3. 指导学生收集食品企业的入库作业流程、在库作业管理和出库作业流程。
4. 指导学生按正确的格式撰写调研报告。

实训评价

实训评价标准如表 4－2 所示。

表 4－2　实训评价标准

姓名__________　　　　学号__________

序号	评价标准	分值	得分
1	考勤、纪律	10	
2	调研态度	10	
3	沟通协调	15	
4	职业素养	15	
5	调研报告	50	

项目五
配送管理

学习目标

※ 知识目标

- 了解配送的类型、配送中心的类型、配送中心的内部结构
- 理解配送模式、配送线路及配载优化、配送作业计划的制订与实施、配送中心作业流程与内容
- 掌握配送的概念、特点、要素
- 掌握配送合理化的相关内容
- 掌握配送中心的概念、功能

※ 能力目标

- 提高对配送和配送中心的认知能力
- 初步具备制订配送计划的能力
- 具有进行配送线路优化的能力
- 具备车辆配载、调度的能力

※ 素质目标

- 培养严谨细致、精益求精的职业素养
- 具有爱岗敬业、服务顾客的职业态度
- 提高安全意识

思维导读

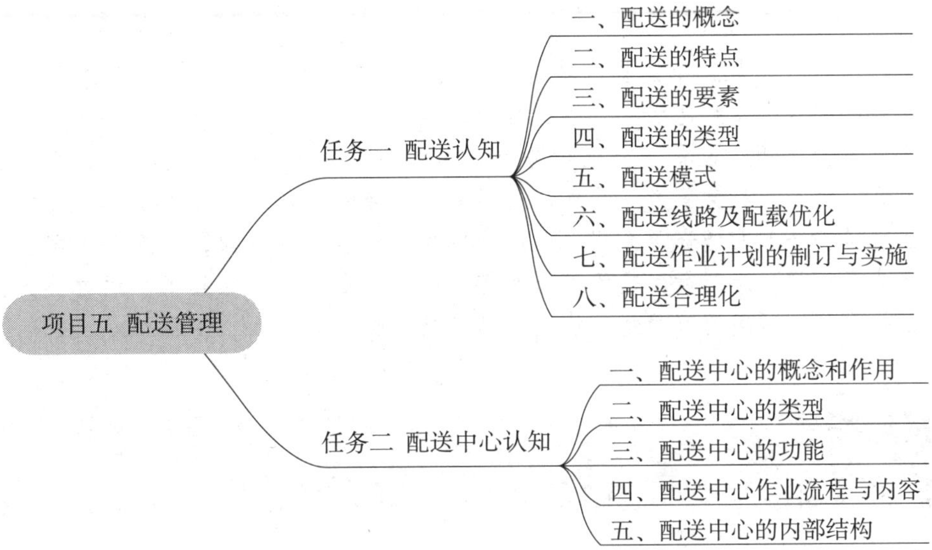

案例导入

美团配送

美团召开发布会正式推出了新品牌——美团配送，同时宣布美团配送将以开放平台的姿态助力合作伙伴的生态建设，提升商家的配送效率，进而推动社会物流成本的降低，促进实体经济的发展。目前，美团配送已经与多点、叮当快药等达成合作。美团配送的角色定位是做即时配送的高效基础设施。

开放和不开放的根本区别，在于能否共享。具体来看，美团配送可以从三个方面实现对商家的助力，充分释放“开放效应”。

1. 四种运力网络模式

美团配送针对不同场景打造的四种运力网络模式，能够在实现场景全覆盖的前提下，为不同规模和不同业态的商家提供定制化的物流方案。美团配送目前拥有四种运力网络模式，分别为点对点网络的“巡游模式”，针对的是便利店场景；星形网络的“星系模式”，针对的是传统商超场景；前置小仓＋配送的“仓配一体模式”，针对的是近场零售场景；配送＋智能末端的“智能末端模式”，针对的是写字楼场景。

这四种运力网络模式是针对不同消费场景的用户和商家进行差异化设计的，能够很好地满足商家的定制化需求，而且不受商家不同阶段下不同需求的限制，且给商家提供了未来保障。

2. 即时配送系统

美团配送的“超脑”即时配送系统、智能化终端设施和规模化配送团队，能够保证商家的物流效率和用户的良好体验。美团配送目前服务于数百万商家和数以亿计的消费者，外卖日完成订单超过千万，有近万个配送站点、前置仓实体网络，覆盖了千余座市县。

3. 整合能力

美团配送对上下游产业链资源的整合能力，将为合作伙伴提供更多的业务增量空间。在与美团配送建设和迭代生态的过程中，合作伙伴一方面能够通过共建获得这一生态的业务增量，如物流设备、充电设施等；另一方面也能够借助美团配送所见长的技术、运力等，提升自我竞争力。此外，美团配送还会将自有订单共享给第三方运力。

美团配送整合产业链资源，将上下游的供需进行合理的匹配，达成业务增量上的共赢。从零售商家到物流同行，美团配送对整个即时配送产业链在技术、运力等方面的充分开放，将更好地解决商家的物流痛点，满足其成长需求。

任务一　配送认知

任务导入

菜鸟裹裹定时派送业务

菜鸟裹裹正式宣布，联手三家快递公司在全国八个城市推出新业务：定时派送。收件地址在这八个城市中心城区的用户，淘宝下单后可以在菜鸟裹裹 App 上预约此项服务，预约时间可准确到两小时以内。

菜鸟裹裹表示，联手快递公司推出此项服务，是为了满足部分用户在各类场景下的多元化需求，用大数据带动快递行业整体服务升级，提高快递公司的物流时效和服务满意度。“定时派送”特别适用于家居、啤酒、饮料、食品、宠物用品等品类。这些物品不方便来回搬运、对温度要求高，白天在写字楼办公室上班的白领们可以选择晚间送上门。数据显示，用户预约配送的高峰时段集中在“9～11 点”“17～19 点”“19～22 点”这几个时段。

任务分析：定时派送既方便了用户，也方便企业合理安排配送计划，提前进行车辆和路线规划，提高配送效率，降低成本。

任务要求：

1. 了解配送的类型
2. 理解配送模式、配送线路优化、配送作业计划的制订与实施
3. 掌握配送的概念、特点、要素和配送合理化相关内容

一、配送的概念

国家标准《物流术语》（GB/T 18354—2021）将配送（distribution）定义为：根据客户要求，对物品进行分类、拣选、集货、包装、组配等作业，并按时送达指定地点的物流活动。

配送的实质就是送货，是一种特殊的送货形式，它区别于一般送货。一般送货可以说是一种偶然的送货，没有计划性；而配送是一种有组织、有计划的送货，是高水平的送货形式。

二、配送的特点

（一）配送是“中转型”送货

配送是从物流据点至客户的一种特殊送货形式，在整个运输过程中，配送属于“二次运输”“支线运输”“末端运输”“终端运输”“区域内运输”。配送是“中转型”送货，是从物流据点至客户。

（二）配送是“配”和“送”的有机结合

配送是在全面配货基础上，充分按照要求，包括种类、品种搭配、数量、时间等方面的要求所进行的运送。因此，除各种“运”和“送”的活动外，还要从事大量的分拣、配货、配装等工作。

（三）配送是供给者送货到户的服务性供应

从服务方式来讲，配送是一种“门到门”的服务，可以将货物从物流据点一直送到客户的仓库、营业所、车间乃至生产线的起点或个体消费者手中。

（四）配送是与运输等活动构成的一个有机体

配送不是单纯的运输或输送，而是运输与其他活动共同构成的有机体。配送要组织物品的订货、进货、分拣、包装、配装、流通加工等，及时对物品进行分配、供应处理。

（五）配送以客户要求为出发点

在定义中强调“根据客户要求”，明确了客户的主导地位。配送是从客户利益出发、按客户要求进行的一种活动，因此，在观念上必须明确“客户第一”“质量第一”。配送企业是服务者而不是主导者，因此不能从本企业利益出发而应从客户利益出发，在满足客户利益基础上取得利益。更重要的是，不能利用配送损伤或控制客户，不能利用配送作为分割部门、分割行业、割据市场的手段。

三、配送的要素

（一）集货

国家标准《物流术语》（GB/T 18354—2021）将集货（goods collection）定义为：将分散的或小批量的货物集中起来，以便进行运输、配送的活动。

集货是配送的重要环节，为了满足特定客户的配送要求，有时需要把从几家甚至数十家供应商处预订的物品集中，并将物品分配到指定容器和场所。

集货是配送的准备工作或基础工作，配送的优势之一就是可以进行一定规模的集货。

（二）储存

国家标准《物流术语》（GB/T 18354—2021）将储存（storing）定义为：贮藏、保护、管理物品。配送中的储存有储备和暂存两种形态。配送储备数量较大，储存更加有计划性。暂存是具体执行日配送时，按分拣配货要求，在理货场地所做的少量储存准备。

（三）分拣与拣选

国家标准《物流术语》（GB/T 18354—2021）将分拣（sorting and picking）定义为：将物品按一定目的进行分类、拣选的相关作业。拣选是按订单或出库单的要求，从储存场所选出物品，并放置指定地点的作业。

想一想：分拣与拣选一样吗？

（四）配货

配货是指使用各种拣选取设备和传输装置，将存放的物品，按客户要求分拣出来，配备齐全，送入指定发货地点。

（五）配装

在单个客户配送数量不能达到车辆的有效运载负荷时，就存在如何集中不同客户的配送货物并进行搭配装载以充分利用运能、运力的问题，这就需要配装。跟一般送货不同的是，通过配装送货，可以大大提高送货水平及降低送货成本，所以配装是配送系统中有现代特点的功能要素，也是现代配送不同于以往送货的重要区别之一。

（六）配送运输

配送运输是较短距离、较小规模、额度较高的运输形式，一般使用汽车作为运输工具。与干线运输的另一个区别是，配送运输的路线选择问题是一般干线运输所没有的，干线运输的干线是唯一的运输线。而配送运输由于配送客户多，一般城市交通路线又较复杂，因此如何组合成最佳路线，如何使配装和路线有效搭配等，是配送运输的特点，也是难度较大的工作。

课堂延伸：配送与运输的区别

（七）送达服务

将配好的货运输到客户指定处还不算配送工作的结束，这是因为送达货和客户接货时往往还会出现问题，使配送前功尽弃。因此，要圆满地实现运到之货的移交，并有效地、方便地处理相关手续并完成结算，还应讲究卸货地点、卸货方式等。送达服务也是配送独具的特性。

（八）流通加工

国家标准《物流术语》（GB/T 18354—2021）将流通加工（distribution processing）定义为：根据顾客的需要，在流通过程中对产品实施的简单加工作业活动的总称。（注：简单加工业活动包括包装、分割、计量、分拣、刷标志、拴标签、组装、组配等。）

四、配送的类型

（一）按配送商品的种类和数量划分

1. 少品种大批量配送

这种配送适用于运输品种少而数量较大的物品，单独一种或少数品种就可以达到较大运输量，可实行整车运输，如煤炭等。

2. 多品种少批量配送

按客户要求，将所需的各种物品（每种物品需求量不大）配备齐全，凑成整车后由配送中心送达客户手中。日用品的配送多采用这种方式。

3. 配套成套配送

当客户尤其是装配型企业需要多种零配件和配套设备时，可采用成套配送形式，按其生产节奏定时定量将企业所需要的货物送到生产装配线。这种配送形式有利于生产企业实现库存的最小化，方便生产企业的生产作业。

（二）按配送时间及数量划分

1. 定时配送

定时配送是指按固定的时间间隔进行配送，配送品种和数量因客户的要求不同而不同。“日配制”较多采用这种形式。例如：上午接受订货，下午送货；下午接受订货，次日上午送货，原则上一般不超过 24 小时。日配制适合生鲜物品、医药用品、体育用品、书刊等。

2. 定量配送

定量配送是指按固定的批量进行配送，但不严格确定时间，只是规定在一个指定的时间范围内配送。这种配送计划性强，备货工作简单，配送成本较低。

3. 定时定量配送

定时定量配送是指按规定的准确时间和固定的配送数量进行配送。

4. 定时、定路线配送

定时、定路线配送是指配送的车辆每天按照固定的行车路线、规定的时间进行配送，恰似配送班车，按部就班、准时准点。

5. 即时配送

国家标准《物流术语》（GB/T 18354—2021）将即时配送（on-demand delivery）定义为：立即响应用户提出的即刻服务要求并且短时间内送达的配送方式。

课堂延伸：京东“小时购”

（三）按配送的组织形式划分

1. 集中配送

集中配送就是由专门从事配送业务的配送中心对多个客户开展配送业务。集中配送的品种多、数量大，一次可同时对同一线路中的几家客户进行配送，其配送的经济效益明显，是配送的主要形式。

2. 共同配送

国家标准《物流术语》（GB/T 18354—2021）将共同配送（joint distribution）定义为：由多个企业或其他组织整合多个客户的货物需求后联合组织实施的配送方式。

想一想：

共同配送有什么作用？

3. 分散配送

分散配送是由商业零售网点对小量、零星物品或临时需要的物品进行的配送业务。这种配送适用于近距离、多品种、少批量的物品的配送。

4. 加工配送

加工配送是在配送中心进行必要的加工。这种加工配送将流通加工和配送一体化，使加工更有计划性，配送服务更趋完善。

（四）按配送的主体划分

1. 配送中心配送

配送中心配送是由专职从事配送业务的配送中心进行配送。这种类型的配送规模较大，功能齐备，配送能力较强，配送距离也较长，大都和客户有固定的配送关系。

2. 仓库配送

仓库配送是指以仓库为根据地进行的配送。它是在保持仓库原有功能的前提下，增加配送功能。一般来说，其规模较小，综合能力相对较弱，配送的专业化程度也较低。

3. 商店配送

商店配送是指通过企业的经营网点进行的配送，其一般与零售相结合，配送规模和半径都较小，大都是卖出即配送。

4. 生产企业配送

生产企业配送中的组织者是生产企业，一般来说，配送的物品往往都是一些适用性较强或企业自身生产的产品，需求方最终都是客户。

（五）按经营形式不同划分

1. 销售配送

销售配送是指配送企业是销售企业，或者是指销售企业将其作为销售战略一环所进行的促销型配送。一般来说，其配送对象是不固定的，客户也往往是不固定的，配送对象和客户往往根据对市场的占有情况而定，其配送的经营状况也取决于市场状况，因此，这种形式的配送随机性较强，而计划性较差。各种类型的商店配送一般多属于销售配送。

2. 供应配送

供应配送是指为了自己的供应需求所采取的配送形式。它是大型企业集团或连锁店为自己的零售店开展的配送业务。它们通过自己的配送中心或与消费品配送中心联合进行配送，零售店与供方从属同一公司，从而减少了许多手续，缓和了许多业务矛盾，各零售店在订货、退货、增加经营品种上也得到了更多的便利。

3. 销售供应一体化配送

销售供应一体化配送是指对于基本固定的客户和基本确定的配送产品，销售企业可以在自己销售的同时，承担客户有计划供应者的职能。销售企业既是销售者，同时又成为客户的供应代理人。销售供应一体化配送是配送经营中的重要形式，这种形式有利于形成稳定的供需关系，有利于采取先进的计划手段和技术手段，有利于保持流通渠道的畅通稳定。

4. 代存代供配送

代存代供配送是指客户将属于自己的货物委托给配送企业代存、代供，有时还委托代订，然后组织对自己货物的配送。这种配送在实施时不发生物品所有权的转移，配送企业只是客户的委托代理人。商品所有权在配送前后都属于客户，所发生的仅是物理位置的转移。配送企业仅从代存、代供中获取收益，而不能获得销售的经营性收益。

此外，按专业化程度不同，配送可分为综合配送与专业配送；按加工程度不同，配送可分为加工配送和非加工配送等。

五、配送模式

（一）自营配送模式

自营配送模式是指企业物流配送的各个环节由企业自身筹建并组织管理，形成企业内部及外部货物配送的模式，是目前生产流通或综合性企业（集团）所广泛采用的一种配送模式。企业（集团）通过组建独立配送中心，实现内部各部门、厂、店的物品供应配送。这种配送模式形成了新型的“大而全”“小而多”的配送模式，有利于企业供应、生产和销售的一体化，系统化程度相对较高，既可满足企业内部原材料、半成品及成品的配送需要，又可满足企业对外进行市场拓展的需要。

典型的企业（集团）内自营配送模式，就是连锁企业的配送。大大小小的连锁公司或集团基本上都是通过组建自己的物流中心来完成对内部各场、店的统一采购、统一配送和统一结算的。

想一想：任何企业都可以采用自营配送模式吗？

（二）第三方物流配送模式

国家标准《物流术语》（GB/T 18354—2021）将第三方物流（third party logistics）定义为：由独立于物流服务供需双方之外且以物流服务为主营业务的组织提供物流服务的模式。

第三方物流配送模式是交易双方把自己需要完成的配送业务委托给第三方来完成的一种配送模式。这一配送模式正逐渐成为电子商务网站进行货物配送的一个首选模式和方向。它的服务内容包括设计物流系统、电子数据交换能力、报表管理、货物集运、信息管理、仓储、咨询、运费支付和谈判等。

（三）仓配一体配送模式

仓配一体配送模式是物流或快递企业为客户提供仓储和配送一体化的服务解决方案，将物品直接从仓库发往客户目的地的配送模式。其具体的运作模式是电商企业根据历史销售数据和市场预测等信息测算出不同区域的销售比例，由生产厂家或快递企业将物品发往离客户较近的仓库实施在库管理。当客户下单订购时，电商企业及时将订单信息通过信息系统传递给快递企业，快递企业在接到订单后开展电子面单打印、分拣、包装、处理、配送等实物寄递作业。其运作流程如图 5-1 所示。京东平台的自营商品和天猫平台的部分商品均采用仓配一体配送模式。由于仓配一体配送模式能够提前备货，将异地件转化成同城件，省去干线运输环节，因此仓配一体配送模式是未来的发展趋势。

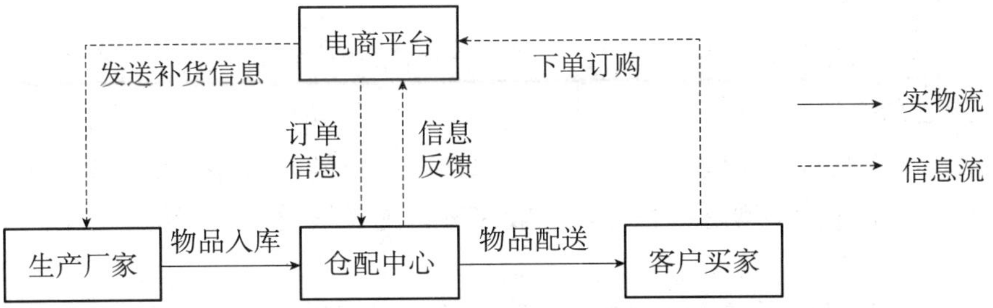

图 5-1　仓配一体配送模式运作流程

（四）共同配送模式

国家标准《物流术语》（GB/T 18354—2021）将共同配送（joint distribution）定义为：由多个企业或其他组织整合多个客户的货物需求后联合组织实施的配送方式。它是在配送中心的统一计划、统一调度下展开的，主要包括两种运作形式：一是由一家物流企业对多家客户进行配送，即由一家配送企业综合某一地区内多家客户的要求，统筹安排配送时间、次数、路线和货物数量，全面进行配送；二是仅在送货环节上将多家客户待运送的货物混载于同一辆车上，然后按照客户的要求分别将货物运送到各个接货点，或者运到多家客户联合设立的配送货物接收点上。

六、配送线路及配载优化

（一）配送线路优化

1. 配送线路优化的目标

根据配送的具体要求、配送企业的实力以及客观条件来确定所要选择的目标。可供选择的目标主要有以下几个：

（1）效益最高。效益最高是指以企业的利润尽可能大为目标。选择以效益最高为目标主要考虑的是当前效益，同时也兼顾长远效益。由于效益是企业各项经济活动的综合反映，单纯与配送线路建立联系并不能客观真实反映对效益的确切影响，因此一般很少采用效益最高这一目标。

（2）成本最低。配送线路与配送成本之间有密切的关系，计算配送线路的送货成本相对效益目标而言较为简单，具有可操作性，是比较实用且常被选择的目标。

（3）路程最短。以配送线路总行驶路程最短为优化目标。

（4）吨公里最小。以配送总周转里程吨公里最小为优化目标。

（5）准时性最高。以配送时效性最高为优化目标。

（6）运力运用最合理。以运力最充分利用为目标。

（7）劳动消耗最低。以配送作业劳动消耗最低为目标。

从以上几个目标来看，路程最短、吨公里最小、劳动消耗最低都直接与成本相关，以成本为目标与以效益为目标事实上是相辅相成的，因此，成本控制在配送线路的选择与确定工作中，占有核心地位。

想一想：配送线路优化的目标中，比较实用且常被选择的目标是什么？

2. 配送线路优化的约束条件

无论选择哪个目标或是实现哪个目标，都是有一定的约束条件的，只有在满足这些约束条件的前提下才能实现这些目标。一般在进行配送线路的选择时，有以下几个约束条件：

（1）满足所有收货人对货物品种、规格以及数量的要求。

（2）满足收货人对货物送达时间、范围的要求。

（3）须在允许通行的时间内进行配送，各配送线路的货物量不得超过车辆容积和载重量的限制。

（4）须在已有送货运力资源允许的范围内进行。

3. 配送线路优化的方法

（1）节约里程法。解决“单起点多、回路最短”线路问题，最常用的是节约里程法，它是形成人工和计算机计算“单起点多、回路最短”线路的基础。

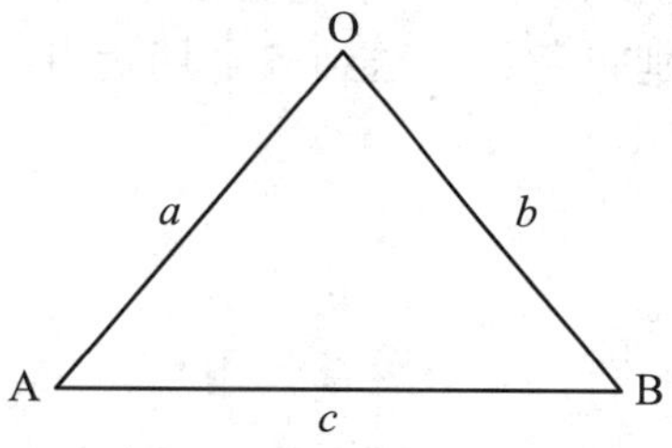

图5-2 节约里程法原理示意图

节约里程法原理如图5-2所示。其中，O点为配送中心所在地，A和B为客户所在地，三者相互间的道路最短距离分别为a、b、c。从配送中心O运送货物给客户A和B。

方案一：从O—A—O，再从O—B—O，总距离为$a+a+b+b=2a+2b$；

方案二：选择另外一种线路，从O—A—B—O，总距离为：$a+c+b$。

显然方案二总里程小于或等于方案一，节约的里程数用S_{ij}表示，$S_{ij}=(2a+2b)-(a+b+c)=a+b-c$。于是，得到节约量的基本公式：

$$S_{ij}=a+b-c$$

节约里程法适用条件为：

1）适用于有稳定客户群的配送中心。

2）各配送线路的负荷要尽量均衡。

3）要考虑客户要求的交货时间（即一条线路的送货总里程不能长，否则会影响向客户交货时间的准确性）。

4）还要考虑货物总量不能超过车辆的额定载重量。

在实际情况下，如果给数个客户进行配送，应首先计算配送中心到每个客户之间的最短距离及任意两个客户之间的最短距离，然后计算各客户之间的可节约的运行距离（S_{ij}），按照节约运行距离（S_{ij}）的大小顺序连接各配送地，并设计出相应的配送线路。

课堂延伸：京东智能路径优化系统

（2）基于 GIS 技术的配送线路优化。使用 GIS/GPS/BDS、GPRS 通信、大数据及数据库等技术开发设计或购买配送管理系统（模块），支撑配送业务管理。在配送线路优化方面，配送中心可选择订单日期调取订单数据，根据配送车辆的装载量、客户分布、配送订单信息、送货线路交通状况、司机对送货区域的熟悉程度等因素设定优化约束条件，系统自动进行送货线路的优化处理，形成最佳送货路线和配载方案。线路优化后，允许业务人员根据业务具体情况进行临时线路的合并和调整，以适应送货管理的实际需要。

（3）智慧化配送线路优化。使用路径优化系统，对配送线路进行整体优化。路径优化系统多采用国际先进的智能优化算法，运算速度快，能够降低行驶里程数、减少出车次数，从而有效节省物流配送成本。同时，智慧化路径优化系统能够显著提升作业效率，用系统取代烦琐的人工优化过程，尤其是针对大型配送企业多配送订单线路优化，能够将人工以小时为单位的配送计划编制时间缩减到以分钟为单位，大幅提高作业效率，降低作业误差。路径优化系统能够根据业务的实际情况综合考虑，满足多维度、多目标优化决策，涵盖车型、订单、客户情况等，实现优化决策目标。目前，部分路径优化系统已经支持云计算，配送中心根据需要购买云服务，不需要购置和安装客户端。需要说明的是，无论是哪种路径优化方法，其核心都是算法，随着配送节点的增加，配送线路呈现指数级的增加，如何寻找高效的配送路径组合以提高物流效率、降低物流成本、满足网点要求，离不开高效的 AI、大数据、深度学习等算法的支撑。

想一想：无论是哪种路径优化方法，其核心都是算法，为什么？

课堂延伸：未来绿色智慧物流汽车计划

（二）送货车辆调度

在优化配送路线后，需要最优化调拨运输车辆，满足配送路线的要求。很多配送组织设立车辆调度岗位，根据配送计划，人工调度车辆。随着信息化手段尤其是 TMS 等系统的应用和大数据、AI、云计算等技术的应用，配送组织开始使用智能化车辆调度系统以优化调度效率和效力。

1. 人工车辆调度

在线路优化的基础上调度车辆以满足配送作业要求，车辆可能是公司内部或外协车辆。在人工调度车辆情况下，由调度员根据生成的配送作业计划，统筹调度自有和社会车辆，满足作业需求。如需要临时加派车辆，可及时通过调度外协运输公司的车辆响应需求。

2. 智能化车辆调度

智能化车辆调度系统与WMS或配送管理系统集成，在完成配送作业计划后，根据配送线路优化和配载优化结果，估算车辆需求数量、时间、车型等，再根据运输服务供应商数据库优选供应商，生成车辆调度推荐任务单，经作业人员确认后系统自动下达给运输服务商，完成车辆调度。

想一想：运输车辆的平台化调度，如货拉拉、运满满等对传统车辆调度模式有哪些影响？

（三）车辆配载

通过配送线路优化，配送企业可以将送货的线路确定下来，线路的确定意味着送货次序的确定，也意味着货物装车顺序的确定。一般情况下，知道了客户的送货次序之后，只要将货物依“后送先装”的顺序装车即可。但实际情况并非这样简单，由于配送的货物有不同性质、不同种类，对装卸、受力、防震等要求不同，而且其比重、体积以及包装形式各异。因此，在装车时，需要合理安排货物，科学装车，既要考虑车辆的载重量，又要考虑车辆的容积，使车辆的容积和载重量都能得到有效利用，同时又便于装卸，不会损坏货物。车辆配载就是要在充分保证货物质量和数量完好的前提下，尽可能提高车辆在载重量和容积两方面的利用率，以充分发挥运能、节省运力、降低配送费用。

1. 配载的影响因素

导致配载效率低下的主要因素包括：

（1）配载优化技术不成熟，计算困难。随着配送对象的增加，配载的组合方案呈指数级增长，对配载系统的优化模型和计算能力都提出了很高的要求。

（2）配载时间制约。当配送中心、分拨中心采用“快进快出”的模式时，配载决策时间会很有限。如果物流企业有时效产品的话，同时还要考虑快件优先装车等情况，即使有配载方案，因临时变化多，执行效果也会受到影响。

（3）订单波动，带来多次重复计算。理论上，线路上的装载货物是动态的，随时都会有新订单录入，那么预配载清单应随订单的变化做动态调整，如使用人工配载，作业难度更大。

（4）货物基础数据不准确。货物重量、体积数据没有或者不准确，无法使用模型进行优化计算。

想一想：除上述4个因素外，你认为还有哪些因素需要考虑？

2. 配载的原则

车辆配载要解决的问题是如何将货物装车，按什么次序装车。为了有效利用车辆的载重量和容积，还要考虑货物的性质、形状、重量和体积等因素。一般应遵循以下原则：

（1）尽可能多地装入货物，充分利用车辆的有效载重量和容积。

（2）装入货物的总体积不超过车辆的有效容积。

（3）装入货物的总重量不超过车辆额定载重量。

（4）重不压轻，大不压小。

（5）货物堆放要前后、左右、上下重心平衡。

（6）尽量做到“先送后装”。

（7）货与货之间、货与车辆之间应留有空隙并适当衬垫，防止货损。

（8）货物的标签朝外，以方便装卸。

（9）装货完毕，应在门端处采取适当的稳固措施。

3. 配载时的注意事项

（1）为了减少或避免差错，尽量把外观相近、容易混淆的货物分开装载。

（2）不将散发异味的货物与具有吸附性的食品混装。

（3）切勿将渗水货物与易受潮货物一同存放。

（4）包装不同的货物应分开装载，如板条箱货物不要与纸箱、袋装货物堆放在一起。

（5）具有尖角或其他突出物的货物应与其他货物分开装载或用木板隔离。

（6）尽量不将散发粉尘的货物与清洁货物混装。

（7）危险货物要单独装载，配装于同一车内的危险货物尽量做到隔离。

七、配送作业计划的制订与实施

（一）配送作业计划

1. 配送作业计划的概念与制订依据

（1）配送作业计划的概念。配送作业计划是指根据订单的需求情况，制定配货和送货作业的具体规划，主要包括订单处理作业计划、拣货作业计划和送货作业计划，是配送企业作业的指导性文件。

（2）制订配送作业计划的依据

1）客户的订单。一般客户订单对配送物品的品种、规格、数量、送货时间、送达地点、收货方式等都有要求。因此，客户订单是拟订配送作业计划最基本的依据之一。

2）客户的地理位置分布情况。客户位置离配送地点的距离长短、配送地点到达客户收货地点的路径选择，直接影响输送成本。

3）所配送货物的具体情况。所配送货物的体积、形状、重量、性能、运输要求是决定运输方式、装卸设备及车辆种类、载重、容积的制约因素。

4）运输及装卸作业的环境条件。运输道路交通状况、运达地点及其作业地理环境、装卸货时间、天气气候等会对输送作业的效率产生较大的影响。

2. 配送作业计划的类型

配送作业计划可以分为配送作业主计划、日配送作业计划和应急配送作业计划。

（1）配送作业主计划。配送作业主计划是相对稳定的配送业务的长期计划，是规划企业规模、确定设备设施数量及企业人员的依据。所对应的时间段一般业务规模、类型等比较稳定，如季节性商品的配送可以在每一个季节制订一个主计划。如果业务变化比较大，主计划对应的时期周期会比较短。

（2）日配送作业计划。日配送作业计划是指配送中心逐日进行实际配送作业的调度计划，包括订单处理任务、拣货作业计划及送货作业计划的落实。与配送作业主计划相比，配送中心的日配送作业计划更具体。

（3）应急配送作业计划。应急配送作业计划是指配送中心针对突发事件或者不在主计划规划范围内的配送业务，或者不影响每日正常配送业务所做的计划，是配送业务主计划和日配送作业计划的必要补充。

想一想：配送作业主计划、日配送作业计划和应急配送作业计划之间的关系是什么？

3. 配送作业计划的主要内容

（1）人、财、物的调配计划。人、财、物的调配计划包括完成相应配送作业需要的人员数量、技能要求以及人员的分工、调度安排，需要的资金支持，以及需要的设备设施数量和其他要求。

（2）订单处理作业的具体安排计划。订单处理作业的具体安排计划用于指示订单操作人员按照一定的操作原则、时间进度、其他要求等完成订单处理工作。

（3）拣货作业计划。拣货作业计划是对拣货作业工作过程的具体安排，包括生成分区拣选任务、安排拣选人员分工、拣选设备选择与使用等，以保障拣货作业的顺利完成。

（4）送货作业计划。送货作业计划包括送货路线的优化、车辆配载、车辆调度、送货等工作过程的具体安排。

课堂延伸：DRP

（二）处理订单

企业接收订单后，需要对订单进行处理，以启动后续作业流程，满足客户需求。由于订单到达时间、订单规模等有差异，如果每个订单一到达，配送企业就开始处理，有可能产生较高的订单处理成本，因此，配送企业多采用不同的订单处理策略，完成订单批处理，以波次的方式启动拣货等后续工作。

以拣货环节为例：传统的方式是按照单张订单拣货，行走路径大，作业效率低。WMS 波次管理为集约化拣货提供了高效的作业策略，根据订单明细中的物品品类、物品数量、库位顺序按波次拣货，简单地说就是把拣选路径作为第一排序条件，物品所属品类作为第二排序条件对订单进行按时间或数量的波次处理，从而优化拣货人员的工作路径，一个拣货人员可在一个波次中用最短的距离在最短的时间内拣完所有的物品，大幅提高拣货效率。

（三）拣货作业计划

1. 拣货作业计划的编制步骤

拣货作业计划的编制步骤如图 5－3 所示。

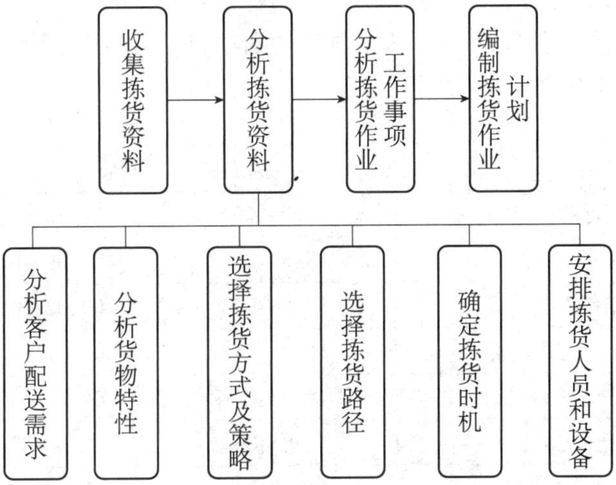

图 5－3　拣货作业计划的编制步骤

拣货作业工作量大且复杂，为了保证拣货作业有序完成，在进行拣货前须根据出货订单的货品、等级、数量等情况制订拣货作业计划。编制拣货作业计划的步骤如下：

（1）收集拣货资料。拣货资料是拣货作业的依据，不同企业拣货资料的形成方式不同，拣货要求也不同，在拣货前要将需要拣货的单据收集齐全，为后续工作做准备。

（2）分析拣货资料。

1）分析客户配送需求。由于每个客户对货物配送的需求不尽相同，因此拣货前须了解每位客户的实际需求，针对不同的客户采用不同的拣货方式，提高服务水平。

2）分析货物特性。货物品种繁多，储存方式各异，不同的货物需对应不同的拣货设备，对人员的作业水平要求也不一样，因此在拣货前还必须进行货物特性分析。

3）选择拣货方式及策略。每一种拣货方式都有其适用的条件，需要根据企业的实际情况进行选择。

4）选择拣货路径。根据货物在仓库存放的位置，安排合理的拣货路径，以便能以最少的时间、走最短的路将货物拣选出来。

5）确定拣货时机。根据交货时间以及拣货作业标准时间，安排拣选时机，确保货物及时送到客户手中。

6）安排拣货人员和设备。根据拣货方法和时间安排，选择相应的设备并配备恰当数量的作业人员，保证按时完成拣货任务。

（3）分析拣货作业工作事项。在拣货方式、拣货设备、拣货路径、拣货人员等要素分析完成后，还须分析拣货作业工作事项，并且对这些工作事项进行具体安排。

（4）编制拣货作业计划。

2. 拣货作业计划的制订方法

常用的拣货作业计划制订方法有：

（1）制定关键日期表。这是一种较简单的方法，一般只列关键活动和日期。

（2）绘制甘特图。甘特图又叫线条图、横道图，具有简单、醒目和便于编制等特点，可以用来制订拣货作业计划。绘制步骤如下：

1）明确项目涉及的各项活动，具体内容包括项目名称（包括顺序）、开始时间、结束时间等，如表5-1中的拣货时间表。

表5-1 拣货时间表

项目名称	开始时间	历时	结束时间
接收客户订单并制作	13:53:00	00:05:00	13:58:00
检查订单有效性	13:58:00	00:02:00	14:00:00
客户沟通，确认准确供货信息	14:00:00	00:05:00	14:05:00
完成拣选单一	14:05:00	00:04:00	14:09:00
完成拣选单二	14:05:00	00:06:00	14:11:00
核对出库货物	14:09:00	00:05:00	14:14:00
订单一配货（小一）	14:14:00	00:07:00	14:21:00
订单四配货（小四）	14:14:00	00:07:00	14:21:00
车辆调度，确认车辆地点、到达时间	14:14:00	00:06:00	14:20:00
订单五配货（小五）	14:21:00	00:04:00	14:25:00
订单二配货（小二）	14:21:00	00:04:00	14:25:00
订单三配货（小三）	14:25:00	00:03:00	14:28:00
货物打包	14:28:00	00:05:00	14:33:00
货物运送至月台，码放整齐	14:33:00	00:07:00	14:40:00

2）创建甘特图草图。将所有的项目按照开始时间历时标注到甘特图上。

3）确定项目活动依赖关系及时序进度。使用草图，按照项目的类型将项目联系起来，并安排项目进度。

此步骤将保证在未来计划有所调整的情况下，各项活动仍然能够按照正确的时序进行。即确保所有依赖性活动能并且只能在决定性活动完成之后按计划展开，同时避免关键性路径过长。关键性路径是由贯穿项目始终的关键性任务所决定的，它既表示项目的最长耗时，也表示完成项目的最短时间。请注意，关键性路径会由于单项活动进度的提前或延期而发生变化。而且要注意不要滥用项目资源，同时，对于进度表上的不可预知事件要安排适当的富裕时间。但是，富裕时间不适合用于关键性任务，因为作为关键性路径的一部分，它们的时序进度对整个项目至关重要。

根据表5－1创建的甘特图如图5－4所示。

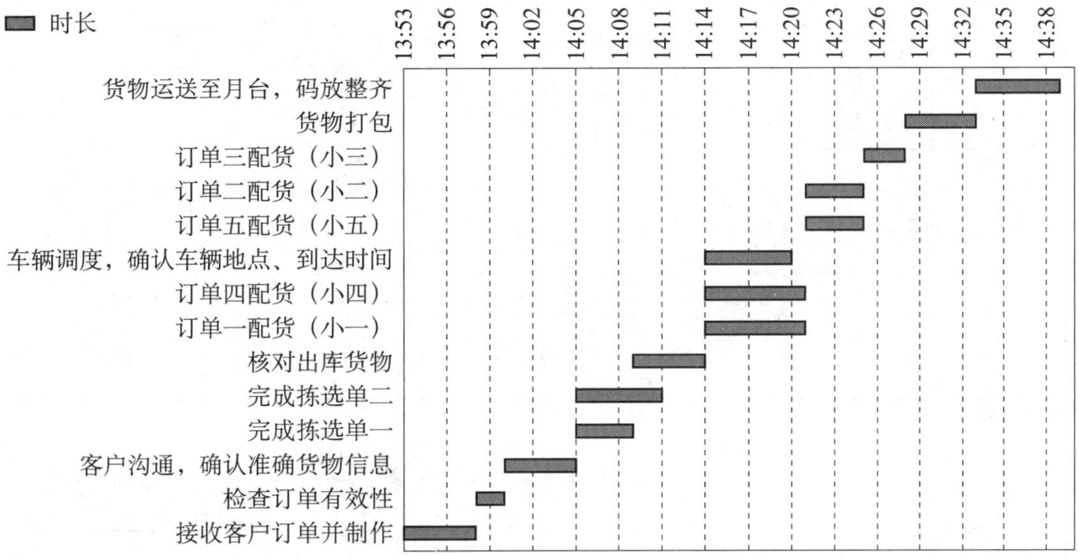

图5－4　甘特图

想一想：随着业务量越来越大，甘特图会不会越来越复杂？我们应该如何应对？

（3）运用网络计划技术。根据许多相互联系、相互制约的活动所需资源与时间及其顺序进行安排的一种网络状计划方法。其基本原理是利用网络图标表示计划任务的进度安排和各项活动之间的关系；在此基础上进行网络分析，计算网络时间值、确定关键路线；利用时差，不断改进网络计划，优化工期、资源和成本。

（四）送货作业计划

1. 送货作业计划的主要内容

按日期排定客户所需物品的品种、规格、数量、送达时间、送达地点、送货车辆与人员等。

首先对客户所在地的具体位置作系统统计，并作区域上的整体划分，将每一客户纳入不同的基本送货区域中，作为配送决策的基本参考。在区域划分的基础上再作弹性调整，以安排送货顺序，根据客户订单的送货时间确定送货的先后次序。

选择配送距离短、配送时间短、配送成本低的线路，需要根据客户的具体位置、沿途的交通情况等作出优先选择和判断。除此之外，还必须考虑有些客户所在地点的环境对送货时间、车型等的特殊要求。例如：有些客户一般不在上午或晚上收货，有些道路在某高峰期实行特别交通管制等。因此，确定运送批次顺序应与配送线路优化综合起来考虑。另外，还需按客户要求的时间，结合运输距离来确定启运提前期，按客户的具体要求选择送达服务的具体组织方式等。

最终形成的送货作业计划，应该包括两部分：一份一定时期内综合的送货作业计划表如表5－2所示；依据送货作业计划制订单车作业计划表（单），如表5－3所示，该表（单）交给驾驶员执行，执行完毕后交回。

表5－2 送货作业计划表

日期	送货作业任务					车公里	吨公里
	起点	终点	送货距离	送货次数	货物名称		
效率指标		标记吨位	日行程	实载率	运量	计划完成率	
备注							

表5－3 单车作业计划表（单）

年　月　日

发货单位					
车号及车型					
送货点					
运行周期		发车时间		预计返回时间	
车辆运行动态					
备注					
驾驶员签名			调度员签名		

2. 送货作业计划的调整

由于送货作业过程情况复杂，在送货作业计划执行中，难免发生偏离原计划要求的情况，而且可能涉及面较广。因此，必须进行详尽分析与系统检查，才能分清缘由，采取有效措施消除干扰执行计划的不利因素，保证计划顺利实施。通常干扰送货作业计划执行的影响因素包括以下七项：

（1）临时变更送货路线或交货地点。

（2）装卸工作出现异常，如装卸机械故障、装卸停歇时间超过定额、办理业务手续出现意外拖延等。

（3）车辆运行或装卸效率提高，提前完成作业计划。

（4）车辆运行途中出现技术故障。

（5）驾驶员工作中无故缺勤、私自变更计划、不按规定时间收发车，以及违章驾驶造成技术故障或行车肇事。

（6）道路情况出现异常，如临时性桥断路阻、路桥施工、渡口停渡或待渡时间过长等。

（7）气候出现异常，如突遇雨、雪、大雾、冰雹、河流涨水、冰冻等意外情况。

为防止上述因素对运行作业计划的影响，除积极加强预报预测之外，必须采取一定措施及时进行补救与调整。在送货作业过程中，驾驶员如遇到各种障碍和意外情况发生，须及时上报，以便管理人员及时调整变更计划，或者采取紧急措施。一旦作业计划被打乱，不能按原计划完成，计划人员应迅速做出变更及调整并协调相关部门或人员采取适当措施，保证计划的顺利实施。

（五）实施配送作业计划

虽然各个企业配送计划的实施过程不完全相同，但一般分为四个阶段或步骤：

1. 下达配送计划

下达配送计划即通知客户和各级配送节点，以使客户按计划接货，使配送节点按计划组织和完成配送作业，确保按时送货。

2. 配送中心—分拨中心—配送点，层级作业配货

配送中心接到配送计划后，生成配送拣货汇总表，执行拣选计划，配装配载执行运输计划，到达分拨中心后，经分拨送达配送点。各配送点按配送计划落实货物和运力。

3. 下达配送任务

下达配送任务即向配送点下达配送任务，配送点工作人员按照配送任务准备货物，启动配送。

4. 送达交付

车辆按规定线路将货物送达，客户收货后在回执上签章。配送任务完成后，进入结算环节。

八、配送合理化

（一）配送合理化的标志

对于配送合理与否的判断，是配送决策的重要内容。目前国内外尚无统一的技术经济指标体系和判断方法，按一般认识可分为以下七种标志。

1. 库存标志

库存标志是判断配送合理与否的重要标志，具体包括以下两个方面的内容：

（1）库存总量。在配送系统中，库存要从分散于各个客户转移给配送中心施行一定程度的集中库存。在实施配送后，配送中心库存数量与各客户在实行配送后库存量之和应低于实行配送前各客户库存量之和。从各个客户角度判断，各客户在实行配送前后的库存量的比较，也是判断配送合理与否的标准。

（2）库存周转。由于配送企业的调剂作用，以低库存保持高的供应能力，库存周转一般总是快于原来各企业库存周转。此外，从各个客户角度进行判断，各客户在实行配送前后的库存周转的比较，也是判断配送合理与否的标志。

想一想：判断库存是否合理的指标是什么？

2. 资金标志

实行配送应有利于资金占用的减少及资金运用的科学化，具体判断指标如下：

（1）资金总量。用于资源筹措所占用的流动资金总量，随储备总量的下降及供应方式的改变，必然有一个较大的降幅。

（2）资金周转。从资金运用来讲，由于整个节奏加快，资金充分发挥作用，同样数量资金在过去需要较长时期才能满足一定供应要求，配送之后，在较短时期内就能满足。因此资金周转是否加快，是衡量配送合理与否的标志。

（3）资金投向的改变。资金分散投入还是集中投入，是资金调控能力的重要反映。实行配送后，资金必然应当从分散投入改为集中投入，以增加调控作用。

3. 成本和效益标志

总效益、宏观效益、微观效益、资源筹措成本都是判断配送合理化的重要标志。对于不同的配送方式，可以有不同的判断侧重点。配送企业、客户都是各自独立的以利润为中心的企业，此时不但要看配送的总效益，而且要看对社会的宏观效益及两个企业的微观效益，不顾及任何一方，都必然出现不合理。又如，如果配送是由客户自己组织的，配送主要强调保证能力和服务性，那么，效益主要从总效益、宏观效益和客户的微观效益来判断，而不必过多顾及配送企业的微观效益。

4. 供应保证标志

实行配送，客户最担心的是供应保证能力的降低。配送中很重要的一点是必须提高对客户的供应保证能力。

供应保证能力可以从以下几个方面判断：

（1）缺货次数。实行配送后，对客户来讲，该到货而未到货以致影响客户生产及经营的次数，必须有显著下降才算合理。

（2）配送企业集中库存量。对每一个客户来说，其库存数量所形成的保证供应能力高于配送前单个企业的供应保证能力才算合理。

（3）即时配送的能力及速度。在客户出现特殊情况时，对客户的即时配送能力及反应速度能力必须高于未实行配送前客户紧急进货能力及速度才算合理。

特别需要强调的是，配送企业的供应保证能力，是一个科学的、合理的概念，而不是无限的概念。具体来讲，如果供应保障能力过高，超过了实际需要，也是一种不合理。所以，追求供应保证能力的合理化也是有限度的。

5. 社会运力节约标志

运力使用的合理化是依靠送货运力的规划和整个配送系统的合理流程及与社会运输系统合理衔接实现的。送货运力的规划是任何配送中心都需要花力气解决的问题，可以简化判断方法如下：社会车辆总数减少，而承运量增加为合理；社会车辆空驶减少为合理；一家一户自提自运减少，社会化运输增加为合理。

想一想：如何节约社会运力？

6. 人力、物力节约标志

配送的重要作用是为客户代劳。因此，实行配送后，各客户库存量、仓库面积、仓库管理人员减少为合理；用于订货、接货、供应的人员减少为合理。真正解除了客户的后顾之忧，配送的合理化程度则可以说是达到一个高水平了。

7. 物流合理化标志

配送必须有利于物流合理化，可从以下方面来判断：是否降低了物流费用、是否减少了物流损失、是否加快了物流速度、是否发挥了各种物流方式的最优效果、是否有效衔接了干线运输和末端运输、是否采用了先进的管理方法和技术手段等。

（二）不合理配送的表现形式

1. 资源筹措的不合理

配送要进行较大批量资源的筹措，通过筹措资源的规模效益来降低资源筹措成本，使配送资源筹措的成本低于客户自己筹措资源的成本，从而取得配送资源筹措的优势。如果不是集中多个客户需求来批量筹措资源，而仅仅是为少量客户代购、代筹，对客户来讲，不仅不能降低资源筹措的成本，反而要多支付一笔配送企业的代筹、代办费用，因而是不合理的。资源筹措的不合理还有其他表现形式，如配送量计划不准、资源筹措过多或过少、在资源筹措时不考虑与资源供应者之间建立长期稳定的供需关系等。

2. 经营观念的不合理

在配送实施过程中，许多企业由于经营观念不合理，使配送优势无从发挥，并损坏了自身的形象。在开展配送活动时，企业尤其需要注意克服这一不合理现象。例如：配送企业在库存量过大时，强迫客户接货，以缓解自己的库存压力；在资金紧张时，长期占用客户资金；在资源紧张时，将客户委托的资源另作他用以获得利益；等等。

3. 配送与直达决策的不合理

一般的配送流程中总是增加了一些环节，这些环节的增加，可以降低客户的平均库存水平，从而抵消客户增加环节的支出，并使客户获得剩余效益。如果客户进货的批量过大，可以直接通过社会物流系统批量进货，较之通过配送中心送货更能节约费用。所以，在这种情况下，不直接进货而进行配送，就是不合理的。

4. 库存决策的不合理

配送应充分考虑利用集中库存量低于各客户分散库存总量的特点，充分利用社会库存，同时减轻客户实际平均分摊库存的负担，从而大大节约不必要的支出。因此，配送企业必须依靠科学管理来实现低库存总量，否则就会出现只是库存转移，而不能使库存水平降低的不合理现象。配送企业库存决策的不合理还表现在由于储存量不足，不能保证满足随机需求，因此失去了应有的市场。

5. 价格制定的不合理

配送的价格应低于不实行配送时客户自己进货的产品购买价格与提货、运输等成本之和，这样客户才有利可图。有时，由于配送的服务水平较高，价格稍高，客户也是可以接受的，但这不是普遍的现象。如果配送价格普遍高于客户自己进货的价格，损害了客户的利益，那就是不合理的；价格制定得过低，使配送企业处于无利或亏损的状态，也是不合理的。

6. 配送运输的不合理

配送与客户直接进货相比，尤其对于多个小客户来讲，前者可以集中配装一车来送多个客户的货物，这比一家一户自己进货节省运力和运费。配送企业如果不能利用这一优势，仍然是一户一送、车辆也达不到满载也是不合理的。

（三）配送合理化的途径

通过对配送环节、配送目标、配送模式以及配送合理化的分析，要达到配送的合理化，可通过以下途径实现：

1. 推行专业化配送

采用专业设备、设施及操作程序，以取得较好的配送效果并降低配送综合化的复杂程度及难度，追求配送合理化。

2. 推行加工配送

加工和配送相结合，可充分利用这次中转，而不增加新的中转以求得配送合理化。同时，加工和配送相结合，加工的目的更明确，和客户联系更紧密，从而有效地避免了盲目性。这两者的有机结合，不用增加太多投入却可实现两个优势、两个效益，是实现配送合理化的重要途径。

3. 推行共同配送

国家标准《物流术语》（GB/T 18354—2021）将共同配送（joint distribution）定义为：由多个企业或其他组织整合多个客户的货物需求后联合组织实施的配送方式。共同配送可以以最近的路程、最低的配送成本完成配送，从而追求配送合理化。

4. 实行送取结合

配送企业应与客户建立稳定、密切的协作关系。配送企业不仅是客户的供应代理人，而且为客户提供了储存场所，甚至成为产品代销人。在配送时，配送企业将客户所需的物资送到，再将该客户生产的产品用同一车运回，这种产品也成了配送企业的配送产品之一，或者由配送企业代为存储，缓解客户的库存压力。这种送取结合的方式，使运力得到充分利用，也使配送企业的功能发挥得更充分，从而实现了配送合理化。

5. 使用准时制配送系统

国家标准《物流术语》（GB/T 18354—2021）将准时制配送（just-in-time distribution）定义为：将所需的货物在客户所指定的时间以指定的数量送达指定地点的配送方式。准时制配送是配送合理化的重要内容。配送企业做到准时配送，客户才可以精准把握资源，放心地实施低库存或零库存策略，有效地安排接货的人力、物力，追求最高的工作效率。从国外的经验看，使用准时制配送系统是现在许多配送企业追求配送合理化的重要手段。

6. 推行即时配送

国家标准《物流术语》（GB/T 18354—2021）将即时配送（on-demand delivery）定义为：立即响应用户提出的即刻服务要求并且短时间内送达的配送方式。即时配送是最终消除客户的断供之忧，大幅度提升配送企业供应保证能力的重要手段。即时配送是配送企业快速反应能力的具体化，是配送企业能力的体现。

想一想： 准时制配送与即时配送的异同。

任务二　配送中心认知

任务导入

分拣及配货

分拣及配货是配送流程中不同于其他物流形式的有特色的功能要素，也是决定配送成败的一项重要工作。分拣及配货是完善送货、支持送货的准备性工作，是不同配送企业在送货时进行竞争和提高自身经济效益的必然延伸，也可以说，分拣及配货是配送企业向高级形式发展的必然要求。有了分拣及配货，配送企业就会大大提高配送服务水平，所以，分拣及配货是决定整个配送系统水平的关键要素。

任务分析： 分拣及配货是完善送货、支持送货的准备性工作；分拣及配货会大大提高送货服务水平，满足客户的需求；分拣及配货是决定整个配送系统水平的关键性因素。

任务要求：

1. 了解配送中心的内部结构
2. 理解配送中心的类型、作业流程与内容
3. 掌握配送中心的概念和功能

一、配送中心的概念和作用

（一）配送中心的概念

国家标准《物流术语》（GB/T 18354—2021）将配送中心（distribution center）定义为：具有完善的配送基础设施和信息网络，可便捷地连接对外交通运输网络，并向末端客户提供短距离、小批量、多批次配送服务的专业化配送场所。

课堂延伸：配送中心与物流中心的区别

（二）配送中心的作用

（1）减少交易次数和流通环节。

（2）产生规模效益。

（3）减少客户库存，提高库存保证程度。

（4）与多家厂商建立业务合作关系，能有效而迅速地反馈信息，控制物品质量。

（5）是现代电子商务活动中开展配送活动的物质技术基础。

想一想：配送中心为什么会产生规模效益？

二、配送中心的类型

（一）按配送中心的设立者分类

1. 制造商型配送中心

制造商型配送中心是以制造商为主体的配送中心。这种配送中心里的物品100%由制造商自己生产制造，用以降低流通费用、提高售后服务质量和及时地将预先配齐的成组元器件运送到规定的加工和装配工位。这种模式社会化程度低。海尔物流配送中心就属于这种类型。

2. 批发商型配送中心

批发商型配送中心是由批发商或代理商所成立的配送中心，是以批发商为主体的配送中心。一般是按部门或物品类别的不同，把不同制造商的物品集中起来，然后以单一品种或搭配成组向消费地的零售商进行配送。这种配送中心的物品来自各个制造商，它所进行的一项重要活动是对物品进行汇总和再销售，社会化程度高。

3. 零售商型配送中心

零售商型配送中心是由零售商向上整合所成立的配送中心，是以零售业为主体的配送中心。集中采购不同制造商的物品后，向零售店、超级市场、百货商店、建材商场、粮油食品商店、宾馆饭店等进行配送，其社会化程度介于前两者之间。永辉超市配送中心就属于这种类型。

4. 专业物流配送中心

专业物流配送中心是以第三方物流企业为主体的配送中心。这种配送中心的运输能力很强，地理位置优越，可迅速将到达的物品配送给客户。这种配送中心专业化、现代化程度高，物流设施设备也比较先进，自动化、信息化水平高，配送中心内的运作效率高、成本低，专门为生产企业或流通企业提供物流服务，有较高的物流管理水平。中国邮政物流配送中心就属于这种。

想一想：社会化程度高的配送中心是哪种？

（二）按配送中心的功能定位分类

1. 储存型配送中心

储存型配送中心是以储存为主要业务的配送中心，有很强的储存功能。目前我国建设的配送中心多为储存型配送中心，库存量较大。

2. 流通型配送中心

流通型配送中心包括通过型或转运型配送中心，基本上没有长期储存的功能，仅以暂存或随进随出的方式进行配货和送货。典型方式为：大量货物整批进入，按一定批量零出。这种配送中心一般采用大型分货机进行作业，将货物直接传送至分货机传送带，由分货机分送到各客户货位或直接分送到配送汽车上，货物在配送中心仅短暂停留。

课堂延伸：流通型配送中心

3. 加工型配送中心

加工型配送中心是以流通加工为主要业务的配送中心，即根据客户的需要或者市场竞争的需要，对配送物品加工之后进行配送的配送中心。这种配送中心内有分装、包装、初级加工、集中下料、组装产品等加工活动。

（三）按配送区域的覆盖范围分类

1. 城市配送中心

城市配送中心是以城市为配送范围的配送中心，由于城市一般处于汽车运输的经济里程中，这种配送中心可直接将货物配送给最终客户，且采用汽车进行配送。因此，这种配送中心往往和零售经营相结合。由于运距短、反应能力强，因此从事多品种、少批量、多客户的配送较有优势。

想一想： 城市配送中心的辐射半径是多少千米？

2. 区域配送中心

区域配送中心是以较强的辐射能力和库存准备，向省际、全国乃至国际范围的客户配送的配送中心。这种配送中心配送规模较大，一般而言，客户数量也较大，配送批量也较大，而且往往是向下一级的城市配送中心配送，也向营业厅、商店、批发商和企业客户配送。

三、配送中心的功能

配送中心不仅具有集散、储存保管等传统的物流功能，而且在物流现代化的进程中，不断地强化分拣和组配、流通加工、信息处理等功能。

（一）集散功能

配送中心能够将分散在各个生产企业的物品（即货物）集中到一起，再经过分拣、配装，向多家客户发运送货；同时，配送中心也可以做到把各个客户所需要的多种货物有效地组合（或配装）在一起，形成经济、合理的货载批量，集中送达客户手中，如图5-5所示。

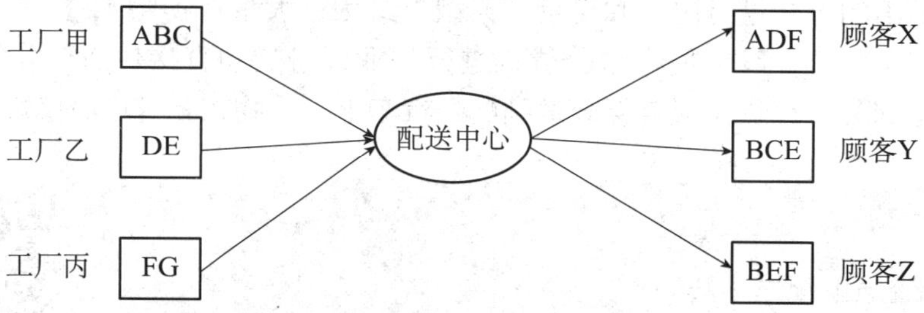

图5-5 集散功能

（二）储存保管功能

为了应对市场需求的及时性和不确定性，配送中心需要具备储存保管功能。储存保管功能主要是保存物品的使用价值，减少物品的自然损耗，更重要的是要保证生产企业连续不间断的生产需求和满足消费者的需求。利用配送中心的储存保管功能可以有效地组织货源，调节物品的生产与消费、进货与生产（消费）之间的时差。配送中心多拥有现代化的仓储设施设备，储存一定量的物品，形成对配送的资源保证，实现供货的稳定性，减少缺货带来的损失。同时，配送中心还应采取相应的储存方法、技术手段，加强物品的养护，保证货物的储存安全，避免在储存过程中出现货损货差。因此，储存保管功能是配送中心的重要功能之一。

（三）分拣和组配功能

国家标准《物流术语》（GB/T 18354—2021）将分拣（sorting and picking）定义为：将物品按一定目的进行分类、拣选的相关作业。每个客户对物品的种类、规格、型号、数量、质量、送达时间等要求不同，配送中心必须按客户订单要求对物品进行分拣和组配。强大的分拣功能是配送中心实现按客户要求组织送货的基础，有些配送中心分拣业务量很大，为了同时向不同的客户配送多种物品，配送中心必须采取适当方式拣选，以提高拣选效率和准确率。分拣和组配是配送中心的重要功能，是否具备此种功能也是其与传统仓库的显著差异。

（四）流通加工功能

国家标准《物流术语》（GB/T 18354—2021）将流通加工（distribution processing）定义为：根据顾客的需要，在流通过程中对产品实施的简单加工作业活动的总称。（注：简单加工业活动包括包装、分割、计量、分拣、刷标志、拴标签、组装、组配等。）流通加工解决了客户的多样化需求，提高了物品的附加价值，提高了资源的利用率和配送效率。

（五）信息处理功能

配送中心一般具有相当完备的信息处理系统，负责收集、处理信息，为整个流通过程的控制、决策和运转提供信息依据。无论是在集货、储存、分拣、流通加工、配送等一系列物流环节的控制方面，还是在物流管理和费用、成本、结算方面，配送中心应均可实现信息共享。

（六）送货功能

配送中心根据客户的需要，将货物按时送到客户手中。

（七）衔接功能

通过开展物品配送活动，配送中心把各种物品运送到客户手中，客观上起到了联系产销、平衡供求的衔接作用，在产地和消费地架起了沟通的桥梁。

四、配送中心作业流程与内容

（一）配送中心作业流程

配送中心的主要活动是进货、订单处理、拣货、补货和配货等。首先确定配送中心主要活动及其程序之后，才能进行规划设计。有的配送中心还要进行流通加工、贴标签和包装等作业。当有退货作业时，还要进行退货品的分类、保管和退回等作业。配送中心作业流程如图 5－6 所示。

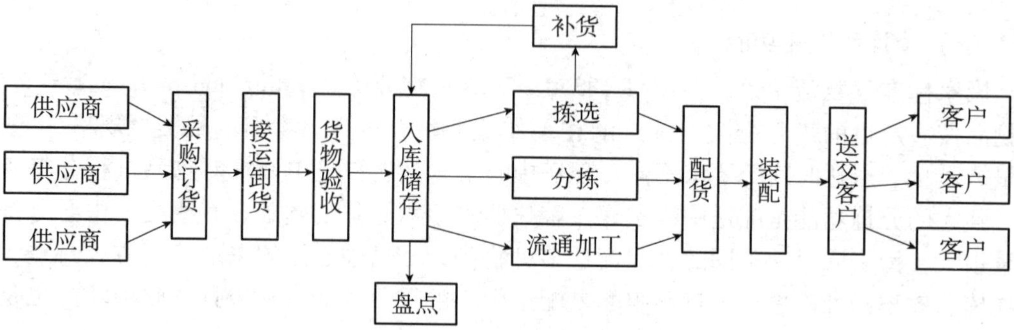

图 5-6 配送中心作业流程

（二）配送中心作业的内容

1. 进货

进货是配送作业的第一步，主要包括接货、卸货、验收入库和将有关信息书面化等一系列工作。

2. 订单处理

订单处理是指从接到客户订单到着手准备拣货之间的作业阶段。这一阶段通常包括订单资料确认、存货查询、单据处理等内容。订单处理方式有人工处理和计算机处理两种。目前主要采用计算机处理方式。

3. 拣货

拣货是配送作业的中心环节。所谓拣货，是依据客户的订货要求或配送中心的作业计划，将物品从其储位或其他区域拣取出来的作业过程。拣货包括拣货单位、拣货方式、拣货策略、拣货信息和拣货设备等。

4. 补货

补货是将货物从仓库保管区搬运到拣货区的工作。补货的目的是向拣货区补充适当的物品，以保证满足拣货作业的需求。补货时通常以托盘为单位。

5. 配货

配货是指把拣取分类完成的物品经过配货检查后，装入容器和做好标示，再运到配货准备区，待装车后发送。

6. 送货

送货是指利用配送车辆把客户订购的物品从制造商、生产基地、批发商、经销商或配送中心，送到客户手中的过程。送货通常是一种短距离、小批量、高频率的运输形式，它以服务为目标，以尽可能满足客户需求为宗旨。

7. 流通加工

国家标准《物流术语》（GB/T 18354—2021）将流通加工（distribution processing）定义为：根据顾客的需要，在流通过程中对产品实施的简单加工作业活动的总称。（注：简单加工业活动包括包装、分割、计量、分拣、刷标志、拴标签、组装、组配等。）流通加工解决了客户的多样化需求，提高了物品的附加价值，提高了资源的利用率和配送效率。

8. 退货或换货

退货或换货在物流业中不可避免，但应尽量减少，因为退货或换货的处理只会大幅增加物流成本，减少利润。发生退货或换货的主要原因包括瑕疵品回收、物品搬运中的损坏、物品送错被退回、物品过期被退回等。

五、配送中心的内部结构

虽然配送中心是在中转仓库基础上演化和发展起来的，但其内部结构和布局与一般仓库有较大的不同。配送中心包括物流功能区和非物流功能区，其中物流功能区包括收货区、储存区、配货区、退货处理区、中转商品处理区、发货区、流通加工区等，非物流功能区包括管理指挥区（办公区）和辅助作业区（停车场、设备存放区等），如图 5－7 所示。

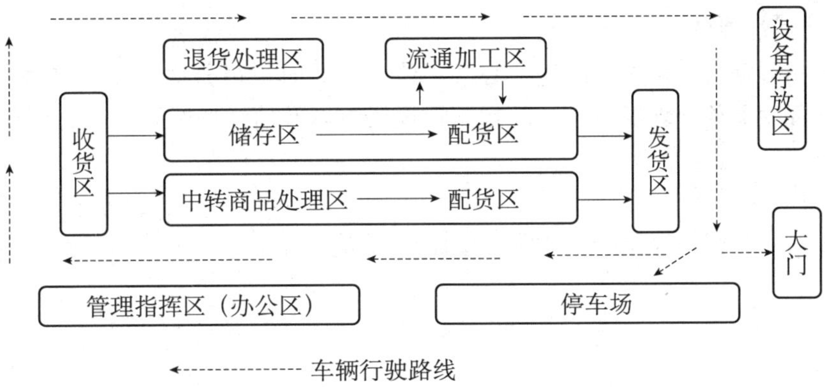

图 5－7　配送中心的内部结构

（一）收货区

在收货区里完成收货及入库前的准备工作，如收货、卸货、清点、检验、分类入库准备等。收货区的主要设施是：进货铁路和公路、靠卸货站台、暂存验收检查区域。

（二）储存区

在这个区域里储存或分类储存所进的物资。由于这是个静态区域，进货要在这个区域中放置一定的时间，因此与不断进出的收货区比较，这个区域所占的面积较大。在许多配送中心，这个区域往往占总面积的一半左右。对某些特殊配送中心（如水泥、煤炭配送中心），这一部分占中心总面积的一半以上。

（三）配货区

在这个区域里进行分货、拣货、配货作业，为送货做准备。这个区域面积随不同的配货中心变化而变化。

（四）退货处理区

存放进货时残损或不合格或需要重新确认、等待处理货物的场所。

（五）发货区

在这个区域里将准备好的货物装入外运车辆发出。外运发货区结构与收货区类似，有站台、外运线路等设施。有时候，外运发货区和配货区还是一体的，可以将分好的货物直接通过传送装置传入装货场地。

（六）流通加工区

有许多类型的配送中心还设置流通加工区域，在这个区域进行分装、包装、切裁、下料、混装等各种类型的流通加工。流通加工区在配送中心所占面积较大，但设施装置随加工种类不同而有所区别。

（七）管理指挥区（办公区）

这个区域可以集中设置于配送中心某一位置，有时也可分散设置于其他区域中。此区域主要是营业事务处理场所、内部指挥管理场所以及信息场所等。

（八）辅助作业区

这个区域主要包括停车场、食堂、消防通道等。

项目小结

配送是指根据客户要求，对物品进行分类、拣选、集货、包装、组配等作业，并按时送达指定地点的物流活动。

任务一主要包括配送的概念，配送的特点，配送的要素，配送的类型，配送模式，配送线路及配载优化，配送作业计划的制订与实施，配送合理化等内容。

任务二主要包括配送中心的概念和作用，配送中心的类型，配送中心的功能，配送中心作业流程与内容，配送中心的内部结构等内容。

项目实训

配送管理

实训目的

1. 形成对配送、配送中心的认知。
2. 培养对车辆配载及线路选择的能力。

实训资料

在本地调研配送企业，了解配送企业的发展状况；重点了解配送中心作业流程、配送线路及配载优化。

实训要求

1. 分组进行，选举一人为组长。
2. 落实外出调研的交通工具。
3. 强调外出调研的任务与纪律。
4. 小组讨论。
5. 总结并撰写调研报告，全班共享。

实训指导

1. 指导学生遵守所调研企业的管理制度。
2. 指导学生学会沟通。
3. 指导学生收集配送中心作业流程、配送线路及配载优化。
4. 指导学生按正确的格式撰写调研报告。

实训评价

实训评价标准如表5－4所示。

表5－4 实训评价标准

姓名________　　　　　　学号________

序号	评价标准	分值	得分
1	考勤、纪律	10	
2	调研态度	10	
3	沟通协调	15	
4	职业素养	15	
5	调研报告	50	

项目六
包装管理

学习目标

※ 知识目标

- 了解包装的概念、设备
- 理解包装的功能、类型、材料、标识
- 掌握包装的合理化

※ 能力目标

- 提高对包装的认知
- 能够根据产品的特点正确选择包装材料和包装技术
- 能够识别包装标识
- 掌握包装技术

※ 素质目标

- 培养职业素养、爱岗敬业的精神
- 具有与人交流、合作的能力
- 提升不断学习、创新的能力

思维导读

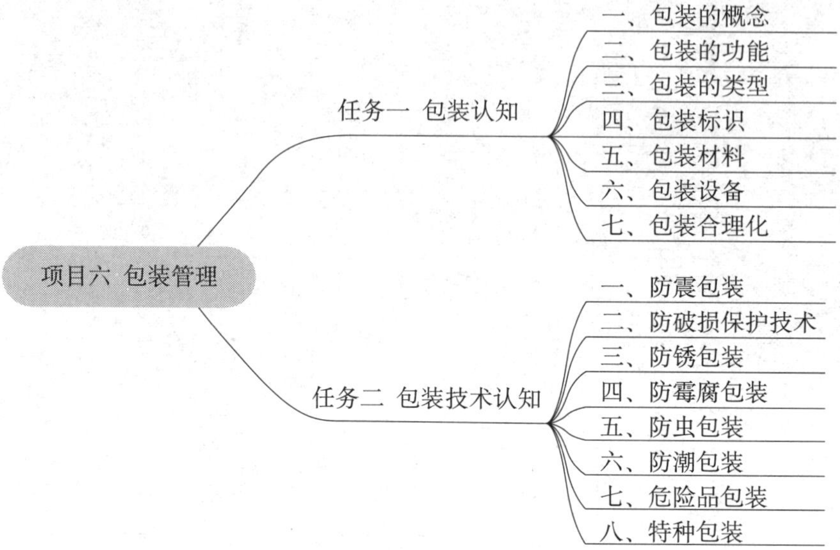

案例导入

推进快递业绿色包装工作实施方案

2016 年 8 月，国家邮政局出台《推进快递业绿色包装工作实施方案》（以下简称《实施方案》），谋划快递业绿色包装工作，提高快件包装领域资源利用效率，降低包装耗用量，减少环境污染。我国快递业发展迅猛，但总量庞大、种类繁多的快递包装带来的环境问题也引起社会高度关注。《国务院关于促进快递业发展的若干意见》中将“绿色节能”作为快递服务体系发展目标之一。在此基础上制定的《实施方案》，对节约资源、保护环境和促进快递业可持续发展具有重大意义。

任务一　包装认知

任务导入

包装绿色化

使快递包装适当“瘦身”可从源头上减少包装对环境的污染，包装绿色化可以减轻物流系统的负荷。例如：一些快递公司注重对快递包装进行改造，使包装能适应大型化和集约化的运输，既有效减少单位包装成本、节约包装材料，也有利于提高装卸、搬运、保管、运输的作业效率。此外，有些快递公司还自主研发并使用环保材料制作包装，以达到环保的目的。

除了在包装“瘦身”和创新设计上做文章，提高包装的通用性也能降低损耗。TNT集团曾发起“行星与我集团规划”，提出集团在物流服务全程操作中，集装箱和托盘等所有货运设备必须在公路和铁路运输中通用。这项措施减少了物流工作环节，达到了保护环境的目的。

任务分析：包装污染不再只是一个行业问题，而是一个综合性的社会问题。解决这个问题，国家、管理部门和企业义不容辞，需要社会各方共同参与、广泛支持，形成强大合力，达到节约资源、保护环境的目的。

任务要求：

1. 了解包装的概念、设备
2. 理解包装的功能、类型、材料
3. 掌握包装合理化的内容

一、包装的概念

国家标准《物流术语》（GB/T 18354—2021）将包装（package；packaging）定义为：为在流通过程中保护产品、方便储运、促进销售，按一定技术方法而采用的容器、材料及辅助物等的总体名称。（注：也指为了达到上述目的而采用容器、材料和辅助物的过程中施加一定技术方法等的操作活动。）

二、包装的功能

（一）保护产品

保护产品是包装最基本、最重要的功能之一，主要是防止有害生物对商品的侵害以及异物流入造成的污染和物品的丢失、散落等，具体体现在：防止商品破坏变形；防止商品发生化学变化，如生锈；防止鼠虫侵食；防止污染；防止丢失、散失。

保护功能的好坏一般与包装的结构、材料有着直接的关系。例如：家电产品包装，须选用合适的瓦楞纸板、内衬泡沫等缓冲材料，以保证其具有良好的防震缓冲性能，保护内装物。

（二）方便

方便即包装具有便利流通、方便消费的功能。在物流过程中，包装上的操作说明可用于指导搬运作业。科学合理的包装会大大提高物流作业的效率和效果，具体体现在：方便运输，方便装卸，方便储存，方便商家和消费者使用，方便包装制品本身的生产和废弃后的再生利用。

（三）促进销售

包装的外部形态是商品很好的宣传媒介，富有特色的包装具有刺激作用，可以激发客户的偏爱和购买欲望，而且具有广告效力，具体体现在：可以宣传、美化，便于陈列、识别、选购，便于携带、使用和销售。

三、包装的类型

（一）按包装的功能分类

1. 运输包装

运输包装也称工业包装、外包装，是基于运输的目的，起着保护商品、方便运输、方便装卸搬运及储存的作用。国家标准《物流术语》（GB/T 18354—2021）将运输包装（transport packaging）定义为：以满足运输、仓储要求为主要目的的包装。

在某些情况下，包装容器需要有缓冲、防震、固定、保温、防水等技术措施。运输包装包括箱装、桶装、袋装、罐装、筐装和集合包装等类型。纸箱如图 6－1 所示。

图 6－1 纸箱

想一想：为什么运输包装以满足运输、仓储要求为主要目的？

2. 销售包装

销售包装，也称内包装，是指直接接触商品并随商品进入零售店和消费者直接见面的包装。为了吸引消费者的注意力，成功的销售包装往往能够方便消费者，引起消费者的购买欲，并能使销售价格有一定增长。这种包装以促进销售为目的，特点是外形美观，包装单位适于消费者的购买量及商店陈设。出口商品包装主要有瓶类、罐类、袋类、盒类四大系列。后来，逐步发展了热收缩包装、泡罩和贴体包装。

（二）按包装的方法不同分类

1. 缓冲包装

缓冲包装就是指为减缓内装物受到冲击和震动，保护其免受损坏所采取的具有一定防护措施的包装。鸡蛋、玻璃陶瓷等的包装就是缓冲包装。

2. 防锈包装

防锈包装是为防止金属制品锈蚀而采用一定防护措施的包装。

3. 真空包装

真空包装是指将商品装入气密性容器后，在容器封口之前抽真空，使密封后的容器内基本没有空气的一种包装方法。

4. 吸塑包装

吸塑包装是采用吸塑工艺生产出的塑料制品，并用相应的设备对产品进行封装的总称。吸塑包装以分隔、防震、陪衬为目的，能够让商品自身的价格和形象得到提升。

5. 热收缩包装

热收缩包装是指采用热收缩薄膜，通过加热使收缩薄膜裹紧商品而形成的一种全透明销售包装。

6. 贴体包装

贴体包装是指以商品为模具，直接将薄膜紧贴于商品上，采用真空吸塑与纸板热合的一种销售包装。

（三）按包装的性质分类

1. 单个包装

单个包装也称小包装，是指商品送到消费者手中的最小单位。这种包装属于商业包装，能够起到促进商品销售的作用。

想一想：单个包装就是商业包装吗？

2. 内包装

内包装是指将商品或单个包装，或多个商品归整包装，或置于中间容器中。为了对商品及单个包装起保护作用，有时也要采取一定的方法使商品在中间容器内不受损坏。

3. 外包装

外包装也称运输包装或工业包装，是指以满足运输、仓储要求为主要目的的包装。一般外包装有密封、增强功能，并且有相应的标识说明。

（四）按包装的使用次数分类

1. 一次性包装

一次性包装是指只是用一次的包装，不再回收复用。

2. 复用包装

复用包装是指回收后经过适当加工整理仍可使用的包装。

3. 周转性包装

周转性包装是指专门设计和制造的能够反复使用的包装。

（五）按包装适用范围分类

1. 专用包装

专用包装是指专门针对某种商品进行设计和制造的包装，只能适用于某种特定的商品。

2. 通用包装

通用包装是指根据标准系列尺寸制造的包装，可用于包装各种标准尺寸的商品。

课堂延伸：包装设计的要求

四、包装标识

对于运输包装而言，包装标识主要有运输标识、指示性标识、警告性标识。

（一）运输标识

运输标识又称唛头，通常由一些简单的几何图形和字母、数字及简单的文字组成，用以说明目的地、收货人或发货人、运输号、货物件数等。为了规范运输标识，国际标准化组织将唛头简化为四项：收货人代号（收货人或买方名称的英文缩写或简称）、参考号（如发票号、运单号）、目的地、件数代号（如 1/200 代表件数总数是 200，这是其中的第 1 件）。这些信息列成 4 行，每行不超过 17 个字符，要求用打印机一次做成，如图 6－2 所示。

80EKRP—05008CN ……………………… 收货人代号
1234 …………………… 参考号（发票号或运单号）
NEW YORK…………………………………… 目的地
25/100 ………………………………………… 件数代号

图 6－2 运输标识

（二）指示性标识

指示性标识通常又称注意标识，指的是在包装物上以简单、醒目的图形和文字提示工作人员在运输、仓储、装卸搬运过程中应注意的一些事项，如图 6－3 所示。

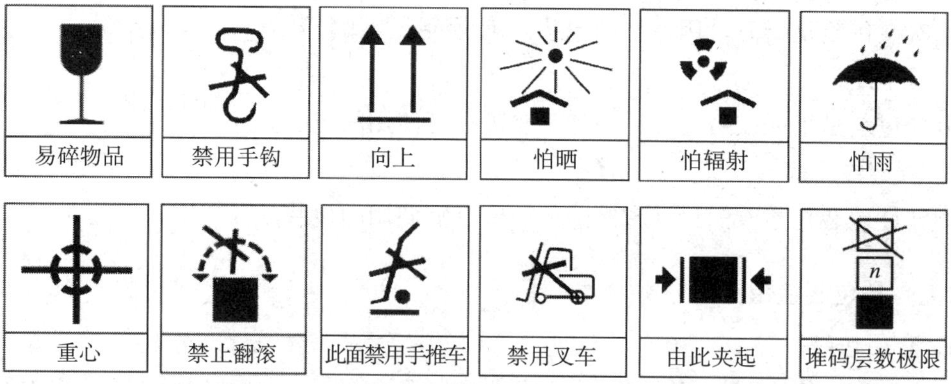

图 6－3 指示性标识

（三）警告性标识

警告性标识又称危险品标识，对于易燃、易爆、有毒、腐蚀性、放射性等危险品应在其运输包装上清楚而明确地刷制相关标识，以引起人们的注意，防范危险的发生，如图6－4所示。

图6－4　警告性标识

五、包装材料

包装材料中使用较为广泛的是纸及纸板，其次是塑料。

（一）纸和纸板

纸和纸板是支柱性的传统包装材料，耗量大，应用范围广。

纸和纸板具有适宜的强度、耐冲击、耐摩擦、密封性好、价格较低且重量轻、可回收复用和再生、良好成型性和折叠性等优点。但也有难以封口，气密性、防潮性、透明性差等缺点。

纸和纸板制成的包装容器主要有纸箱、纸盒、纸桶、纸袋、纸罐、纸杯、纸盘等，广泛应用于运输包装和销售包装。在纸制包装容器中，用量最多的是瓦楞纸箱。

想一想：为什么纸和纸板应用范围广？

（二）塑料

塑料在整个包装材料中的比例仅次于纸和纸板，包装用塑料在许多方面已经取代或逐步取代了传统包装材料。塑料有多种用途，如制成编织袋、捆扎绳代替棉麻；制成包装袋、包装盒、包装桶代替金属；制成瓶罐代替玻璃；制成各种塑料袋代替纸张；制成周转箱、钙塑箱代替木材；制成多种泡沫塑料代替传统的缓冲材料等。塑料包括软性薄膜、纤维材料和刚性的成型材料。塑料具有物理性能优越、化学稳定性好、轻便、透明性好、比重小、易加工成型等优点。但塑料强度不如钢铁、耐热性不如玻璃、容易老化、容易产生静电。

包装常用的塑料有聚乙烯、聚丙烯、聚氯乙烯、聚苯乙烯等。

（三）木材

木材是传统的运输包装材料，包括天然木材和人造板材。木材具有结实耐用、耐压、耐冲击、加工方便、能再利用等优点，但比较沉重、不易清洗、容易被虫蛀。常用的木制包装容器有木箱、木桶、木盒等。

（四）金属材料

金属材料主要是指钢板、铝材及合金材料，形式有薄板和金属箔，品种有镀锌薄钢板、镀锡薄钢板、镀铬薄钢板等。金属材料具有牢固结实，密封性好，可以隔绝空气、光线、水汽的进入，防止气味的散出，抗撞击性能高等优点。但金属材料成本高、化学稳定性差、容易锈蚀。

（五）玻璃、陶瓷材料

玻璃和陶瓷的优点是有很好的耐腐蚀性，不变形，耐热性好，可回收利用；其缺点是易碎，且包装物自身的重量较大。用玻璃或陶瓷材料制成瓶、罐、坛子，十分适宜用来盛装食品、饮料、酒类、药品等物品。玻璃、陶瓷用作运输包装时，主要存装化工产品；用作销售包装时，主要存装酒饮、药品、化妆品等。

（六）复合材料

复合材料是指将两种或两种以上的材料紧密复合在一起而制成的包装材料。常见的复合材料有几十种，广泛利用的有塑料与纸、塑料与铝箔、塑料与玻璃等。复合材料具有良好的机械性能、气密性以及防水、防油、耐热、耐寒等优点。复合材料是现代包装材料的一个发展趋势。

（七）包装用辅助材料

1. 黏合剂

黏合剂用于材料的制造、制袋、制箱及封口作业。黏合剂有水型、溶液型、热融型和压敏型。近年来由于普遍采用高速制箱及封口的自动包装机，因此短时间内能够黏结的热融黏合剂受到欢迎。

2. 黏合带

黏合带有橡胶带、热敏带和黏结带三种。橡胶带遇水可直接溶解，结合力强，黏结后完全固化，封口很结实；热敏带一经加热活化便产生黏结力，一旦结合，不好揭开但不易老化；黏结带是在带的一面涂上压敏性结合剂，或者也有两面涂胶的双面胶带，这种带子用手压便可结合，十分方便。

3. 捆扎材料

捆扎的作用是打捆、压缩、缠绕、保持形状、提高强度、封口防盗、便于处置和防止破损等。现在已很少用天然捆扎材料，而多用聚乙烯绳、聚丙烯绳、纸带、聚丙烯带、钢带、尼龙布等。

4. 填充物

填充物是用于包装填充的一种防压、防潮、防震的化工产品。气泡膜具有良好的减震性、抗冲击性、热合性，无毒、无味、防潮、耐腐蚀、透明度好，如图 6－5 所示。

气泡柱也是一种常用的包装填充材料，在电商物流中被广泛使用，以保护物流中的商品不被挤压变形或破损，如图 6－6 所示。

图 6－5 气泡膜

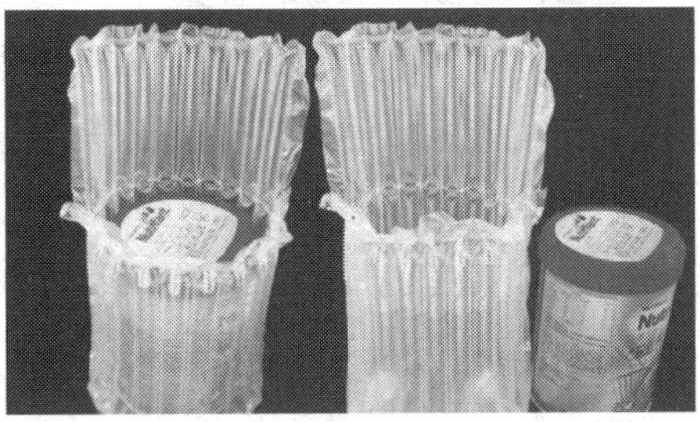

图 6－6 气泡柱

课堂延伸：可食性包装材料

六、包装设备

包装设备是指能完成全部或部分商品和包装过程的设备。包装过程包括充填、裹包、封口等主要工序，以及与其相关的前后工序，如清洗、堆码和拆卸等。此外，包装还包括计量或在包装物上盖印等工序。机械包装可提高生产率，减轻劳动强度，能够适应大规模生产的需要，并满足清洁卫生的要求。包装设备主要包括封口机、裹包机、充填机、贴标签机、清洗机、干燥机、杀菌机等。

（一）封口机

封口机是将商品盛装于包装容器内，然后对容器进行封口的机器，包括热压式封口机、熔焊式封口机、压盖式封口机等，如图 6－7 所示。

（二）裹包机

裹包机是用绕性包装材料裹包商品局部或全部表面的机器，有半裹式裹包机和全裹式裹包机，如图 6－8 所示。

（三）充填机

充填机是将包装物料按预定量充填到包装容器内的机器，包括容量式充填机、称重式充填机、计数式充填机，如图 6－9 所示。

图 6-7 封口机

图 6-8 裹包机

图 6-9 充填机

（四）贴标签机

贴标签机是采用黏合剂或其他方式将标签展示在包装件或商品上的机器，包括黏合贴标机、套标机、订标签机等，如图 6-10 所示。

（五）清洗机

清洗机是对包装容器、包装材料、包装物、包装件进行清洗以达到预期清洁度要求的机器，有干式清洗机、湿式清洗机、机械式清洗机等，如图 6-11 所示。

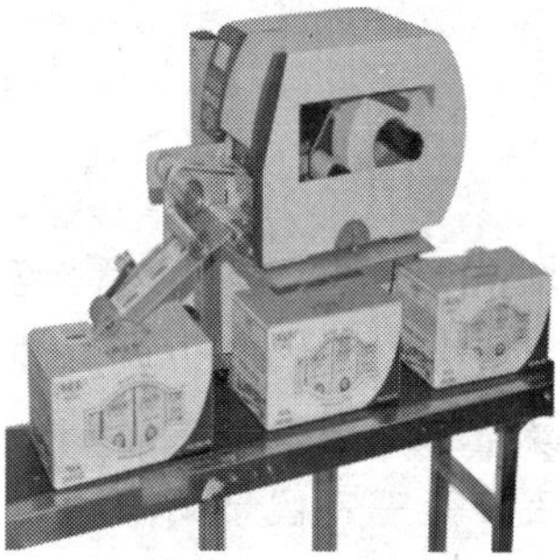

图 6-10 贴标签机

图 6-11 清洗机

（六）干燥机

干燥机是对包装容器、包装材料、包装辅助物以及包装件上的水分进行去除，并进行预期干燥的机器，有热式干燥机、机械干燥机、化学干燥机、真空干燥机等，如图 6-12 所示。

（七）杀菌机

杀菌机是对商品、包装容器、包装材料、包装辅助物以及包装件上的有害生物进行杀灭，使其降低到允许范围内的机器，有高温杀菌机、微波杀菌机，如图 6-13 所示。

（八）捆扎机

捆扎机是使用捆扎带或绳捆扎商品或包装件，然后收紧，并将捆扎带两端通过热效应熔融或使用包扣等材料连接的机器，包括机械式捆扎机、液压式捆扎机、气动式捆扎机等，如图 6 - 14 所示。

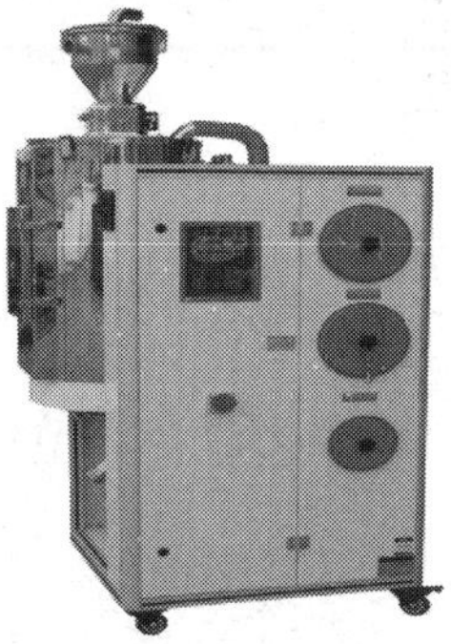

图 6 - 12　干燥机

图 6 - 13　杀菌机

图 6 - 14　捆扎机

（九）集装机

集装机是将包装单元集成或分解，从而形成一个合适的搬运单元的机器。集装机分为装箱机、堆码机和拆卸机。

（十）辅助包装机

辅助包装机是对包装材料、包装容器、包装辅助物和包装件执行非主要包装工序的机器。辅助包装机包括打印机、整理机、检验机、选别机、输送机和投料机。

此外，包装设备又有多种分类方法。按功能可分为单功能包装机和多功能包装机；按使用目的可分为内包装机和外包装机；按包装品种又可分为专用包装机和通用包装机；按自动化水平分为半自动机和全自动机等。

七、包装合理化

（一）包装的两个极端

1. 包装不足

包装不足带来的问题，通常有以下几方面：

（1）包装强度不足，使包装防护性不足，造成被包装物的损毁。

（2）包装材料水平不足，不能很好地发挥运输防护及促进销售的作用。

（3）包装容器的层次及容积不足，不能很好地容纳下所要包装的商品。

（4）包装成本过低，不能保证包装的有效性。

2. 包装过剩

包装过剩分为以下几种情况：

（1）包装物强度设计过高，包装防护性过高，易造成浪费，如包装材料截面大、包装衬垫大大超过强度要求等。

（2）包装材料选择不当造成浪费，如可以用纸板却采用镀锌等材料。

（3）包装技术过高造成浪费，如包装层次过多、包装体积过大。

（4）包装成本过高。一方面，包装成本支出大大超过减少损失可能得到的效益；另一方面，包装成本在商品成本中占比过高，损害了消费者的利益。

（二）包装合理化的表现

1. 包装尺寸标准化

各种进入流通领域的产品按规定标准进行包装后，有利于在物流各环节的衔接和流转。

2. 包装的机械化与自动化

包装的机械化与自动化可以减轻人们的劳动强度，提高作业效率，因此各种包装机械设备的开发和应用是非常重要的。

3. 包装成本低廉化

包装成本中占比最大的是包装材料费，降低包装成本首先应该从降低包装材料费开始，节约材料费用支出。

4. 包装单位大型化和集装化

包装单位大型化和集装化十分有利于物流系统在装卸搬运等过程中的机械化，形成规模效应，降低成本。

5. 包装材料节省化

实现包装材料节省化的重要途径是加大包装物的再利用程度，加强废弃包装物的回收，减少过剩包装。同时，开发和推广新型包装方式，减少对包装材料的使用。

6. 提倡绿色包装

国家标准《物流术语》（GB/T 18354—2021）将绿色包装（green packaging）定义为：满足包装功能要求的对人体健康和生态环境危害小、资源能源消耗少的包装。它具有材料最省、废弃物最少、节约资源和能源、易于回收再利用和再循环、废弃物燃烧产生新能源而不产生二次污染、包装材料最少且自行分解、不污染环境等优点。绿色包装将成为今后包装业发展的主流。

7. 包装方法最优化

从物流总体角度，用科学的方法确定最优包装，如装卸定包装、保管定包装、输送定包装。

8. 注意与其他环节的配合

包装是组成物流系统的一部分，需要和运输、仓储等环节一起综合考虑，全面协调。

任务二　包装技术认知

任务导入

包装新技术

有人以爆米花为灵感发明了一种能在运输中保护易碎品的新型包装材料。一粒玉米被制成爆米花后，其体积会膨胀25~30倍。

任务分析：包装材料的创新和新的包装技术的应用，不仅可以降低包装成本，还可以实现包装材料的绿色环保和可持续发展，降低回收的难度。

任务要求：

掌握包装技术

一、防震包装

防震包装又称缓冲包装，是指保护商品免受外界冲击和震动的包装。防震包装主要有以下三种。

（一）全面防震包装

全面防震包装是指内装物和外包装之间全部用防震材料填满。

（二）部分防震包装

对于整体性好的商品和有内装容器的商品，仅在商品或内包装的拐角或局部区使用防震材料进行衬垫即可。所用包装材料主要有泡沫塑料防震垫、充气型塑料薄膜防震垫和橡胶弹簧等。

（三）悬浮式防震包装

对于某些贵重易损的商品，为了有效地保证其在流通过程中不被损坏，会使用比较坚固的外包装容器，然后用绳、带、弹簧等将被装物悬吊在包装容器内。在物流中，无论是什么操作环节，内装物都被稳定悬吊而不与包装容器发生碰撞，从而减少损坏。

二、防破损保护技术

防震包装有较强的防破损能力，因而是防破损保护技术中有效的一类。此外，还可以采取以下三种防破损保护技术。

（一）捆扎及裹紧技术

捆扎及裹紧技术可以使杂货、散货形成一个牢固整体，既可防止散堆带来破损，又便于处理。

（二）集装技术

利用集装，减少与货体的接触，从而防止破损。

（三）高强度保护材料

通过使用高强度的外包装材料来防止内装物受外力作用而破损。

三、防锈包装

防锈包装是指为了降低因金属锈蚀带来的损失，对金属制品采用适宜的防锈材料和包装方法，以防止其在贮运过程中发生锈蚀而进行的技术处理。

防锈包装的常规操作步骤为：清洗、干燥、防锈处理、包装，主要有防锈油防锈蚀包装、气相防锈包装等。

（一）防锈油防锈蚀包装

用防锈油封装金属制品，要求油层有一定厚度，油层的连续性好，涂层完整，不同类型的防锈油要采用不同的方法进行涂敷。

（二）气相防锈包装

用气相缓蚀剂（挥发性缓蚀剂）在密封包装容器中对金属制品进行防锈处理。

四、防霉腐包装

防霉腐包装是指在流通与储存过程中，为防止内装物受霉菌影响而采取的具有一定防护措施的包装，主要有冷冻包装、高温杀菌和真空包装。

（一）冷冻包装

冷冻包装的原理是减慢细菌活动和化学变化的过程，以延长储存期，但不能完全消除食品的变质。

（二）高温杀菌

高温杀菌可消灭引起食品腐烂的微生物。在包装过程中经高杀菌后，应防止水汽浸入导致霉腐，可选择防水汽和气密性好的包装材料。

（三）真空包装

真空包装也称减压包装，是将包装容器内的空气全部抽出密封，维持袋内高度减压状态，由于空气稀少而达到低氧效果，使微生物没有生存条件，实现物品新鲜、无霉腐发生的目的。

想一想：在日常生活中，真空包装有哪些？

此外，为防止运输包装内货物发霉，还可使用防霉剂。

五、防虫包装

防虫包装中常用的是驱虫剂，即在包装中放入有一定毒性和臭味的药物，利用药物在包装中挥发气体杀灭和驱除各种害虫。常用驱虫剂有对二氯苯、樟脑精等，也可采用真空包装、充气包装、脱氧包装等技术，使害虫无生存环境，从而防止虫害。

六、防潮包装

防潮包装是指采用不通湿气的包装材料，将湿气完全阻隔在包装外的操作方法。大气中的湿气及其变化是引起物品变质的重要原因。一些易吸潮的物品，如医药、农药、食盐等会潮解变质；一些食品、纤维制品、皮革等受潮会发霉；还有一些金属及其制品受潮易生锈。

七、危险品包装

危险品有上千种。有些物品同时具有两种及以上危险性能。

有毒物品的包装上要明显地标明有毒的标志，防毒的主要措施是包装严密不漏、不透气，如用塑料袋或沥青纸袋包装的，外面应再用麻袋或布袋包装，使其与外界隔绝。

对腐蚀性物品，要注意物品和包装容器的材质发生的化学变化。金属类的包装容器，要在容器壁涂上涂料，防止腐蚀性物品对容器的腐蚀。

对黄磷等易自燃物品，宜将其装入壁厚不少于 1mm 的铁桶中，桶内壁涂耐酸保护层，桶内盛水，并使水面浸没物品，桶口严密封闭。遇水容易引起燃烧的物品应用坚固的铁桶包装，桶内充入氮气，如果桶内不充氮气，则应装置放气活塞。

对于易燃、易爆物品，如有强烈氧化性的、遇有微量不纯物或受热即急剧分解引起爆炸的物品，有效的防爆炸包装方法是将物品放入塑料桶，然后将塑料桶装入铁桶或木箱中，并应安装自动放气的安全阀，当桶内达到一定气体压力时，能自动放气。

八、特种包装

特种包装主要有充气包装、真空包装、收缩包装、拉伸包装和脱氧包装五种，如

图 6－15 所示。

充气包装　真空包装　收缩包装　拉伸包装　脱氧包装

图 6－15　特种包装技术

（一）充气包装

充气包装是采用二氧化碳气体或氮气等不活泼气体置换包装容器中空气的一种包装技术方法，因此也称为气体置换包装。

（二）真空包装

真空包装是将物品装入气密性容器后，在容器封口之前抽真空，使密封后的容器内基本没有空气的一种包装方法。

（三）收缩包装

收缩包装就是用收缩薄膜裹包物品（或内包装件），然后对薄膜适当加热处理，使薄膜收缩而紧贴于物品（或内包装件）的包装技术方法。

（四）拉伸包装

拉伸包装是依靠机械装置在常温下将弹性薄膜围绕被包装件，并拉伸、紧裹，然后在其末端进行封合的一种包装方法。

（五）脱氧包装

脱氧包装是继真空包装和充气包装之后出现的一种新型除氧包装方法，即在密封的包装容器中使用能与氧气起化学作用的脱氧剂，从而除去包装容器中的氧气，以达到保护内包装件的目的。

项目小结

包装是指为在流通过程中保护产品、方便储运、促进销售，按一定技术方法而采用的容器、材料及辅助物等的总体名称。

任务一主要包括包装的概念，包装的功能，包装的类型，包装标识，包装材料，包装设备，包装合理化等内容。

任务二主要包括防震包装，防破损保护技术，防锈包装，防霉腐包装，防虫包装，防潮包装，危险品包装，特种包装等内容。

项目实训

物品包装

实训目的

1. 通过了解本地企业物品包装状况及流程，形成对包装的认知。
2. 通过实训，熟悉包装技术。

实训资料

在本地调研相关企业，了解相关企业的包装状况；重点了解相关企业包装的工艺、流程、包装技术；练习手动打包和机械打包。

实训要求

1. 分组进行，选举一人为组长。
2. 落实外出调研的交通工具。
3. 强调外出调研的任务与纪律。
4. 重视手动打包和机械打包的安全。
5. 小组讨论。
6. 总结并撰写调研报告，全班共享。

实训指导

1. 指导学生遵守所调研企业的管理制度。
2. 指导学生学会沟通。
3. 指导学生收集企业包装的工艺、流程、包装技术。
4. 指导学生安全进行手动打包和机械打包。
5. 指导学生按正确的格式撰写调研报告。

实训评价

实训评价标准如表6－1所示。

表6－1　实训评价标准

姓名＿＿＿＿＿＿　　学号＿＿＿＿＿＿

序号	评价标准	分值	得分
1	考勤、纪律	10	
2	调研态度	10	
3	沟通协调	15	
4	职业素养	15	
5	调研报告	50	

项目七
装卸搬运管理

学习目标

※ 知识目标

- 了解装卸搬运的概念、特点、作用
- 理解装卸搬运的类型、设备
- 掌握装卸搬运的原则、合理化

※ 能力目标

- 形成对装卸搬运的认知
- 能够熟练操作简单的装卸搬运设备
- 能够正确组织装卸搬运作业

※ 素质目标

- 培养职业素养、爱岗敬业的精神
- 增强与人交流、合作的能力
- 提升综合分析能力
- 加强安全教育

思维导读

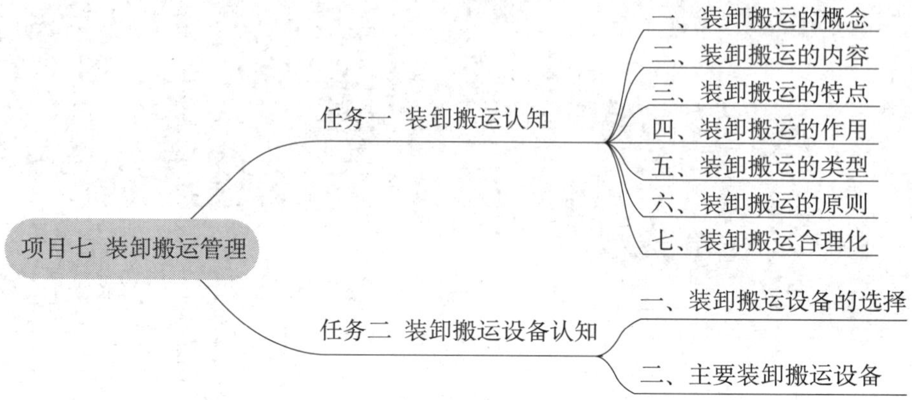

案例导入

装卸搬运的重要性

在物流过程中，因为装卸活动是不断出现和反复进行的，所以它出现的频率在物流活动中是最高的；因为每次要花费一定时间，所以装卸活动往往是决定物流速度的关键；因为装卸活动所消耗的人力很多，所以装卸费用在物流成本中所占的比重也较高。此外，因为装卸搬运时往往需要接触货物，所以装卸搬运是在物流过程中发生货损货差、散失、混合等情况的主要环节。

任务一　装卸搬运认知

任务导入

装卸搬运合理化

丁医药有限公司是一个以市场为核心、现代医药科技为先导、金融支持为框架的新型公司，是经营药品品种较多、较全的医药专业公司。

虽然丁公司已形成规模化的产品生产和网络化的市场销售局面，但其在流通过程中的物流管理严重滞后，造成物流成本居高不下，不能形成价格优势。这严重阻碍了物流服务的开拓与发展，成为公司业务发展的“瓶颈”。

装卸搬运活动是衔接物流各环节活动正常进行的关键，而丁公司恰好忽视了这一点。由于搬运设备的现代化程度低，只有几个小型货架和手推车，因此大多数作业仍处于以人工作业为主的原始状态，工作效率低，且易损坏物品；仓库设计不合理，造成长距离的搬运；并且库内作业流程混乱，形成重复搬运；无效搬运情况显著，搬运次数过多，既容易损坏物品，也浪费了时间。

任务分析：装卸搬运合理与否直接影响企业的经济效益，也是影响物流活动的关键。装卸搬运应减少操作次数，提高装卸搬运活性指数，实现省力装卸。

任务要求：

1. 了解装卸搬运的概念、作用、特点
2. 理解装卸搬运的类型
3. 掌握装卸搬运的原则、合理化

一、装卸搬运的概念

国家标准《物流术语》（GB/T 18354—2021）将装卸（loading and unloading）定义为：在运输工具间或运输工具与存放场地（仓库）间，以人力或机械方式对物品进行载上载入或卸下卸出的作业过程。

国家标准《物流术语》（GB/T 18354—2021）将搬运（handling）定义为：在同一场所内，以人力或机械方式对物品进行空间移动的作业过程。

装卸搬运是指在同一场所内进行的，以改变物品的存放状态和空间位置为主要内容的物流活动。

想一想：装卸与搬运相同吗？

二、装卸搬运的内容

装卸搬运作业活动内容如表 7－1 所示。

表 7－1 装卸搬运作业活动内容

作业活动	详细内容
装卸	将货物装上运输工具或从运输工具上卸下
移动	改变货物放置的空间位置
分类	将货物按其品种、发货方向、客户需求等分别处置
堆码	对货物进行码放、堆垛等相关作业
理货	备好货物，准备下一步骤（对货物进行整理等相关作业的活动）
取出	从保管场所中取走

三、装卸搬运的特点

（一）附属性

装卸搬运是附属性、伴生性的活动，是在物流每一项活动开始及结束时必然发生的活动，因而被看作物流活动不可缺少的组成部分。

（二）复杂性

装卸搬运是一种多工种、多环节联合作业的活动。物流装卸搬运的目的是满足物流需求。

（三）不均衡性

在生产领域，由于生产活动有连续性和比例性，力求均衡，因此企业内的装卸搬运相对也比较均衡。在流通领域，受到产需衔接、市场机制的制约，装卸搬运就会出现波动。

（四）衔接性

装卸搬运是衔接性的活动。由于任何其他物流活动相互过渡时，都是以装卸搬运来衔接的。因此，装卸搬运往往成为整个物流活动的瓶颈，是物流各功能之间能否形成有机联系和紧密衔接的关键。

四、装卸搬运的作用

（一）装卸搬运在物流活动转换中起衔接和支持作用

装卸搬运具有很强的附属性，是伴随着生产过程和流通过程各环节发生的一种必要的物流活动。与运输产生的空间价值、仓储产生的时间价值不同，装卸搬运本身不具有明确的价值，但这并不说明它在物流过程中不占有重要地位。相反，物流过程中的所有作业环节都必须依靠装卸搬运活动联结。因此，装卸搬运在物流活动转换中起着重要的衔接和支持作用。没有装卸搬运，物流活动就无法进行。

（二）装卸搬运是提高物流系统效率的关键

在物流过程中，装卸活动是不断出现和反复进行的，它出现的频率高于其他各项物流活动，每次装卸活动都要花费很长时间。另外，装卸搬运作业的内容复杂、作业对象繁多，大至笨重的机械设备，小至精密的仪器，既会涉及普通物品，也会涉及特殊物品，涵盖了固态、液态、气态等所有物品形式。因此，提高装卸搬运环节的作业效率已经成为提高物流系统效率的关键。

（三）合理进行装卸搬运能明显降低物流总成本

装卸搬运在物流过程中出现的频率高、次数多，不仅需要使用机械设备，而且需要使用大量的人力，它所消耗的费用在物流费用中占有相当大的比重。

五、装卸搬运的类型

（一）按装卸搬运的机械作业方式分类

按装卸搬运的机械作业方式分类，可分为使用吊车的“吊上吊下”方式，使用叉车的“叉上叉下”方式，使用半挂车或叉车的“滚上滚下”方式、“移上移下”方式及散装散卸方式等。

1. “吊上吊下”方式

“吊上吊下”方式是采用各种起重机械从货物上部起吊，依靠起吊装置的垂直移动实现装卸，并在吊车运行的范围内或回转的范围内实现搬运，或依靠搬运车辆实现小搬运。由于吊起及放下属于垂直运动，因此这种装卸方式属垂直装卸。

2. “叉上叉下”方式

“叉上叉下”方式是采用叉车从货物底部托起货物，并依靠叉车的运动进行货物位移，搬运完全靠叉车本身，货物可不中途落地而直接放置到目的地。由于这种方式垂直运动不大，主要是水平运动，因此属水平装卸。

3. “滚上滚下”方式

“滚上滚下”方式主要是港口装卸的一种水平装卸方式。利用叉车、半挂车或汽车承载货物，连同车辆一起开上船，到达目的地后再从船上开下，称为“滚上滚下”方式。“滚上滚下”方式需要有专门的船舶，对码头也有不同要求，这种专门的船舶称为“滚装船”。

4. “移上移下”方式

“移上移下”方式是在两车之间（如火车及汽车）进行靠接，然后利用各种方式，不使货物垂直运动，而靠水平运动从一辆车上推移到另一辆车上，称为“移上移下”方式。由于“移上移下”方式需要使两辆车水平靠接，因此要改变站台或车辆货台，并配合移动工具实现装卸。

5. 散装散卸方式

散装散卸方式是对散装物进行装卸，一般从装点直接到卸点，中间不再落地，这是集装卸与搬运于一体的装卸方式。

（二）按装卸搬运的作业特点分类

按装卸搬运的作业特点分类，可分为连续装卸与间歇装卸两类。

1. 连续装卸

连续装卸主要是同种大批量散装货物或小件杂货通过连续输送机械，连续不断地进行作业，中间无停顿，货间无间隔。在装卸量较大、装卸对象固定、货物对象不易形成大包装的情况下适合采用这一方式。

2. 间歇装卸

间歇装卸有较强的机动性，装卸地点可在较大范围内变动，主要适用于货流不固定的各种货物，尤其适用于包装货物、大件货物，散粒货物也可采用此种方式。

（三）按装卸搬运对象分类

按装卸搬运对象分类，可分为散装货物装卸、单件货物装卸、集装货物装卸等。

1. 散装货物装卸

散装货物装卸是指对粉末状物品及大批量不适宜包装的散货进行的装卸搬运活动，如煤炭、矿石等。

2. 单件货物装卸

单件货物装卸是指对箱、包、篓、袋等包装形态的件杂货进行单件、逐件的装卸搬运活动。

3. 集装货物装卸

集装货物装卸是指先将物品集装，再对集装后的物品进行装卸搬运的活动。

（四）按被装物的运动形式分类

按被装物的运动形式分类，可分为垂直装卸、水平装卸两种。

1. 垂直装卸

垂直装卸是指采用起重机、叉车、提升机等装卸设备对物品进行提升或降落的装卸活动。

2. 水平装卸

水平装卸是指借用能和汽车水平高度接近的适高站台、汽车与货车之间的平移工具等，在不改变被装物品的前提下，实现物品的平移。

六、装卸搬运的原则

（一）省力化原则

能往下则不往上，能直行则不拐弯，能用机械则不用人力，能水平则不要上坡，能连续则不间断，能集装则不分散。

想一想：如何做到省力？

（二）重力原则

在装卸搬运时应尽可能选择既可以消除物品重力的不利影响，又能利用重力进行装卸搬运的设备，以减轻劳动力和其他能量的消耗。

（三）适应性原则

装卸搬运设备的选择必须根据装卸搬运物品的形态来决定。

（四）顺畅的原则

尽量做到装卸搬运不停顿、不间断。

（五）系统效率最大化原则

在货物的流通过程中，应力求提高包装、装卸、运输、保管等各物流要素的效率。由于各物流要素间存在效益背反的关系，如果分别独自进行，则物流系统总体效率不一定能够提高，因此，要从物流全局的角度来研究问题。

七、装卸搬运合理化

（一）防止和消除无效作业

所谓无效作业，是指在装卸搬运作业中超出必要装卸、搬运量的作业。显然，防止和消除无效作业对装卸作业的经济效益有重要作用。为了有效地防止和消除无效作业，可从以下几个方面入手。

1. 尽量减少装卸次数

要使装卸次数降低到最少，就要避免没有物流效果的装卸作业。

2. 提高被装卸物品的纯度

物品的纯度是指物品中含有如水分、杂质等与使用无关的物质的多少。物品的纯度越高则装卸作业的有效程度越高；反之，则无效作业就越多。

3. 包装要适宜

包装是物流中不可缺少的。包装的轻型化、简单化、实用化会不同程度地减少作用于包装上的无效劳动。

4. 缩短搬运作业的距离

物品在装卸、搬运作业中，要实现水平和垂直两个方向的位移，就要选择最短的路线，这样就可避免这一最短路线以上的无效劳动。

（二）提高装卸搬运的灵活性

装卸搬运的灵活性是指对装卸搬运作业中的物品进行装卸搬运作业的难易程度。在堆放物品时，事先要考虑到装卸作业的方便性。

根据物品所处的状态，即物品装卸搬运的难易程度，可将装卸搬运的灵活性分为不同的级别。

0 级——物品杂乱地堆在地面上的状态。

1 级——物品装箱或经捆扎后的状态。

2 级——箱子或被捆扎后的物品，下面放上枕木或其他衬垫后，便于叉车或其他机械作业的状态。

3 级——物品被放于台车上或用起重机吊钩钩住，即刻移动的状态。

4 级——待装卸搬运的物品，已经被启动、直接作业的状态。

从理论上讲，灵活性级别越高越好，但实际运用中必须考虑到实施的可能性。

（三）省力化

装卸搬运作业中应尽可能巧妙利用货物本身的重量和落差，设法利用重力移动物品，如使物品在倾斜的辊道输送机上，或在滑槽、滑板上，在重力作用下移动；减少从下往上的装卸搬运，以减轻负重；不能利用重量或落差时，也应尽量水平装卸搬运。在不得不采用人工作业时，也要注意重力的影响和作用。应减少人体的上下运动，避免反复从地面搬起重物，避免以人力抬运或搬送过重物品。

（四）合理利用机械

装卸搬运机械大多在出现以下情况时使用：物品超重；搬运量大、耗费人力多，人力难以操作；粉状或液体物料的搬运；速度太快或距离太长，人力不能胜任；装卸搬运作业高度差大，人力无法操作。随着科学技术的发展，即使在人力可以操作的场合，为了提高生产率、安全性、服务性和作业的适应性等，也应将人力操作转为机械操作，以提高劳动效率。

（五）人性化

在需要人工装卸搬运的环境中，因为装卸搬运是重体力劳动，所以如果不考虑人的因素或不够尊重人，一旦超过人的承受限度，就容易发生野蛮装卸和乱扔乱摔的现象。装卸搬运的物品在包装与捆扎时既要考虑人的正常能力和抓、拿物品的方便性，也要注重安全性和防污染性等。在装卸搬运过程中确保作业安全和作业人员的人身安全是非常重要的。物流企业要有严格的机械设备的检修制度，作业环境应做到留有安全作业空间、作业通道畅通、作业场所无障碍、地面防滑等。

（六）集装单元化

为有利于机械搬运、运输、保管，提高作业效率，易于实现标准化，建议大力推行使用托盘和集装箱，推行将一定数量的物品汇集起来，成为一个大件物品。装卸不触及物品，会对物品有保护作用。但这种装卸搬运方式并不是对所有物品都适用。

想一想：除了以上措施，还有其他措施可以使装卸搬运合理化吗？

课堂延伸：推广组合化装卸搬运方式

任务二　装卸搬运设备认知

任务导入

装卸搬运设备

装卸搬运设备是物流系统中使用数量最多、频度最大的机械设备之一。据不完全统计，目前世界上已经有几百种不同结构形式和不同用途的装卸搬运设备。不同的企业所使用的装卸搬运设备不尽相同，如配送中心主要使用电动叉车、地牛、传输设备

（带式、滚筒式）等，其主要目的是提高效率、降低成本。

任务分析： 大量使用装卸搬运设备可以降低人们的劳动强度、提高效率、降低成本、提高经济效益。

任务要求：

了解各种装卸搬运设备

一、装卸搬运设备的选择

（一）装卸搬运设备的选择原则

装卸搬运设备的选择，应符合经济合理、提高效率、降低费用的总要求，具体来说，应该遵循以下几项原则：

（1）应根据不同类物品的装卸搬运特征和要求，合理选择具有相应技术特征的装卸搬运设备。

（2）应根据物流输送过程和储存作业的特点，合理选择装卸搬运设备。货物在输送过程中，不同的运输方式具有不同的作业特点。

（3）根据运输和储存的具体条件和作业的需要，在正确估计和评价装卸搬运设备的使用效益的基础上，合理选择装卸搬运设备。

（二）装卸搬运设备的合理选择

根据装卸搬运设备选择的基本原则，在考虑物品的重量、移动的距离等条件下，装卸搬运设备的合理选择如表7－2所示。

表7－2　装卸搬运设备的合理选择

作业	物的运动	物品的重量/千克	移动的距离/米	装卸搬运设备											
				手车	手推车	搬运车	电动搬运车	手推平板车	电动平板车	电动步行操纵车	叉车	侧面升降叉车	电动小型主动装卸车	动力牵引车	运货汽车
搬运、移动	水平（间歇）	50～100	5～15	√	√										
			15～50	√	√	√									
		100～250	5～50		√	√									
			50～200		√	√	√	√							
		250～500	5～15		√	√		√		√			√		
			50～200		√	√	√	√	√	√	√		√		
			＞200				√			√	√				
		500～1 500	5～15			√	√	√	√	√	√	√	√		
			50～200				√		√		√	√		√	
			＞200											√	√
		1 500～3 000	15～200				√				√	√		√	
			＞200											√	√

说明：表中“√”表示被选的装卸搬运设备

二、主要装卸搬运设备

（一）搬运设备

常用的搬运设备有叉车和搬运小车。叉车是装卸搬运设备中应用得较为广泛的一种。此处主要介绍叉车。

国家标准《物流术语》（GB/T 18354—2021）将叉车（fork lift truck）定义为：具有各种叉具及属具，能够对物品进行升降和移动以及装卸作业的搬运车辆。

叉车的类型有很多，如表 7－3 所示。

表 7－3　叉车的类型

序号	分类标准	具体类型
1	耗能方式	燃料叉车、电力叉车、手动叉车
2	特种行业	防爆叉车、多向走叉车、越野叉车、军用工业车辆、车载式叉车、无人驾驶工业车辆
3	工业车辆	电动托盘搬运车、前移式叉车、低位拣选叉车、高位拣选叉车、电动拖头、集装箱叉车、伸缩臂叉车
4	行走方式	电动托盘堆垛车、电瓶叉车、侧面叉车、固定平台搬运车、集装箱正面吊、三向堆垛叉车

常用的叉车包括平衡重式叉车、前移式叉车、插腿式叉车、托盘叉车等，如图 7－1 至图 7－4 所示。其中，平衡重式叉车是使用最广泛、用量最大的叉车之一。

图 7－1　平衡重式叉车

图 7－2　前移式叉车

图 7－3　插腿式叉车

图 7－4　托盘叉车

除了叉车，还会使用手推车，常见的手推车有二轮杠杆式手推车、手推台车、登高车等。除此之外，还有自动导引车。

想一想：哪一种叉车使用最广泛、用量最大？

（二）起重设备

起重设备是一种以间歇作业方式对物品进行起升、下降和水平移动的搬运机械，主要用于起重、运输、装卸、机器安装等作业。起重设备主要有小型起重机（如滑车、手动或电动葫芦等）、桥式类型起重机（有架式起重机、桥式起重机等）、门式起重机和装卸桥、臂架类型（旋转式）起重机（有门座起重机、塔式起重机、汽车起重机、轮胎起重机等）、堆垛起重机等，如图 7－5 所示。

汽车起重机　　堆垛起重机

图 7－5　起重设备

（三）输送设备

输送机是按照规定路线连续地或间歇地运送散状物品或成件物品的搬运机械。

根据输送机的结构，输送机可以分为带式输送机、辊筒输送机、链式输送机、悬挂输送机等，如图 7－6 至图 7－9 所示。带式输送机是应用最为广泛、最为典型的输送机之一。

图 7－6　带式输送机

图 7－7　辊筒输送机

图 7－8　链式输送机

图 7－9　悬挂输送机

想一想：在实际运行中，带式输送机与辊筒输送机二者结合使用的情况多吗？为什么？

（四）散装装卸设备

散装装卸设备是指具有装卸和运输两种功能的机械，以装卸散装物资为主，如装卸机、卸载机、翻车机等，如图7－10所示。

图7－10　履带装卸机

课堂延伸：AGV智能搬运机器人

项目小结

装卸搬运是指在同一场所内进行的，以改变物品的存放状态和空间位置为主要内容的物流活动。

任务一主要包括装卸搬运的概念，装卸搬运的内容，装卸搬运的特点，装卸搬运的作用，装卸搬运的类型，装卸搬运的原则，装卸搬运合理化等内容。

任务二主要包括装卸搬运设备的选择，主要装卸搬运设备等内容。

项目实训

叉车操作

实训目的

1. 掌握手动托盘搬运车的使用方法。
2. 掌握电动叉车的使用方法。
3. 能够使用手动托盘搬运车和电动叉车完成货物的装卸搬运。

实训资料

托盘、纸箱若干，手动液压托盘搬运车、电动叉车，托盘货架一套。

实训要求

1. 选择托盘和不同规格的纸箱，利用不同的方式进行堆码。

2. 将完成堆码的托盘置于手动液压托盘搬运车之上，然后拉动手动液压托盘搬运车在室内移动。教师可以指定搬运路线或者在搬运途中设置障碍物，学生要合理、快速避开障碍物，进行手动液压托盘搬运车的前进、拐弯、升降等练习。

3. 把手动液压托盘搬运车上的托盘搬运至仓储场地，使用电动叉车完成上架及移库操作。

4. 总结并撰写实训报告，全班共享。

实训指导

1. 教师讲解并演示手动液压托盘搬运车和电动叉车的操作要点。
2. 要求学生严格遵守操作规程。
3. 要求学生注意安全。
4. 指导学生按正确的格式撰写实训报告。

实训评价

实训评价标准如表 7－4 所示。

表 7－4　实训评价标准

姓名＿＿＿＿＿＿　　　　学号＿＿＿＿＿＿

序号	评价标准	分值	得分
1	考勤、纪律	10	
2	操作规程	20	
3	完成程度	40	
4	职业素养	10	
5	实训报告	20	

项目八
流通加工管理

学习目标

※ 知识目标

- 了解流通加工的概念、设备
- 理解流通加工的作用、类型
- 掌握流通加工的方式与合理化

※ 能力目标

- 形成对流通加工的认知
- 能够根据产品的特点和客户的需求正确选择流通加工的方式
- 能够正确使用流通加工设备

※ 素质目标

- 提高安全意识
- 培养良好的职业素养、爱岗敬业的精神
- 强化团结合作、创新的能力
- 提升综合分析能力

思维导读

- 项目八 流通加工管理
  - 任务一 流通加工认知
    - 一、流通加工的概念
    - 二、流通加工的作用
    - 三、流通加工的类型
    - 四、流通加工的方式
    - 五、流通加工的合理化
  - 任务二 流通加工设备认知
    - 一、按流通加工形式划分的设备
    - 二、按流通加工对象划分的设备

案例导入

食品的流通加工

食品流通加工的种类很多，我们从超市里的货柜就可以看出，那里摆放的各类洗净的蔬菜、水果、鸡翅、香肠、腊肉、扣肉、丸子、饺子馅等都是流通加工的结果。这些商品的分类、清洗、装袋、贴商标及条码等都是在摆进货柜之前进行的加工作业。这些加工作业都不是在产地进行的，而是在流通加工领域进行的。流通加工是一项低投入、高产出的物流活动，它对离开生产领域的商品进行再加工，以完善商品质量、提高商品的附加价值、降低物流成本、满足消费者的个性化需求。

任务一 流通加工认知

任务导入

钢板的流通加工

汽车、冰箱、冰柜、洗衣机等商品的生产制造企业每天需要大量的钢板。除大型汽车制造企业外，一般规模的生产制造企业如若自己单独剪裁，将难以解决由用料高峰和低谷的差异引起的设备忙闲不均和人员浪费问题；而委托专业钢板剪裁加工企业，则可以解决这个问题。

专业钢板剪裁加工企业能够利用专业剪裁设备，按照客户需要的规格尺寸和形状进行套裁加工，加工精度高、速度快、废料少、成本低。专业钢板剪裁加工企业在国外有很多，大部分由流通企业经营。这种流通加工企业不仅提供剪裁加工服务和配送服务，还出售加工原材料和加工后的成品。中储发展股份有限公司近年与其他企业合作建立了钢材流通加工中心，利用现代剪裁设备从事钢板剪裁和其他钢材的下料加工，即钢板剪裁流通加工。

任务分析：采用集中剪板、集中下料方式，可以避免单独剪板、下料的一些弊病，方便客户，提高材料利用率，提高商品的附加价值。

任务要求：

1. 了解流通加工的概念、设备
2. 理解流通加工的作用、类型
3. 掌握流通加工的方式与合理化

一、流通加工的概念

国家标准《物流术语》（GB/T 18354—2021）将流通加工（distribution processing）定义为：根据顾客的需要，在流通过程中对产品实施的简单加工作业活动的总称。（注：简单加工业活动包括包装、分割、计量、分拣、刷标志、拴标签、组装、组配等。）图 8－1 所示的农产品拣选就属于流通加工。

图 8－1　农产品拣选

课堂延伸：流通加工与一般生产加工的区别

二、流通加工的作用

（一）提高原材料利用率

通过流通加工，可以进行集中下料。例如，将生产商直接运来的简单规格物品，按客户的要求进行下料，如将钢板进行剪板、切裁，将木材加工成各种长度及大小的木板等。集中下料可以优材优用、小材大用、合理套裁，明显地提高原材料的利用率，能够发挥技术优势并体现经济性。

（二）方便客户

用量小或为满足临时需要的客户，不具备进行高效率初级加工的能力。通过流通加工，可以使客户省去用于初级加工的投资、设备、人力，既方便了客户，又降低了成本。目前发展较快的初级加工有：将水泥加工成生混凝土，将原木或板、方材加工成门窗，钢板预处理等。

（三）提高加工效率及设备利用率

在分散加工的情况下，由于受到生产周期和生产节奏的限制，加工设备利用时松时紧，使得加工过程不均衡，加工能力不能得到充分发挥。而流通加工面向全社会，加工数量大，加工范围广，加工任务多。这样可以通过建立集中加工点，采用一些效率高、技术先进、加工量大的专门机具和设备，一方面提高了加工效率和加工质量，另一方面也提高了设备利用率。

（四）充分发挥各种输送方式的优势

流通加工环节将实物的流通分成两个阶段。一般来说，从生产商到流通加工点这段输送距离长，而从流通加工点到消费环节这段距离短。第一阶段是在数量有限的生产商与流通加工点之间进行定点、直达、大批量的远距离输送，可以采用船舶、火车等可以大量输送的方式。第二阶段是利用汽车和其他小型车辆来输送经过流通加工后多规格、小批量、多客户的商品。这样可以充分发挥各种输送手段的优势，加快输送速度，节省运力和运费。

（五）改变功能，提高收益

在物流领域中，流通加工可以成为创造高附加值的活动。这种高附加值的形成主要着眼于以满足客户的需要来提高服务功能，是贯彻物流战略思想的表现，是一种低投入、高产出的加工形式。例如：许多制成品（如洋娃娃玩具、时装、轻工纺织产品、工艺美术品等）在工地进行简单的装饰加工后改变了商品的外观或功能，仅此一项就可使商品售价提高 20% 以上。

课堂延伸：上海联华生鲜食品加工配送中心有限公司

三、流通加工的类型

根据不同的目的，流通加工具有不同的类型。

（一）为适应多样化需要的流通加工

生产部门为了实现高效率、大批量的生产，其商品往往不能完全满足客户的要求。为了满足客户对多样化商品的需要，同时又要保证高效率的大批量生产，可将生产出来的单一化、标准化的商品进行多样化的改制加工。例如：对钢材卷板的舒展、剪切加工；对平板玻璃按需要的规格开片加工；将木材改制成枕木、板材、方材等。

（二）为方便消费、省力的流通加工

根据下游生产的需要，将物品加工生产成直接可用的状态。例如：根据需要，将钢材定尺、定型，按要求下料；将木材制成可直接投入使用的各种型材；将水泥制成混凝土拌合料，使用时只需稍加搅拌。

（三）为保护商品所进行的流通加工

在物流过程中，为了保护商品的使用价值，延长商品在生产和使用期间的寿命，防止商品在运输、仓储、配送、装卸搬运、包装等过程中遭受损失，可以采取稳固、改装、保鲜、冷冻、涂油等方式。例如：水产品、肉类、蛋类的保鲜、保质的冷冻加工和防腐加工；丝、麻、棉织品的防虫、防霉加工；为防止金属材料的锈蚀而进行的喷漆、涂防锈油措施；运用手工、机械或化学方法除锈；木材的防腐朽、防干裂加工；煤炭的防高温自燃加工；水泥的防潮、防湿加工等。

（四）为弥补生产领域加工不足的流通加工

由于受到各种因素的限制，许多商品在生产领域的加工只能到一定程度，而不能实现完全加工。例如：木材如果在产地完成成材加工或制成木制品的话，就会给运输带来极大的困难，所以，在生产领域只能加工到圆木、板材、方材这个程度，进一步的下料、切裁、处理等加工则在流通加工领域完成；钢铁厂只能按规格大规模生产，以使产品有较强的通用性，从而使生产能有较高的效率，取得较好的效益。

（五）为促进销售的流通加工

流通加工也可以起到促进销售的作用。例如：将大包装或散装物分装成适合依次销售的小包装的分装加工；将以保护商品为主的运输包装改换成以促进销售为主的销售包装，以起到吸引消费者、促进销售的作用；将蔬菜、肉类洗净切块以满足消费者要求等。

（六）为提高加工效率的流通加工

许多生产企业的初级加工数量有限，加工效率不高。而流通加工以集中加工的形式，解决了单个企业加工效率不高的弊病。它以一家流通加工企业的集中加工代替了若干家生产企业的初级加工，促使生产水平有一定的提高。

（七）为提高物流效率的流通加工

有些商品本身的形态导致难以对其进行物流操作，而且由于商品在运输、装卸搬运

过程中极易受损，因此需要进行适当的流通加工加以弥补，从而使物流各环节易于操作，提高物流效率，降低物流损失。例如：造纸用的木材磨成木屑的流通加工，可以极大提高运输工具的装载效率；自行车在消费地区的装配加工可以提高运输效率，降低损失；石油气的液化加工，使很难输送的气态物转变为容易输送的液态物，也可以提高物流效率。

（八）为衔接不同运输方式的流通加工

在干线运输和支线运输的节点设置流通加工环节，可以有效解决大批量、低成本、长距离的干线运输与多品种、少批量、多批次的末端运输和集货运输之间的衔接问题。

（九）生产流通一体化的流通加工

依靠生产企业和流通企业的联合，或者生产企业涉足流通，或者流通企业涉足生产，形成的对生产与流通加工进行合理分工、合理规划、合理组织，统筹进行生产与流通加工的安排，这就是生产流通一体化的流通加工形式。这种形式可以促成商品结构及产业结构的调整，充分发挥企业集团的经济、技术优势，是目前流通加工领域的新形式。

（十）为实施配送进行的流通加工

这种流通加工形式是配送中心为了实现配送活动、满足客户的需要而对商品进行的加工。例如：混凝土搅拌车可以根据客户的要求，把沙子、水泥、石子、水等各种不同材料按比例要求装入可旋转的罐中。在配送路途中，搅拌车边行驶边搅拌，到达施工现场后，混凝土已经均匀搅拌好，可以直接投入使用。

想一想： 你能举例说明不同流通加工类型的应用情形吗？

四、流通加工的方式

（一）剪板加工

剪板加工是指通过在固定地点设置剪板机进行下料加工，或设置各种切割设备将大规格钢板切小或切成毛坯的流通加工。

（二）集中开木下料

集中开木下料是指在流通加工点，将原木锯截成各种木材，同时将碎木/碎屑集中加工成各种规格板材，还可以进行打眼、凿孔等初级加工。

（三）配煤加工

配煤加工是指在使用地区设置加工点，将各种煤及一些其他发热物质，按照不同配方进行掺配加工，生产出各种不同发热量的燃料。

（四）冷冻加工

冷冻加工是为了保鲜而进行的流通加工。生鲜物流中，为了使鲜鱼、鲜肉等在流通过程中保鲜，在流通之前要对其进行冷冻加工。

想一想：有哪些物品需要进行冷冻加工？

（五）分选加工

分选加工是为了提高商品附加值而对鲜果和蔬菜进行的流通加工。例如：对鲜果按照规格大小进行分选，择去蔬菜多余的根叶，可以提高商品的市场价值。分选加工主要适用于农副产品规格、质量离散较大的情况，为获得一定规格的产品，采取人工或机械方式进行分选。

想一想：为什么要对水果、蔬菜进行分选加工？

（六）精制加工

精制加工是指在农牧副渔等商品的产地或销售地设置加工点，去除无用部分，进行切分、洗净、分装等加工，进而可以分类销售。这种加工不仅大大方便了客户，而且还可以对加工过程中的淘汰物进行综合利用。例如：鱼类的精制加工所剔除的内脏可以制成某些药物或用作饲料，鱼鳞可以制成高级黏合剂，头尾可以制成鱼粉等；蔬菜的加工剩余物可以制作饲料、肥料等。

（七）分装加工

许多生鲜食品零售起点较低，而为了保证干线物流高效，出厂时包装一般比较大，也有一些是采用集装运输方式运达销售地区。为了便于销售，销售商按零售要求在销售地区对商品进行新的包装，即大包装改小包装、散装改小包装、运输包装改销售包装等，以满足消费者对不同包装规格的需求，从而达到促销的目的。例如：葡萄酒是液体，采用大容器将原液从产地批量地运至消费地，在消费地再进行配制、装瓶、贴商标后出售，这样既可以节约运输费用，又能保障运输安全，使商品以较低的成本卖出较高的价格，附加值大幅度增加。

（八）组装加工

组装加工是指在销售地区，由流通加工点对出厂配件、半成品进行拆箱组装，随即进行销售。组装加工的目的在于完善商品使用价值，并在不做大改变的情况下提高其价值。

（九）定制加工

定制加工是指特别为客户加工制造满足其个性化需求的非标准用品。生产制造商高效率、大批量生产的商品，往往不能满足客户多样化的需求。由流通加工企业为客户“量身定制”，不仅可以满足客户多样化的需求，同时又能保证生产制造商的高效大量生产。

五、流通加工的合理化

（一）流通加工的不合理形式

1. 流通加工地点设置得不合理

流通加工地点设置，即布局状况，是决定整个流通加工环节是否有效的重要因素。一般来说，衔接单品种大批量生产与多样化需求的流通加工，加工地点设置在需求地区，才能发挥大批量的干线运输与多品种末端配送的物流优势。如果将流通加工地设置在生产地，一方面，为了满足客户多样化的需求，会出现多品种、小批量的商品由生产地向需求地长距离运输的问题；另一方面，也会增加近距离运输、保管、装卸等一系列物流活动。所以，在这种情况下，不如由原生产单位完成这种加工而无须设置专门的流通加工环节。

即使是在生产地或需求地设置流通加工的选择是正确的，也有流通加工在小地域范围内的正确选址问题。如果处理不善，仍然会出现不合理，如交通不便、流通加工与生产企业或客户之间距离较远、加工点周围的社会环境条件不好等。

2. 流通加工方式选择不当

流通加工方式包括流通加工对象、流通加工工艺、流通加工技术、流通加工程度等。合理的流通加工方式实际上是与生产加工的密切配合。分工不合理：把本来应由生产加工完成的作业错误地交给流通加工来完成，或者把本来应由流通加工完成的作业错误地交给生产过程去完成。

流通加工不是对生产加工的代替，而是一种补充和完善。所以，一般来说，如果工艺复杂、技术装备要求较高，或者加工可以由生产过程延续或轻易解决的，都不宜再设置流通加工环节。如果流通加工方式选择不当，就可能会出现生产争利的恶果。

3. 流通加工作用不大，形成多余环节

有的流通加工过于简单，或者对生产和消费的作用都不大，甚至有时由于流通加工的盲目性，同样未能解决品种、规格、包装等问题，相反却增加了作业环节，这也是流通加工不合理的重要表现形式。

4. 流通加工成本过高，效益不好

流通加工的一个重要优势就是它有较大的投入产出比，因而能有效地起到补充、完善的作用。如果流通加工成本过高，则不能达到以较低投入实现更高使用价值的目的，势必会影响它的经济效益。

（二）流通加工合理化的途径

1. 加工和配送结合

加工和配送结合就是将流通加工设置在配送点。一方面，按配送的需要进行加工；另一方面，加工又是配送作业流程中分货、拣货、配货的重要一环，加工后的商品直接投入配货作业，这就无须单独设置一个加工环节，从而使流通加工与中转流通巧妙地结合在一起。同时，由于配送之前有必要的加工，可以使配送服务水平大大提高，这是当前对流通加工做合理选择的重要形式，在煤炭、水泥等商品的流通中已经表现出较大的优势。

2. 加工和配套结合

“配套”是指对配套使用的商品集合成套地供应给客户。当然，配套的主体来自各个生产企业，如方便食品中的方便面，就是由其生产企业生产的。但是，有的配套商品不能由某个生产企业全部完成，如方便食品中的配菜、汤料等。这样，在物流企业进行适当的流通加工，可以有效地促成配套，大大提高流通作为供需桥梁与纽带的能力。

3. 加工和合理运输结合

流通加工能有效衔接干线运输和支线运输，促进两种运输形式的合理化。利用流通加工，在支线运输转干线运输或干线运输转支线运输等这些必须停顿的环节，不进行一般的支转干或干转支，而是按干线或支线运输合理的要求进行适当加工，从而大大提高运输及运输转载水平。

4. 加工和合理商流结合

流通加工也能起到促进销售的作用，从而使商流合理化，这也是流通加工合理化的方向之一。

5. 加工和节约结合

流通加工之所以能够有生命力，是因为有较大的投入产出比。如果流通加工成本过高，则不能实现以较低投入实现较高使用价值的目的。除一些必需的、按政策要求即使亏损也应进行的加工外，其他加工都应看成是不合理的。节约能源、节约设备、节约人力、减少耗费是流通加工合理化应考虑的重要因素，也是目前我国设置流通加工并考虑其合理化的较普遍形式。

6. 流通加工绿色化

绿色流通加工是绿色物流的范畴之一。绿色流通加工的途径主要分为两个方面：一方面变客户分散加工为专业集中加工，以规模作业方式提高资源利用效率，减少环境污染，如餐饮服务业对食品的集中加工能够减少家庭分散烹调所造成的能源消耗和空气污染；另一方面是集中处理消费品加工中产生的边角废料，以减少客户分散加工所造成的废弃物污染，如流通部门对蔬菜的集中加工，一定程度上降低了居民分散丢放垃圾及相应的环境治理压力。

想一想：为什么要进行绿色加工？

任务二　流通加工设备认知

任务导入

果蔬清洗加工设备

果蔬清洗加工设备就是用于各种水果、蔬菜等生鲜食品的清洗、消毒设备，它主要由水槽、高压水泵、喷淋系统、传动机构等组成。此类设备一般可以通过鼓泡、冲浪和喷淋三种方式进行清洗，然后通过毛刷辊进行擦拭，可以有效地清除食品表面的污垢和农药残留物，使食品清洁干净，广泛用于各种水果和蔬菜的清洗加工。

任务分析： 利用相关设备对水果、蔬菜等生鲜食品进行清洗、消毒，可以提高作业效率、有效地清除食品表面的污垢和农药残留物，保障人们的身体健康。

任务要求：

了解流通加工设备

一、按流通加工形式划分的设备

按流通加工形式的不同，可以分为包装机械设备、称重设备、标签印贴或打码设备、切割机械设备等。

（一）包装机械设备

包装加工设备是为了便于销售，在销售地按照所要求的销售规格进行新包装、大包装改小包装、散装改小包装、运输包装改销售包装等加工的设备。常见的包装机械有灌装机械、封口机械、封箱机械、热收缩包装机，如图 8－2 所示。

自动封箱机

热收缩包装机

图 8－2　包装机械设备

（二）称重设备

称重设备广泛用于各行各业，习惯上被称为秤。它是现代传感器技术、电子技术和计算机技术一体化的电子化重量称量装置，可满足“快速、准确、连续、自动”称量要求，同时有效地消除人为误差，更符合法制计量管理和生产过程控制的应用要求。按安装位置不同，称重设备分为桌面秤、台秤、地磅、装载机秤、行车秤、吊秤、轨道秤等。

（三）标签印贴或打码设备

贴标签作业是流通加工作业中较多的一种，以自动化层次而言，可分为手工、半自动和全自动。半自动的贴标机适用于多种少量的作业，而自动化贴标机则适用于少种多量的作业。物流中心自动贴标机分为接触式和非接触式。接触式贴标机是商品与贴标机接触才能贴标签，非接触式则是在商品与贴标机没有接触的状态下，利用空气喷射的力量，把标签贴在商品上。常见的贴标机如图 8－3 所示。

半自动不干胶贴标机　　纸箱贴标机　　条码贴标机

图 8－3　贴标机

（四）切割机械设备

切割机械设备是进行下料加工或将大规格的钢板裁小或裁成毛坯的设备。

二、按流通加工对象划分的设备

根据加工对象的不同，流通加工设备可分为金属加工设备、水泥加工设备、玻璃加工设备、木材加工设备、煤炭加工设备、食品流通加工设备、组装产品的流通加工设备、生产延续的流通加工设备及通用加工设备等。

（一）金属加工设备

某些金属材料的长度、规格不完全适用于客户，若采用单独剪板下料方式，设备闲置时间长、人力消耗大，而采用集中剪板、集中下料方式可以避免单独剪板下料的缺点，提高材料利用率。

在流通中进行加工的金属材料主要有钢铁、钢材、铝材、合金等。金属加工设备是对上述金属进行剪切、折弯、下料、切削加工的机械。它主要分为成型设备和切削加工设备等。其中，成型设备又包括锻压机械、液压机、冲压设备、剪折弯设备、专用设备；切削加工设备包括数控机床（加工中心、铣床、磨床、车床）、电火花成型机、线切割机床、激光成型机、雕刻机、钻床、锯床、剪板机、组台机床等。此外，用于金属流通加工的设备还有金属切削机床、金属焊接设备、机械手、工业机器人等。

（二）水泥加工设备

水泥加工设备主要包括混凝土搅拌机械、混凝土搅拌站、混凝土输送车、混凝土输送泵、车泵等。

混凝土搅拌机械是水泥加工中的常用设备之一，它是制备混凝土，将水泥、骨料、砂和水均匀搅拌的专用机械。

混凝土搅拌机械改变了以粉状水泥供给客户、由客户在建筑工地现制现拌混凝土的方法，而将粉状水泥输送到使用地区的流通加工点（称作集中搅拌混凝土工厂或商品混凝土工厂），在那里搅拌成商品混凝土，然后供给各个工地或小型构件厂使用，这是水泥流通加工的一种重要方式。

（三）玻璃加工设备

在流通中，用于玻璃的加工设备主要是指对玻璃进行切割等加工的专用机械，包括各种各样的切割机。平板玻璃的“集中套裁、开片供应”是重要的流通加工方式，这种方式是在城镇中设立若干个玻璃套裁中心，按客户提供的图纸统一套裁开片，向客户供应成品，客户可以将其直接安装到采光面上。在此基础上也可以逐渐形成从工厂到套裁中心的稳定、高效率、大规模的平板玻璃“干线输送”，以及从套裁中心到客户的小批量、多户头的“二次输送”的现代物资流通模式。

（四）木材加工设备

木材是容重轻的物料，在运输时占有相当大的容积，往往使车船满装但不能满载。同时，装车、捆扎也比较困难，需要利用机械设备对木材进行磨制、压缩和锯裁等加工。这类设备主要有磨制、压缩木片机械和集中开木下料机械两类。

（五）煤炭加工设备

煤炭加工机械是对煤炭进行加工的设备，主要包括除矸加工机械、管道输送煤浆加工机械和配煤加工机械等。

除矸是提高煤炭纯度的加工形式。煤炭中混入矸石可以用除矸加工机械排除矸石，提高煤炭运输效益和经济效益，减少浪费。

煤浆加工主要是便于运输，减少煤炭消耗，提高利用率。管道运输是近代才开始兴起的一种先进技术。这种方法是在流通的起始环节将煤炭磨成细粉，再用水调和成浆状使其具备流动性，可以像其他液体一样进行管道输送。

配煤加工是在使用地区设置集中加工点，将各种煤及其他一些发热物质，按不同配方进行掺配加工，生产出各种不同发热量的燃料。

（六）食品流通加工设备

食品流通加工设备，依据流通加工项目可分为冷冻加工设备、分选加工设备、精制加工设备和分装加工设备。

冷冻加工设备是用于解决一些商品需要低温保质保鲜的设备，主要是解决生鲜食品，如鲜肉、鲜鱼等在流通中的保鲜及搬运装卸问题。

分选加工设备主要用于按照一定规格、质量标准对一些农副产品进行分选加工，如果类、瓜类、谷物、棉毛原料等商品。

精制加工设备主要用于去除食品无用部分后，再进行切分、洗净等加工。

分装加工设备主要用于将运输包装改为销售包装。许多生鲜食品零售起点较小，而为了保证高效运输出厂，包装体积则较大，也有一些是采用集装运输方式运达销售地，为了便于销售，在销售地需要按要求进行新的包装，即大包装改小包装、散装改小包装、运输包装改销售包装等。

（七）组装产品的流通加工设备

很多商品是不易进行包装的，即使采用防护包装，其成本也很高，故对一些组装技术不高的商品，如自行车，其组装可以在流通加工中完成，以降低储运费用。

（八）生产延续的流通加工设备

一些商品因其自身特性，需要较宽阔的仓储场地或设施，而在生产场地建设这些设施是不经济的，所以可将部分生产领域的作业延伸到仓储环节完成。这样做既提高了仓储面积、容积利用率，又节约了生产场地。例如：服装的检验、分类等作业，可以在服装仓库专用悬轨体系中完成，一举多得。

（九）通用加工设备

通用加工设备主要包括：裹包集包设备，如裹包机、装盒机等；外包装配合设备，如钉箱机、打带机；印贴条码标签设备，如网印设备、喷印设备和条形码打印机；拆箱设备，如拆箱机和拆柜工具；称重设备，如称重设备台称、地磅等。

项目小结

流通加工是指根据顾客的需要，在流通过程中对产品实施的简单加工作业活动的总称。

任务一主要包括流通加工的概念，流通加工的作用，流通加工的类型，流通加工的方式，流通加工的合理化等内容。

任务二主要包括按流通加工形式划分的设备，按流通加工对象划分的设备等内容。

项目实训

流通加工

实训目的

1. 通过了解本地企业流通加工状况及流程，提高对流通加工的认知。

2. 通过实训，了解不合理的流通加工形式和流通加工合理化的途径，会简单操作一些流通加工设备。

实训资料

在本地调研相关企业，了解相关企业的流通加工状况；重点了解相关企业流通加工的方式、存在的问题及如何解决。

实训要求

1. 分组进行，选举一人为组长。
2. 落实外出调研的交通工具。
3. 强调外出调研的任务与纪律。
4. 重点了解流通加工的方式及相关设备。
5. 小组讨论。
6. 总结并撰写调研报告，全班共享。

实训指导

1. 指导学生遵守所调研企业的管理制度。
2. 指导学生学会沟通。
3. 指导学生收集流通加工的方式、设备。
4. 指导学生按正确的格式撰写调研报告。

实训评价

实训评价标准如表 8-1 所示。

表 8-1　实训评价标准

姓名__________　　　　学号__________

序号	评价标准	分值	得分
1	考勤、纪律	10	
2	调研态度	10	
3	沟通协调	15	
4	职业素养	15	
5	调研报告	50	

项目九
物流信息技术

学习目标

※ 知识目标

- 了解信息、物流信息的概念，物流信息的类型
- 理解物流信息的特点、作用
- 掌握条码技术、全球定位系统与北斗导航系统
- 掌握射频识别技术、地理信息系统

※ 能力目标

- 具备运用条码技术采集物流信息的能力
- 具备运用 RFID 采集物流信息的能力
- 具备运用物流信息技术综合处理的能力

※ 素质目标

- 增强与人交流、团结合作的能力
- 培养数字应用、信息处理的能力
- 提升自我学习、创新的能力
- 提高保护信息的能力

思维导读

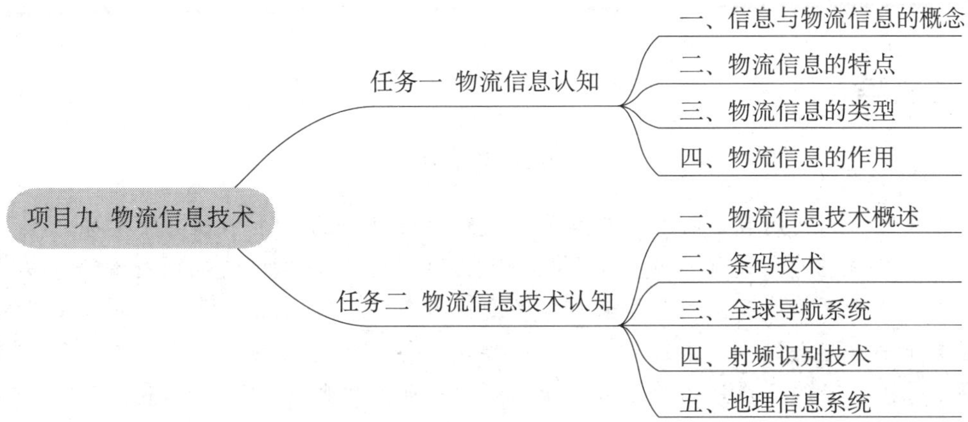

案例导入

京东的包裹跟踪系统

无论是消费者还是电商行业，都迫切希望早日实现订单轨迹的全流程跟踪和展示。在通过详细的产品调研及内部研发后，京东的第三方配送大件订单轨迹功能正式上线，这个显著提升用户体验的应用一经推出，就受到了欢迎。

京东此次大件订单轨迹的实现，是建立在强大的地理信息系统基础上的。依托于强大的地理信息系统，客户可以直观明了地看到订单的实时位置，而不再依赖物流各个站点的上传数据，这让客户的购物更加高效，也使整个配送过程更加公开与透明。

地理信息系统可以提供很多人性化的物流信息显示方案，如配送路线的显示。大件订单的配送路线分为两种：一是经过站点的配送模式，二是不经过站点的直送模式。有站点订单轨迹的配送路线是从仓库、站点到客户地址，直送订单轨迹的配送路线是从仓库到客户地址。不同颜色轨迹代表订单的不同状态。订单在仓库与客户地址之间时，配送路线已经可以提前预测，并用红色虚线表示。在站点配送情况下，配送员已从站点出发，那么仓库到站点这段已经走过的路程将会变为实际路线，用蓝色实线表示。在配送过程中，配送员的位置也是实时显示的，地理信息系统通过京东 App 及 POS 机采集 GPS 位置信息，并上传服务器，上传信息包括操作人员信息及位置信息。在京东 App 订单轨迹界面的站点主页、配送员主页，客户还可以查询相关联系方式、地址，直观地看到配送员头像等。当客户想要安排收货时间以及了解订单实时位置时，都能很方便地查找相关联系方式。

任务一 物流信息认知

任务导入

面单电子化

当我们收到网购包裹时，在包裹外包装箱上会有一张上下两联、带有条形码以及收（发）件人信息的电子面单。电子面单近几年在仓配一体化的电商物流企业获得广泛应用。电子面单的诞生是为了满足电商商家批量交寄快件的需要。面单上的打印信息由电商平台与仓库信息系统对接并自动导入，弥补了过去由人工录入寄递信息效率低下、错误率高的不足。面单上的一维条形码是包裹的唯一编号，它是后续环节采集包裹信息的基础。后续称重、复核环节、机器自动分拣环节、投递环节等都要通过扫描条形码识别包裹信息。今后，随着技术的发展，还可将收（发）件人的详细信息以二维码方式打印在电子面单上，以保护个人信息安全，避免个人信息泄露。

任务分析：条码在现代物流企业和流通企业已经得到广泛的应用。条码是物品信息的载体，利用设备扫描条码标签，可以将物品信息输入计算机中，然后由计算机对物品信息做各种处理。这样的条码我们在超市购物结算时见过，在网购包裹面单上也见过。条码技术是一种非常重要的物流信息技术，是实现物流信息化管理的重要手段。

任务要求：

1. 了解信息、物流信息的概念，物流信息的类型
2. 理解物流信息的特点、作用

一、信息与物流信息的概念

（一）信息

信息是人们在适应外部世界并使这种适应反作用于外部世界的过程中，同外部世界进行互相交换的内容。

信息是指主体对客体的认识和揭示，包括数据、文字、符号、图像等。

信息具有一般特性，如信息的普遍性、客观性、动态性、时效性、传递性、共享性、价值性、增值性等；信息也具有经济特性，如信息的稀缺性、效用性等。

（二）物流信息

国家标准《物流术语》（GB/T 18354—2021）将物流信息（logistics information）定义为：反映物流各种活动内容的知识、资料、图像、数据的总称。

物流信息是在物流活动各个环节中生成的信息，随着从生产到消费的物流活动的开

展而产生信息流，与物流过程中的运输、仓储、配送、装卸搬运、流通加工、包装等各种职能有机结合在一起，是整个物流活动顺利进行所不可缺少的。

二、物流信息的特点

（一）信息量大

物流信息随着物流活动以及商品交易活动的展开而大量产生。多频度小数量的配送方式使库存、运输等物流活动的信息大量增加。零售商应用 POS 系统读取销售时点的商品品种、价格、数量等即时销售信息，并对这些销售信息加工整理，通过计算机网络向相关企业传送。另外，为了使库存补充作业合理化，许多企业采用电子订购系统。随着企业间合作倾向的增强和信息技术的发展，物流信息量在今后将会越来越大。

（二）动态性强

多品种小批量生产、多频度小数量的配送和利用 POS 系统的即时销售使得各种作业活动频繁发生，从而要求物流信息不断更新并且更新的速度越来越快，使得物流信息具有动态性强的特点。

（三）来源多元化

物流信息来源广泛，既来源于物流系统内部，又来源于与物流系统相关的其他系统，如生产、销售、消费等系统。采集物流信息必须同时收集这些方面的信息。

（四）共享性强

共享是物流信息的一个重要特征。在运输、仓储、配送、装卸搬运、流通加工、包装等环节，都需要记录货物名称。货物条码可反复使用，共享性强。

想一想：物流信息能共享吗？为什么？

（五）关联性强

在物流活动逐步推进的过程中，很多物流信息都是相关联的，如装卸信息通常与入库信息相关联等。

三、物流信息的类型

（一）按信息的来源分类

按信息的来源不同，物流信息可分为物流系统内部信息和物流系统外部信息。

1. 物流系统内部信息

物流系统内部信息是指伴随着物流活动发生而产生的信息，包括运输信息、仓储信息、配送信息、装卸搬运信息、流通加工信息、包装信息等。

2. 物流系统外部信息

物流系统外部信息是指在物流活动以外发生的，但提供给物流活动使用的信息，包括商流信息、资金流信息、生产信息、消费信息与国内外政治、经济、文化信息等。

（二）按物流的功能分类

根据物流的功能不同，物流信息分为计划信息、控制及作业信息、统计信息和支持信息等。

1. 计划信息

计划信息是指尚未实现但已当作目标确认的一类信息。

2. 控制及作业信息

控制及作业信息是指在物流活动过程中产生的信息。

3. 统计信息

统计信息是指物流活动结束后，对整个物流活动的一种总结性、归纳性的信息。

4. 支持信息

支持信息是指对物流计划、业务、操作有影响的文化、科技、商品、法律、教育等方面的信息。

（三）按加工程度的不同分类

按加工程度的不同，物流信息可以分为原始信息和加工信息。

1. 原始信息

原始信息是指未加工的信息，是信息工作的基础，也是最有权威性的凭证性信息。

2. 加工信息

加工信息是原始信息经各种方式和各个层次处理后的信息。加工信息是原始信息的提炼、简化和综合，通过各种分析工作在海量数据中发现潜在的、有用的信息和知识。

（四）按作用层次分类

根据作用层次的不同，物流信息可分为基础信息、作业信息、协调控制信息和决策支持信息。

1. 基础信息

基础信息是物流活动的基础，是最初的信息源，如商品基本信息、货位基本信息等。

2. 作业信息

作业信息是物流作业过程中产生的信息，信息的波动性大，具有动态性，如库存信息、到货信息等。

3. 协调控制信息

协调控制信息主要是指物流活动的调度信息和计划信息。

4. 决策支持信息

决策支持信息是指能对物流计划、决策、战略具有影响的统计信息或宏观信息，如科技、商品、法律等方面的信息。

此外，根据信息产生和作用的环节不同，物流信息可分为输入物流活动的信息和物流活动产生的信息；按信息产生的领域不同，物流信息可分为运输信息、仓储信息、配送信息、装卸搬运信息、流通加工信息等。

四、物流信息的作用

（一）支持和引导物流活动

物流系统是一个由多个行业、部门及多个企业群体构成的经济大系统。系统内部正是通过各种指令、计划、文件、数据、报表、凭证、广告、商情等物流信息，建立各种纵向和横向的联系。因此，物流信息是沟通物流活动各环节的桥梁。

（二）引导和协调物流资源

随着商品、货币及物流当事人的行为等物流信息载体进入物流供应链，信息的反馈也随着信息载体进入供应链上下游各个环节，依靠物流信息及其反馈可以引导供应链结构的变动，优化物流布局；协调物资结构，使供需平衡；协调人、财、物等物流资源合理配置，促进物流资源的整合。

（三）管控物流过程

通过移动通信、计算机信息网、电子数据交换（EDI）、全球定位系统（GPS）或北斗卫星导航系统（BDS）等技术实现物流活动的电子化，如货物实时跟踪、车辆实时跟踪、库存自动补货等，用信息化代替传统的手工作业，有效管控物流运行，提高服务质量，降低物流成本。

（四）缩短物流管道，提高服务水平

为了应对需求波动，在物流供应链的不同节点上通常设置库存，包括中间库存和最终库存。这些库存增加了供应链的长度，提高了供应链成本。但是，如果能够实时掌控供应链上不同节点的信息，就可以发现供应链上的过多库存并及时进行缩减，从而缩短物流链，提高物流服务水平。

（五）辅助物流决策分析

物流信息是制定物流决策方案的重要基础和关键依据。物流管理决策过程本身就是对物流信息进行深加工的过程，是对物流活动发展变化的规律性认识过程。物流信息可

以协助物流管理者鉴别、评估、比较物流战略和策略的可选方案，如车辆调度、库存管理、设施选址、资源选择、流程设计，以及有关作业比较和安排的成本-收益分析等，这些决策均是在物流信息的辅助下才能做出的。

（六）支持战略计划

作为决策分析的延伸，物流战略计划涉及物流活动的长期发展方向和经营方针，如企业战略联盟的形成、以利润为基础的客户服务分析，以及能力和机会的开发、提炼等。作为一种更加抽象、松散的决策，物流战略计划是对物流信息进一步提炼和开发的结果。

任务二　物流信息技术认知

任务导入

RFID技术在仓储管理中的应用

某汽车配件库利用RFID手持终端对仓储全流程进行管理，在入库阶段，采用RFID手持终端扫描收货，效率比使用传统收货方法提高33.3%；在入库上架阶段，采用RFID手持终端二次扫描确认上架，使上架错误率降低17.13%；在库存管理阶段，采用RFID手持终端扫描盘点，使库存盘点时间缩短62%，库存盘点准确率提高27.1%，并且由于仓储管理系统支持使用RFID手持终端进行实时库存检查，使管理人员实时检查库存成为可能；在出库阶段，采用RFID手持终端对出库货物进行装载扫描，使运单数据与实际数据符合率大大提高。

任务分析：RFID技术配合仓储管理系统可以实现对仓储全流程的信息化管理，即实现入库货物验收、入库货物上架的货位复核和绑定、在库货物的库存盘点和货物出库装运的复核。利用RFID手持终端能大大提高数据输入的速度和准确性，提高仓储管理质量和效率。

任务要求：

1. 了解物流信息技术的概念
2. 理解物流信息技术的内容
3. 掌握条码技术、全球导航系统、射频识别技术、地理信息系统

一、物流信息技术概述

（一）物流信息技术的概念

国家标准《物流术语》（GB/T 18354—2021）将物流信息技术（logistics information

technology）定义为：以计算机和现代通信技术为主要手段实现对物流各环节中信息的获取、处理、传递和利用等功能的技术总称。

（二）物流信息技术的内容

近年来，作为物流现代化重要依靠的物流信息技术发展迅猛，从数据采集技术、动态跟踪技术、数据传输技术，到数据的存储技术以及互联网、各种终端设备等软件、硬件都在日新月异地发展。

物流信息技术包括计算机技术、网络技术、信息分类编码技术、条码技术、射频识别技术（RFID）、电子数据交换技术、全球定位系统（GPS）、地理信息系统（GIS）、呼叫中心技术与遥感技术（RS）等。

想一想：物流信息技术有哪些？

二、条码技术

（一）条码技术的概念

国家标准《物流术语》（GB/T 18354—2021）将条码（bar code）定义为：由一组规则排列的条、空组成的符号，可供机器识读，用以表示一定的信息，包括一维条码和二维条码。条码如图 9－1所示。

图9－1 条码

想一想：日常生活中有哪些条码？

（二）条码的特点

（1）输入速度快。与键盘输入相比，条码输入的速度是键盘输入的 5 倍，并且能实现“即时数据输入”。

（2）可靠性高。键盘输入数据出错率高，利用光学字符识别技术输入数据出错率较高，而采用条码技术误码率低。

（3）采集信息量大。利用传统的一维条码一次可采集几十位字符的信息，利用二维条码可以采集数千个字符的信息，并有一定的自动纠错能力。

（4）灵活实用。条码既可以作为一种识别手段单独使用，也可以和有关识别设备组成一个系统实现自动化识别，还可以和其他控制设备联接起来实现自动化管理。

（5）条码标签易于制作。制作条码对设备和材料没有特殊要求，识别设备操作容易，不需要特殊培训，且设备也相对便宜。

（6）成本非常低。在零售业领域，因为条码是印刷在商品包装上的，所以其成本几乎为“零”。

（7）偶尔不能读取。条码有时不能被读取，特别是在不平整或污损的情况下。

（三）条码的分类

1. 按条码的维度可分为一维条码和二维条码

（1）一维条码。国家标准《物流术语》（GB/T 18354—2021）将一维条码（linear bar code；one-dimensional bar code）定义为：仅在一个维度方向上表示信息的条码符号。

一维条码的特点是信息容量小，条码的尺寸相对较大，空间利用率较低；条码遭到损坏后便不能表达信息等。

一维条码用于对“物品”进行标识，随处可见，广泛应用于商业、邮政、图书管理、仓储、工业生产过程控制、交通等领域。

（2）二维条码。国家标准《物流术语》（GB/T 18354—2021）将二维条码（two-dimensional bar code；2D code）（二维码 two-dimensional code）定义为：在二个维度方向上都表示信息的条码符号。

二维条码能够在横向和纵向两个方向同时表达信息，因此能通过很小的面积表达大量的信息。二维条码除具有一维条码的优点外，还具有信息容量大、纠错能力强、可靠性高、耐损性强、保密性与防伪性强、成本低、制作简单等优点。目前，二维条码在国防、公共安全、交通运输、医疗保健、工业、金融等领域均得到广泛运用。

2. 按条码的码制分

码制就是条码的编码要求。不同码制的条码的区别在于编码规则、能表达的字符范围不同。

按码制划分，条码有 20 多种，其中包括 Code39 码（标准 39 码）、Codabar 码（库德巴码）、Code25 码（标准 25 码）、ITF25 码（交叉 25 码）、Matrix25 码（矩阵 25 码）、UPC－A 码、UPC－E 码、EAN－13 码（EAN－13 国际商品条码）、EAN－8 码（EAN－8 国际商品条码）、中国邮政码（矩阵 25 码的一种变体）、Code-B 码、MSI 码、Code11 码、Code93 码、ISBN 码、ISSN 码、Code128 码（包括 EAN128 码）、Code39EMS（EMS 专用的 39 码）等。

（1）通用商品条码。通用商品条码也称 EAN 码，由国际物品编码协会制定，世界各地通用，是目前国际上使用最广泛的商品条码之一。超市的商品包装上的条码就是 EAN 码。EAN 码有标准版（EAN－13 码）和缩短版（EAN－8 码）两种。

1）标准版（EAN－13 码）共 13 位，由前缀码、厂商代码、商品代码、校验码 4 个部分组成。

前缀码是用于标识国家和地区的代码，由国际物品编码协会统一分配。例如：690 ~ 699 代表中国。

厂商代码是中国物品编码中心在国际物品编码协会分配的前缀码的基础上，按照国家标准规定，给申请条码的生产商分配 4 位或 5 位数码，是对厂商的唯一标识。

商品代码是用来标识商品的代码，其赋码权由商品的生产企业行使，生产企业按照国家标准规定，在已获得的厂商代码的基础上，自行对本企业的商品进行编码。

校验码是根据前 12 位数字按照国家条码标准计算出来的，用来校验商品条码的正误。

想一想：请找出一件从超市购买的商品，观察其条码的前3位，指出该商品是哪个国家和地区生产的。找出两瓶不同品牌的矿泉水，观察其条码有什么区别。为什么扫描条码就能识别商品的信息？

2）缩短版（EAN－8码）的使用是有限制的。有地方规定：商品条码印刷面积超过商品包装表面面积或者标签可印刷面积四分之一时，系统成员才可以申请使用缩短版商品条码。

缩短版（EAN－8码）由前缀码、商品项目代码、校验码3个部分组成。例如：条码为69000010，其中前3位“690”是前缀码，中间4位“0001”是医药产品项目代码，是由中国物品编码中心统一分配的，最后1位“0”是校验码，产生方法与EAN－13码相同。

（2）Code39码。Code39码是条码的一种，由于具备编制简单、能够对任意长度的数据进行编码、支持设备广泛等特性而被广泛采用。它能表示字母、数字和其他一些符号共44个字符：A～Z、0～9、－、.、$、/、+、%、“”、*，通常用“*”作为起始、终止符，校验码不用代码，密度介于3～9.4个字符/每英寸，空白区是窄条的10倍。Code39码广泛用于物流管理系统、汽车制造、图书以及票证自动化管理等领域。目前，我国绝大多数快递公司使用的快递运单上的条码的码制为Code39码。

课堂延伸：UPC码

（四）条码的结构

一个完整的一维码符号是由两侧静区、起始符、数据区、校验字符（可选）和终止符组成的，如图9－2所示。

图9－2　条码结构

静区：没有任何印刷符或条码信息，通常是白的，位于条码符号的两侧。静区的作用是提示阅读器即扫描器，准备扫描条码符号。

起始符：条码符号的第一位字符是起始符，它的特殊条、空结构用于识别一个条码符号的开始，阅读器首先确认此字符的存在，然后处理由扫描器获取的一系列脉冲。

数据区：由条码字符组成，用于代表一定的原始数据信息。

校验字符：有些码制的校验字符是必需的，有些码制的校验字符则是可选的。校验字符是通过对数据字符进行一种算术运算而确定的。符号中的各字符被解码器解码，然后对其进行同一种算术运算，并将结果与校验字符相比较，当两者一致时，说明读入的信息有效。

终止符：条码符号的最后一位字符是终止符，它的特殊条、空结构用于识别一个条码符号的结束。阅读器识别终止符，便可知道条码符号已扫描完毕。若条码符号有效，阅读器就向计算机传送数据字符并向操作者提供“有效读入”的反馈。

（五）条码技术的应用

1. 物料管理

条码主要用于物料跟踪管理和物料库存管理。一般方法是对物料按照行业及企业规则建立统一的物料编码，然后打印出与物料编码对应的条码标签，将标签附着在物料上。条码便于企业在生产管理中对物料进行单件跟踪，建立完整的产品档案；也可对仓库物品进行基本的进、销、存管理，有助于企业做到准确和合理的物料库存管理，杜绝因物料无序而导致损失和混乱。

2. 分拣运输

通过条码识别技术，使包裹或物品自动分拣到不同的输送链上。我们所要做的只是将预先打印好的条码标签贴在待发送的物品上，并在分拣装置处安装一台条码扫描器，包裹即可实现自动分拣。

3. 仓储管理

条码在仓储管理中，可以用于标识货物信息、货位信息、托盘信息。仓储部门只需将货物编码、货位编号、托盘编号打印成条码标签，粘贴在相应的位置即可。利用条码扫描器扫描条码标签，就可将货物信息、货位信息、托盘信息输入计算机，经计算机信息处理后，就可利用仓储管理系统进行出入库管理、货位管理和库存管理。

4. 生产线物流管理

利用条码标签建立产品识别码。生产中应用产品识别码可监控生产，采集生产测试数据，采集生产质量检查数据，进行产品完工检查，建立产品档案，监控生产过程及产品流向。具体做法包括：确定产品识别码，即根据企业规则和行业规则确定产品识别码，保证产品识别码的唯一性；建立产品档案，即通过产品识别码在生产线上对产品生产进行跟踪，并采集生产产品的部件、检验等数据作为产品信息，审核生产批次、计划后建立产品档案；通过生产线上的信息采集点采集生产信息；通过产品识别码在生产线上采集质量检测数据，判定产品是否合格，从而控制产品在生产线上的流向以及决定是否建立产品档案，打印产品合格证。

课堂延伸：条码技术在汽车公司的应用

三、全球导航系统

全球导航系统包括美国的全球定位系统（GPS）、俄罗斯的格洛纳斯卫星导航系统（GLONASS）、中国的北斗卫星导航系统（BDS）和欧盟的伽利略卫星导航系统（GALILEO）。

（一）全球定位系统

1. 全球定位系统的概念

美国陆海空三军联合研制了新一代卫星定位系统——全球定位系统（global positioning system，GPS），主要目的是为陆海空三大领域提供实时、全天候和全球性的导航服务，并用于情报搜集、核爆监测和应急通信等。经过20余年的研究实验，共耗资数百亿美元，全球覆盖率高达98%的24颗GPS卫星星座已布设完成。

国家标准《物流术语》（GB/T 18354—2021）将全球定位系统（global positioning system）定义为：以人造卫星为基础、24 h提供高精度的全球范围的定位和导航信息的系统。

2. 全球定位系统的组成

GPS由三大部分组成，即空间部分、控制部分和用户部分。

（1）空间部分。空间部分是GPS卫星星座的总称，GPS工作卫星及其星座由21颗工作卫星和3颗在轨备用卫星组成，记作（21+3）GPS星座。24颗卫星均匀分布在6个轨道平面内，轨道倾角为55°，各个轨道平面之间相距60°，即轨道的升交点赤经各相差60°。每个轨道平面内各颗卫星之间的升交角距相差90°，一轨道平面上的卫星比西边相邻轨道平面上的相应卫星超前30°。GPS的工作原理如图9－3所示。

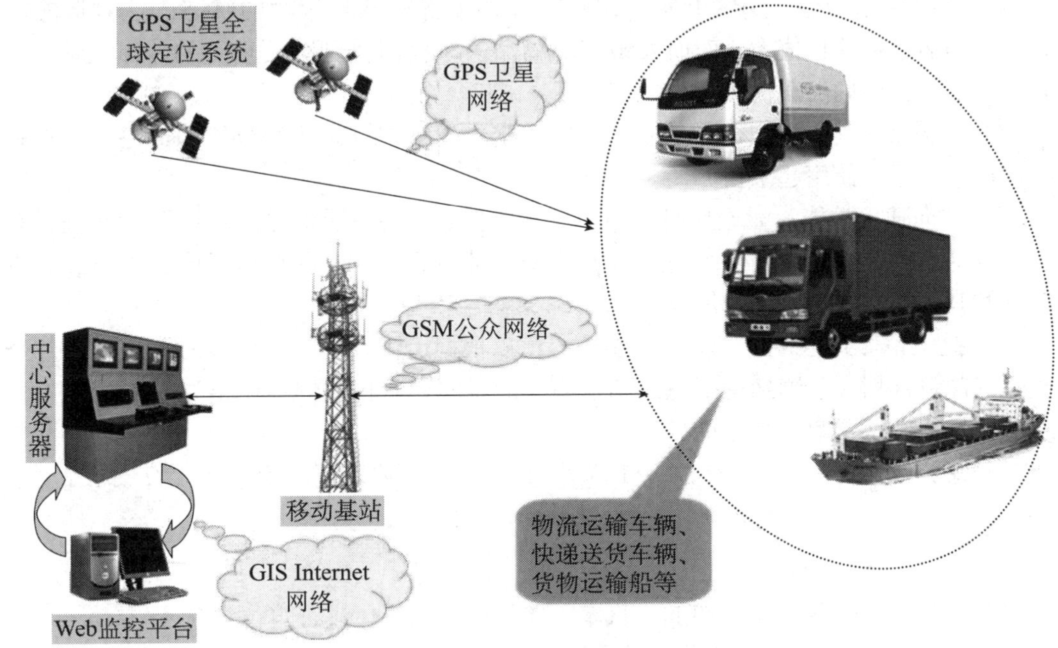

图9－3 GPS的工作原理

（2）控制部分。控制部分是地面监控系统的总称，主要由主控站、监测站、注入站和通信与辅助系统组成。该部分的作用是对空间卫星部分进行监测、控制，并向每颗卫星注入更新的导航电文。控制部分主要功能为：监测 GPS 信号、收集数据、计算导航电文、注入电文、状态诊断和卫星调度。

（3）用户部分。用户部分指的是 GPS 的用户和接收机部分，接受设备包括 GPS 信号接收机和其他仪器设备，接收机由天线单元和接收单元组成。

3. 全球定位系统的特点

（1）高精度。GPS 相对定位精度在 10 米以内，采用差分定位，精度可达厘米级和毫米级。

（2）观测时间短。随着 GPS 的不断完善、软件的不断更新，目前 20 千米以内相对静态定位，仅需 15 ~20 分钟；快速静态相对定位测量时，当每个流动站相距 15 千米以内时，流动站观测时间只需 1 ~2 分钟，然后可随时定位，每站观测只需几秒钟，实时定位速度快。目前 GPS 接收机的一次定位和测速工作在 1 秒甚至更少的时间内便可完成。

（3）全天候作业。目前 GPS 观测可在 24 小时内的任何时间进行，不受阴天黑夜、起雾刮风、雨雪等的影响。

（4）功能多样，应用广泛。GPS 不仅可用于测量、导航，还可用于测速、测时；不仅可应用于军事，还可以应用在航空、航海、工业、农业、地质遥感、气象等领域。

（5）抗干扰性能好，保密性强。由于 GPS 采用了伪码扩频技术，因此 GPS 卫星所发送的信号具有良好的抗干扰性和保密性。

4. 全球定位系统的功能

（1）实时跟踪功能。GPS 能实时跟踪车辆，了解车辆与货物的状态，这对运输车辆，尤其是运输那些价值大、对时间敏感的物品的车辆而言是至关重要的。GPS 对车辆进行实时监控，能确保车辆和货物的安全。

（2）定位功能。GPS 以电子地图的方式将定位的结果、车辆的位置和道路情况直观地反映出来，用户使用起来很方便。

（3）双向通信功能。无论何时、何地，车辆控制中心或司机都可以利用 GPS 进行双向通信。这有利于控制中心进行途中调度、装运时间的安排，也有利于控制中心或司机及时获知其他紧急或非紧急的情况。

（4）提供预计到达时间。车辆控制中心可以根据运输计划制定路程时刻表，为整个运输过程制订计划，预测到达某地或到达终点的时间，并将它们提供给货主和司机，让货主和司机清楚地了解整个运输过程。

想一想：到某一城市旅行，由于人生地不熟，需要就餐、住宿休息，我们该怎么办？

5. 全球定位系统的应用

（1）导航。GPS 主要是对船舶、汽车、飞机等运动物体进行定位导航。

（2）车辆跟踪。GPS 与地理信息系统技术、全球移动通信系统及计算机车辆管理信息系统相结合，可以实现车辆跟踪功能。利用 GPS 和地理信息系统可以实时显示车辆的实际位置，并任意放大、缩小、还原、换图；可以随目标移动，使目标始终显示在屏幕上，还可实现多窗口、多车辆、多屏幕同时跟踪，利用该功能可对重要车辆和货物进行跟踪运输。目前，已开发出将 GPS、地理信息系统相结合对车辆进行实时定位、跟踪、报警、通信等技术，能够满足掌握车辆基本信息、对车辆进行远程管理的需要，有效避免车辆的空载现象，同时用户也能通过互联网技术，了解自己的货物在运输过程中的实时情况。

（3）信息查询。为用户提供主要物标，如旅游景点、宾馆、医院等，用户能够在电子地图上根据需要进行查询。查询资料可以以文字、语言及图像的形式显示，并在电子地图上显示位置。同时，监测中心可以利用监测控制台对区域内任意目标的所在位置进行查询，车辆信息将以数字形式在控制中心的电子地图上显示出来。

（4）查看历史轨迹。物流企业利用 GPS 可以查询运输车辆的历史轨迹，可以看出车辆在行驶过程中的状态和路线。根据该车辆的历史轨迹，物流企业与用户都可对货物在途的运输过程有相应的了解，并将此作为考评依据。

（5）紧急援助。通过 GPS 定位和监控管理系统可以对遇有险情或发生事故的车辆进行紧急援助。监控台的电子地图可显示求助信息和报警目标，规划出最优援助方案，并以报警声、光提醒值班人员进行应急处理。

（二）北斗卫星导航系统

1. 北斗卫星导航系统概述

北斗卫星导航系统是中国自主发展、独立运行的全球卫星导航系统，如图 9－4 所示。北斗卫星导航系统的建成运行，使中国成为继美国、俄罗斯之后世界上第三个拥有自主卫星导航系统的国家。该系统已成功应用于测绘、电信、水利、渔业、交通运输、森林防火、减灾救灾和国家安全等诸多领域，经济效益和社会效益显著。

图 9－4　北斗卫星导航系统

北斗卫星导航系统的发展目标是：建设世界一流的卫星导航系统，满足国家安全与经济社会发展需求，为全球用户提供连续、稳定、可靠的服务；发展北斗产业，服务经济社会发展和民生改善；深化国际合作，共享卫星导航发展成果，提高全球卫星导航系统的综合应用效益。

自2000年10月31日发射第一颗北斗导航卫星，至2020年6月23日发射第55颗北斗导航卫星，已建成覆盖全球的北斗卫星导航系统。2020年7月31日，习近平总书记在人民大会堂庄严宣布：北斗三号全球卫星导航系统正式开通。2023年5月17日，成功发射第56颗北斗导航卫星，该卫星是我国北斗三号工程的首颗备份卫星。

想一想：我国总共发射了多少颗北斗导航卫星？

北斗卫星导航系统提供开放服务和授权服务两种服务方式，开放服务是向全球免费提供定位、测速和授时服务，授权服务是为有高精度、高可靠卫星导航需求的用户，提供更好的定位、测速、授时和通信服务以及完好性信息。

2. 北斗卫星导航系统应用的创新

（1）应用方式的创新。提升了应用的质量，即卫星导航与移动通信等有关技术相互融合，优势互补，不断消除卫星导航的限制性因素；提升了卫星导航能力，实现卫星导航的无时不在。

（2）应用领域的创新。提升了应用的规模，即深入开发卫星导航的增值服务，进一步拓宽卫星导航服务领域和扩大应用规模，实现卫星导航无处不在。

（3）应用思路的创新。提升了应用的价值，即深入挖掘卫星导航信息（位置、速度、时间）的利用价值，通过将卫星导航信息与导航终端载体（持有者）的属性信息相结合，综合城市管理（道路）、环境监测、运输监控等各类需求，实现卫星导航信息的深层次和充分利用，从而在原有价值基础上创造出新的价值应用。

3. 北斗卫星导航系统建设的原则

（1）开放性。北斗卫星导航系统的建设、发展和应用对全世界开放，为全球用户提供高质量的免费服务，积极与世界各国开展广泛而深入的交流与合作，促进各卫星导航系统间的兼容与互操作，推动卫星导航技术与产业的发展。

（2）自主性。中国自主建设和运行北斗卫星导航系统，北斗卫星导航系统可独立为全球用户提供服务。

（3）兼容性。在全球卫星导航系统国际委员会和国际电信联盟框架下，使北斗卫星导航系统与世界各卫星导航系统兼容互操作，使所有用户都能享受到卫星导航发展的成果。

（4）渐进性。中国积极稳妥地推进北斗卫星导航系统的建设与发展，不断完善服务质量，并实现各阶段的无缝衔接。

4. 北斗卫星导航系统的应用

（1）个人位置服务。当你进入不熟悉的地方时，你可以使用装有北斗卫星导航系统接收芯片的手机或车载卫星导航装置找到你要走的路线。

（2）气象应用。北斗卫星导航系统气象应用的开展，可以促进中国天气分析、数值天气预报、气候变化的监测和预测，也可以提高空间天气预警的业务水平，提升中国气象防灾减灾的能力。除此之外，北斗卫星导航系统的气象应用对推动北斗卫星导航系统创新应用和拓展产业也具有重要的影响。

(3) 道路交通管理。北斗卫星导航系统有利于减缓交通阻塞，提升道路交通管理水平。通过在车辆上安装卫星导航接收机和数据发射机，车辆的位置信息就能在几秒钟内自动转发到中心站。这些位置信息可用于道路交通管理。

(4) 铁路智能交通。北斗卫星导航系统促进传统运输方式实现升级与转型。例如：在铁路运输领域，通过安装北斗卫星导航系统终端设备，可极大缩短列车行驶间隔时间，降低运输成本，有效提高运输效率。未来，北斗卫星导航系统将提供高精准、高精度的定位、测速、授时服务，促进铁路交通的现代化，实现传统调度向智能交通管理的转型。

(5) 海运和水运。海运和水运是全世界最广泛使用的运输方式之一，也是卫星导航最早应用的领域之一。在世界各大洋和江河湖泊行驶的各类船舶大多都安装了卫星导航终端设备，使海上和水路运输更为高效和安全。北斗卫星导航系统可在任何天气条件下，为水上航行的船舶提供导航定位和安全保障。同时，北斗卫星导航系统特有的短报文通信功能可支持各种新型服务的开发。

(6) 航空运输。当飞机在机场跑道着陆时，基本的要求是确保飞机相互间的安全距离。利用卫星导航精确定位与测速的优势，可实时确定飞机的瞬时位置，有效减小飞机之间的安全距离，甚至在大雾天气情况下，可以实现自动盲降，极大地提高了飞行安全和机场运营效率。通过将北斗卫星导航系统与其他系统有效结合，为航空运输提供安全保障。

(7) 应急救援。卫星导航已广泛用于沙漠、山区、海洋等人烟稀少地区的搜索救援。在发生地震、洪灾等重大灾害时，救援成功的关键在于及时了解灾情并迅速到达救援地点。北斗卫星导航系统除导航定位外，还具备短报文通信功能，通过卫星导航终端设备可及时报告所处位置和受灾情况，有效缩短救援搜寻时间，提高抢险救灾时效，大大减少人民生命财产损失。

(8) 指导放牧。2014 年 10 月，北斗系统开始在青海省牧区试点建设北斗卫星放牧信息化指导系统，主要依靠牧区放牧智能指导系统管理平台、牧民专用北斗智能终端和牧场数据采集自动站，实现数据信息传输，并通过北斗地面站及北斗星群中转、中继处理，实现草场牧草、牛羊的动态监控。目前，在我国新疆、内蒙古等省份，不少牧民已经开始使用北斗系统进行智慧放牧。

四、射频识别技术

（一）射频识别技术的概念

全球范围内掀起了一场射频识别技术的热潮，包括沃尔玛、宝洁等公司在内的商业巨头无不积极推动射频识别技术在制造、物流、零售、交通等行业的应用。

射频识别技术是一种无线通信技术，可以通过无线电讯号识别特定目标并读写相关数据，而无须识别系统与特定目标之间建立机械或者光学接触。无线电的信号是通过调成无线电频率的电磁场，把附着在物品标签上的数据传送出去，以自动辨识与追踪该物品。

国家标准《物流术语》（GB/T 18354—2021）将射频识别（radio frequency identification，RFID）定义为：在频谱的射频部分，利用电磁耦合或感应耦合，通过各种调式和编码方案，与射频标签交互通信唯一读取射频标签身份的技术。

（二）射频识别技术系统的组成

射频识别技术系统由 RFID 标签、RFID 阅读器和 RFID 天线 3 个部分组成，如图 9－5 所示。

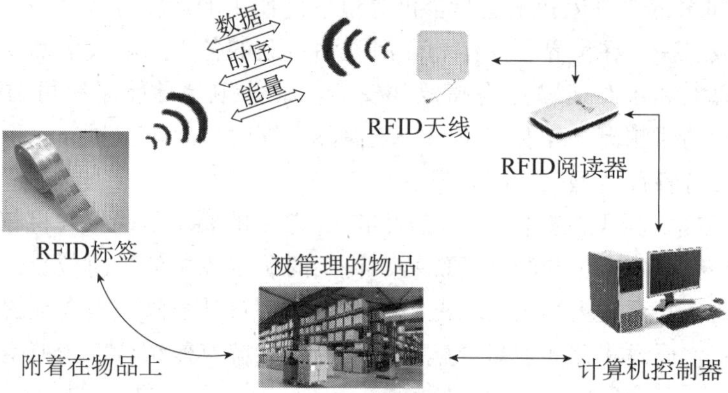

图 9－5　RFID 系统

1. RFID 标签

RFID 标签又称射频标签或电子标签，主要由耦合元件及芯片组成。RFID 标签是识别系统的数据载体，被识别物体的信息就存储在 RFID 标签中。使用时，将 RFID 标签附着在物体上以标识目标对象。

RFID 标签按照供电方式的不同，分为有源标签、无源标签、半无源标签；按照信号频率的不同，分为低频标签、高频标签、超高频标签和微波标签。

2. RFID 阅读器

RFID 阅读器通过 RFID 天线与 RFID 标签进行无线通信，实现对 RFID 标签内信息数据的读取或将信息数据写入 RFID 标签。RFID 阅读器可分为手持式和固定式。

3. RFID 天线

RFID 天线的作用是在 RFID 标签和 RFID 阅读器间传递射频信号。

（三）射频识别技术系统的工作原理

RFID 标签进入磁场后，接收 RFID 阅读器发出的射频信号，凭借感应电流所获得的能量发送存储在芯片中的产品信息，或者主动发送某一频率的信号。RFID 阅读器读取信息并解码后，将其送至中央信息系统进行有关数据处理，如图 9－6 所示。

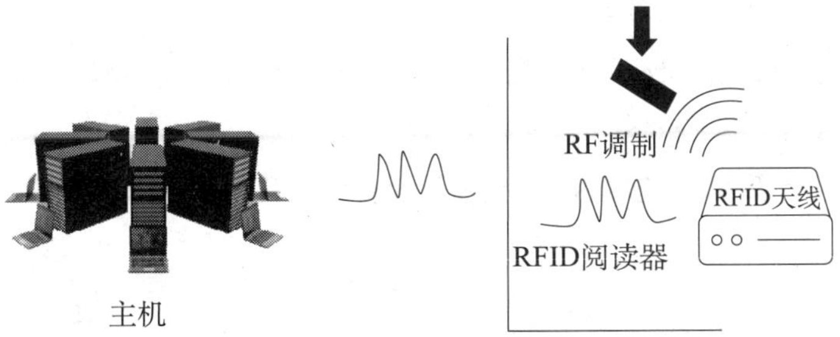

图 9-6　RFID 系统的工作原理

（四）射频识别技术在物流中的应用

1. 仓储管理

在仓库里，射频识别技术广泛用于货物的存取与库存盘点，它能实现自动化的存货与取货等操作。在整个仓库管理中，通过将供应链计划系统制订的收货计划、取货计划、装运计划等与射频识别技术相结合，能够高效率地完成各种业务操作。它增强了作业的准确性和快捷性，提高了服务质量，降低了成本，节省了人力和仓库空间，减少了差错。

2. 运输管理

在运输管理中，在途运输的货物和车辆通过在车上贴 RFID 标签，由射频识别来完成对设备的跟踪控制。射频识别技术接收转发装置通常安装在运输线的一些检查点以及仓库、车站、码头、机场等关键地点。接收装置收到 RFID 标签信息后，连同接收地的位置信息上传至通信卫星，再由卫星传送给运输调度中心，输入数据库中进行下一步分析。

3. 配送管理

在配送环节，采用射频识别技术能够大大加快配送的速度，提高拣选与分发过程的效率和准确性，节省人力，降低成本。

五、地理信息系统

（一）地理信息系统的概念

国家标准《物流术语》（GB/T 18354—2021）将地理信息系统（geographical information system，GIS）定义为：在计算机技术支持下，对整个或部分地球表层（包括大气层）空间中的有关地理分布数据进行采集、储存、管理、运算、分析、显示和描述的系统。

（二）地理信息系统的组成

地理信息系统由硬件、软件、数据、方法和人员 5 个部分组成。

1. 硬件

硬件主要包括计算机网络设备、数据输入设备、存储设备、输出设备等。

2. 软件

软件主要包括计算机系统软件、地理信息系统软件、数据库管理软件、系统开发软件等。

3. 数据

数据分为空间数据和属性数据，是地理信息系统最重要也是最基础的组成部分之一。空间数据是描述空间对象的空间特征及空间对象间关系的数据，表现了地理空间实体的位置、大小、形状、方向以及几何拓扑关系，如定位的经度、纬度等。属性数据是表示空间对象属性特征的数据，如类型、名称、性质等。

4. 方法

方法指空间信息的综合分析方法，即应用模型。应用模型是在对专业领域的具体对象与过程进行大量研究的基础上总结出来的规律。地理信息系统的应用就是利用这些模型对大量空间数据进行综合分析，从而解决实际问题，如基于地理信息系统的土地利用评价模型、生态环境评价模型等。

5. 人员

地理信息系统需要人员进行系统组织、管理、使用和维护。这些人员既包括从事设计、开发和维护地理信息系统的技术专家，也包括使用地理信息系统解决专业领域问题的专家。一般来说，一个完整的地理信息系统应包含项目负责人、信息技术专家、应用专业领域专家、若干程序员和操作员。

（三）地理信息系统的功能

地理信息系统有5项基本功能：数据输入、数据编辑、数据存储与管理、空间查询与分析、可视化表达与输出。

1. 数据输入

数据输入就是将地图数据、遥感数据、统计数据和文字报告等输入计算机并将其转换成计算机可处理的数字信息的功能。空间数据信息的输入设备主要有数字化仪和扫描仪。

2. 数据编辑

数据编辑主要包括图形编辑和属性编辑。图形编辑包括拓扑关系建立、图形修饰、图幅拼接、图形变换、投影变换、误差校正等功能；属性编辑主要与数据库管理结合在一起完成。

3. 数据存储与管理

数据存储与管理是对空间与非空间数据的存储、检索、修改和更新。

4. 空间查询与分析

空间查询与分析是地理信息系统的核心功能，也是地理信息系统区别于其他信息系统的本质特征。空间分析可分为空间检索、空间拓扑叠加分析、空间模型分析。

空间检索主要指按照空间位置检索空间对象及其属性，或者按照属性条件检索空间对象，如检索配送中心方圆 1 千米内的主要用户分布情况、直径为 1 米的输油管道有多长等。空间拓扑叠加分析是指通过空间要素（点、线、面或图像）的相交、切割、合并运算，以及特征属性在空间上的连接，获取新的空间信息。空间模型分析包括数字地形高程分析、网络分析、三维模型分析、多要素综合分析及面向专业应用的各种特殊模型分析等。

5. 可视化表达与输出

地理信息系统的分析结果以可视化的地图、影像、多媒体等方式表达。对于图形数据，地理信息系统可根据用户的需要输出全要素地图、各种专题图、统计图、图片和数据等，还可根据要素的信息密集程度，放大或缩小显示。

（四）地理信息系统在物流管理中的应用

物流与地理空间联系紧密，地理信息系统应用于物流管理信息系统，可以实现以下 4 个方面的功能。

1. 地址定位

由一个地理点的地址字符串代表地理位置。地址定位包括自动定位、交互定位两类。自动定位功能可由业务系统调用，通过业务系统传来的业务点的地址字符串确定其地理位置，并传回业务系统。例如：地理信息系统接收业务系统提供的用户邮编等字符串，自动确定客户的详细地址，并把此地址传回业务系统。这种定位方式适合非实时处理大量用户地址的情况。交互定位是指通过地理信息系统交互，在地图上漫游查找，直到确定地理位置（经纬度）。例如：业务系统调用地理信息系统的交互定位功能，输入用户提供的粗略地址，与地理信息系统交互，在地图上漫游查找，直到确定用户的准确地理位置。

2. 机构区域划分

机构区域划分指用户基于综合评估模型和地理信息系统的查询、地图表现，实现对机构区域的编辑。先在地图上对要编辑的区域进行临时编辑，然后提交，由综合评估模型给出编辑后的区域评估值，并对编辑后的区域进行查询和地图表现，判断编辑是否满意。若不满意，则进行临时编辑；若满意，则正式提交为编辑方案存档。

3. 站点选址

站点选址是指由用户基于分站综合评估模型和地理信息系统的查询、地图表现，实现对机构的站点选址。先在地图上标出要选择的几个分站站点候选站址，然后提交，由综合评估模型给出各分站站点的评估值，并针对站点选址后的分站进行查询和地图表现，选择最优的站址正式提交为站点选址方案，并存档生效。

4. 投递排序和路线编辑

投递排序和路线编辑指通过查看 GIS 的地图表现，实现对送货投递路线的合理编辑

（如创建、删除、修改）和安排用户投递排序。

完整的地理信息系统物流分析软件集成了车辆路线模型、网络物流模型、分配集合模型以及设施定位模型等数据分析模型，可辅助制定物流决策和方案。

车辆路线模型适用于一个起始点、多个终点的货物运输情况，辅助制定决策（使用多少辆车及每辆车的行驶路线），以尽量降低物流作业费用，并保证服务质量。网络物流模型用于解决物流网点布局问题，如将货物从 N 个仓库配送到 M 个商店都有固定需求量，相关人员可利用网络物流模型判断由哪个仓库出货送给哪个商店的总运费最低。分配集合模型用以解决服务范围或销售市场范围的问题，如邮政公司要建立 N 个支局，要求每个支局覆盖一定区域，区域内的人口数量大体相同，这时就可以利用分配集合模型来辅助决策。设施定位模型用于研究设施的定位问题。例如：物流网络由节点和线路构成，仓库位于节点上，节点的布局决定运输线路、决定在一定范围内设立多少个仓库、仓库建在哪里，以及仓库的规模、分库之间的物流关系等。

课堂延伸：中海完善的物流信息化系统

项目小结

物流信息是指反映物流各种活动内容的知识、资料、图像、数据的总称。

任务一主要包括信息与物流信息的概念，物流信息的特点，物流信息的类型，物流信息的作用等内容。

任务二主要包括物流信息技术概述，条码技术，全球导航系统，射频识别技术，地理信息系统等内容。

项目实训

物品条码

实训目的

1. 通过了解本地超市、快递等企业条码的应用状况，形成对条码的认知。
2. 了解条码的编码规律、自制条码的方法。
3. 了解条码在物流行业的运用情况以及如何利用条码进行物流信息管理。

实训资料

在本地调研超市、快递等企业，了解企业的条码状况；重点了解物品条码的编码规律，快递运单上的条码在投递环节的作用，条码在物品入库、拣货、出库复核环节的应用情况。

实训要求

1. 分组进行，选举一人为组长。
2. 落实外出调研的交通工具。
3. 强调外出调研的任务与纪律。
4. 重点了解条码的应用情况。
5. 小组讨论。
6. 总结并撰写调研报告，全班共享。

实训指导

1. 指导学生遵守所调研企业的管理制度。
2. 指导学生学会沟通。
3. 指导学生收集条码的相关情况。
4. 指导学生按正确的格式撰写调研报告。

实训评价

实训评价标准如表9－1所示。

表9－1　实训评价标准

姓名________　　　　学号________

序号	评价标准	分值	得分
1	考勤、纪律	10	
2	调研态度	10	
3	沟通协调	15	
4	职业素养	15	
5	调研报告	50	

项目十
供应链管理

学习目标

※ 知识目标

- 了解供应链的产生与发展、供应链仿真工具
- 理解供应链战略管理模式、供应链的复杂性、供应链运作参考模型
- 掌握供应链、供应链管理、供应链战略管理、常用供应链管理工具的相关内容

※ 能力目标

- 能够分析给定企业供应链的构成和主要活动
- 能够选择供应链战略管理模式
- 能够应用供应链管理工具

※ 素质目标

- 具有团结合作的意识
- 能够利用供应链运营承担社会责任
- 提升综合分析能力

思维导读

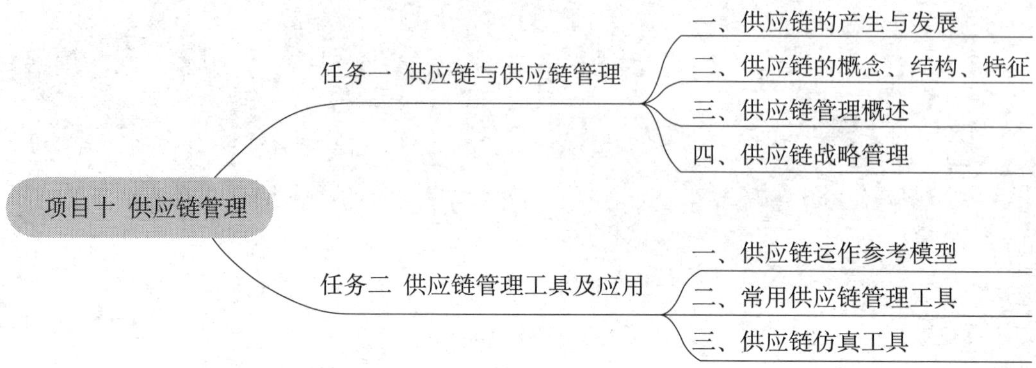

案例导入

发挥质量基础设施效能，助力产业链供应链质量联动提升

为贯彻落实党的二十大精神和《质量强国建设纲要》部署要求，提升产业链供应链韧性和安全水平，培育战略性新兴产业，抢占未来产业发展先机，加快传统产业转型升级，促进建设现代化产业体系，市场监管总局等五部门于2024年1月10日联合发布《关于质量基础设施助力产业链供应链质量联动提升的指导意见》（以下简称指导意见）。

指导意见指出：围绕《质量强国建设纲要》目标，聚焦新能源汽车、集成电路、人工智能、量子信息等战略性新兴及未来产业，统筹纺织服装、家用电器、工程机械等传统优势产业，深入开展质量基础设施助力产业链供应链质量联动提升行动，充分释放质量基础设施效能，实现上中下游各环节质量联动发展，点线面各层级质量协同共进，产业链供应链质量联动提升新格局基本形成，在打造安全可靠、竞争力强、品牌影响力显著的现代化产业体系上取得一批重大标志性成果，质量在企业做大做强、产业建圈强链、城市可持续发展中的作用更加彰显。

指导意见明确提出：为支撑行动目标实现，到2025年底，先期布局建设一批质量基础设施项目。遴选建设国家质量标准实验室10家、质量基础设施集成服务基地25个，建成质量基础设施“一站式服务”站点1 500个。建立国家产业计量测试中心50个、国家标准验证点50个，建设质量认证示范区50个、国家产品质量检验检测中心20个，规划建设国家数字标准馆（全球标准数据中心）。培育建设产品质量安全风险监测评估基地60个、缺陷产品调查协作基地10个、国家和区域服务质量监测评价中心30个。创建全国质量品牌提升示范区100个，开展产业链供应链质量联动提升试点100个。建设质量提升培训基地100个。培育新增首席质量官1万名以上。

指导意见围绕推动产业链供应链质量点线面提升、提升质量基础设施对建圈强链的支撑性、强化质量政策激励约束作用，部署了11项重点工作。例如：绘制质量图谱和质量问题清单、重点攻关项目清单、质量政策工具清单；着眼点上突破，打好质量攻坚战；着眼线上联动，推动全链条质量协同升级；着眼面上提升，促进区域质量协同发展；以现代先进的测量体系提升产业链供应链创新力，以协同领先的标准群增强产业链供应链稳定性，以专业高效的检验检测保障产业链供应链可靠性，以权威公信的质量认证认可促进产业链供应链高端化。

任务一　供应链与供应链管理

任务导入

构建全球供应链

积极融入全球供应链网络。加强交通枢纽、物流通道、信息平台等基础设施建设，推进与“一带一路”沿线国家互联互通。推动国际产能和装备制造合作，推进边境经济合作区、跨境经济合作区、境外经贸合作区建设，鼓励企业深化对外投资合作，设立境外分销和服务网络、物流配送中心、海外仓等，建立本地化的供应链体系。

提高全球供应链安全水平。鼓励企业建立重要资源和产品全球供应链风险预警系统，利用两个市场两种资源，提高全球供应链风险管理水平。制定和实施国家供应链安全计划，建立全球供应链风险预警评价指标体系，完善全球供应链风险预警机制，提升全球供应链风险防控能力。

参与全球供应链规则制定。依托全球供应链体系，促进不同国家和地区包容共享发展，形成全球利益共同体和命运共同体。在人员流动、资格互认、标准互通、认可认证、知识产权等方面加强与主要贸易国家和“一带一路”沿线国家的磋商与合作，推动建立有利于完善供应链利益联结机制的全球经贸新规则。

任务分析：供应链是一个全球性的问题，要融入全球供应链网络，要建立全球供应链风险预警评价指标体系，要完善全球供应链风险预警机制，要提升全球供应链风险防控能力，要参与全球供应链规则的制定。

任务要求：

1. 了解供应链的产生与发展
2. 理解供应链战略管理模式、供应链的复杂性
3. 掌握供应链、供应链管理、供应链战略的相关内容

一、供应链的产生与发展

（一）供应链思想的来源

亚当·斯密在《国富论》中提出了劳动分工理论，劳动分工可以有效提升劳动生产

率，增进国民财富。劳动分工的价值在于专业化协作，通过有效的专业分工，人力资源得以充分利用，降低劳动者学习成本的同时增加了整体产出。亨利·福特是世界上第一位将流水线概念实际应用在工厂并通过大量生产而获得巨大成功者。

企业内部的分工协作大大提升了生产效率，降低了生产成本，但是福特汽车公司为了实现对汽车产业链条的控制，进一步收购了上游的森林、铁矿、煤炭、橡胶等基础资源，甚至在物流领域运营着矿石船以及铁路公司。这使得福特汽车公司成为一家横跨整个产业链的企业，实现了从矿石到产品的垂直一体化发展。

垂直一体化发展使企业规模不断增大，企业必须建立足够的层级才能够实现有效的管理，同时，管理成本也呈指数级增长，最终导致企业的扩张无法为企业带来更多的规模收益，而规模成本则逐渐放大。

当组织进一步增长，企业的科层体系将会变得更为复杂，而企业内的信息沟通速度也将会大幅度下降。有人提出，企业的规模大小由交易成本决定，当企业内部交易成本低于市场交易的成本，企业就会持续扩张，直到内部组织结构成本抵消交易成本下降的边界。超过了这一边界，企业的规模扩张将会给企业带来负收益。为了打破边界的束缚，以及减少层级，企业开始从纵向一体化发展进入横向合作发展。

（二）从纵向一体化到横向一体化

横向一体化发展减少了企业的层级，各个企业逐渐向更为专业化的方向发展，专业分工给所有参与合作的企业都带来了收益的增长，企业间依靠合约的合作行为变得日益频繁。有效的专业化分工提升了效率，让每一个企业都能够实现在本领域内的不断提升。迈克尔·波特提出了价值链（value chain）思想。在价值链的思想体系内，每个组织的运作都是一个价值不断增值的过程，需要通过寻找更为增值的环节，将非增值环节剥离，实现整个经济体的更有效增值。

这样的分工模式使企业开始思考应该将哪些环节剥离，以获得最大的资源集中化收益。资源向企业核心能力收缩的同时，优化了整个供应链条的成本结构，使供应链上的产品更具价格竞争优势。全球竞争环境的加剧，使这一模式得到了广泛的认可。

二、供应链的概念、结构、特征

（一）供应链的概念

国家标准《物流术语》（GB/T 18354—2021）将供应链（supply chain）定义为：生产及流通过程中，围绕核心企业的核心产品或服务，由所涉及的原材料供应商、制造商、分销商、零售商直到最终用户等形成的网链结构。

供应链包括产品到达消费者手中之前所有参与供应、生产、分配和销售的企业，其定义涵盖了销售渠道的概念。供应链对上游的供应者（供应活动）、中间的生产者（制造活动）和物流商（储存运输活动），以及下游的消费者（分销活动）同样重视。供应链不仅是一条连接供应商到用户的物料链、信息链、资金链，而且是一条增值链，物料在供应链上通过加工、包装、运输等过程而增加价值，给相关企业都带来了收益。

（二）供应链的结构

供应链的结构如图 10－1 所示。

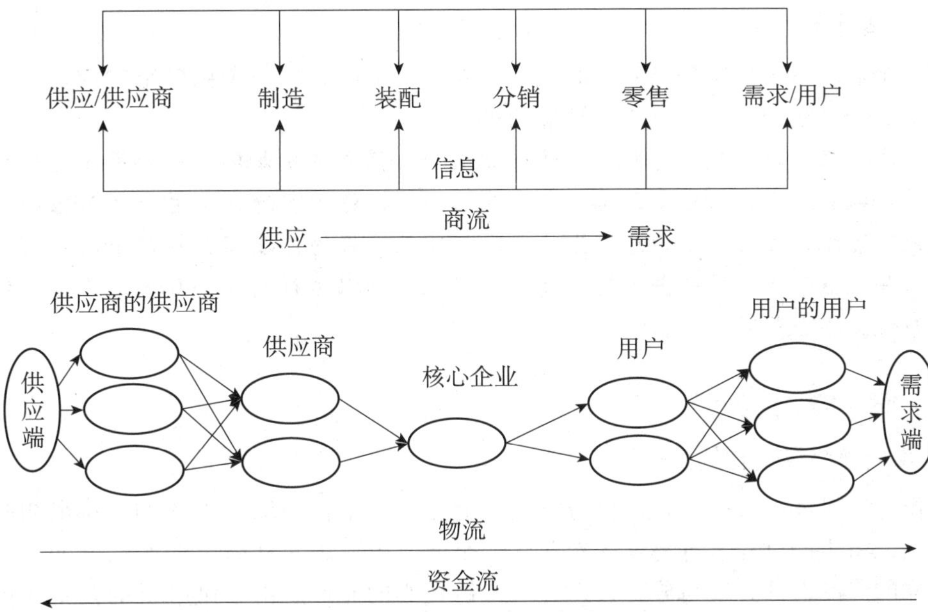

图 10－1　供应链的结构

从图 10－1 中可以看出，供应链由所有加盟的节点企业组成，其中一般有一个核心企业（制造、流通），节点企业在需求信息的驱动下，通过供应链的职能分工与合作（生产、分销、零售等），以商流、物流、资金流和信息流“四流”为媒介实现整个供应链的不断增值。“四流”相互依存，密不可分，相互作用，既是独立存在的单一系列，又是一个组合体。商流是前提，物流、资金流和信息流是支撑。

（三）供应链的特征

1. 网链结构

因为供应链往往由多个、多类型甚至多国企业构成，所以供应链结构模式比一般单个企业的结构模式更为复杂。

2. 协作共赢

供应链各节点企业以信息共享为基础，以优化供应链绩效为目标，协同决策，始终从全局观点出发，采取一种“共赢”的原则，相互信任、团结和进步，提高整个供应链的柔性，实现整个供应链价值的最优化。

3. 动态适应

因企业战略和适应市场需求变化的需要，供应链上的节点企业需要动态地更新，这就使得供应链具有明显的动态性。

4. 需求驱动

供应链的形成、存在、重构，都是基于一定的市场需求发生的，并且在供应链的运作过程中，用户的需求是供应链中信息流、产品/服务流、资金流运作的驱动源。

5. 交叉重合

节点企业既可以是这个供应链的成员，同时也可以是另一个供应链的成员，众多的供应链形成交叉结构，增加了协调管理的难度。

想一想：在“草—兔子—狼—狮子”这样一个简单的食物链中，如果把兔子全部杀掉，草就会疯长起来，狼也会因兔子的灭绝而饿死，最厉害的狮子也会因为狼的死亡而慢慢饿死。可见，食物链中的每种生物之间是相互依存的，破坏食物链中的任何一种生物，势必导致这条食物链失去平衡，最终破坏人类赖以生存的生态环境。由此，你能联想到供应链上各企业间的关系吗？请谈谈你的看法。

（四）供应链的复杂性

1. 供应链网络结构的由来

从供应链发展的过程来看，供应链实际上是不断生长与动态演化的。从最初的社会分工开始，将生产过程进行高度的专业化，企业与企业之间从简单的产品合同与契约发展至共同的产品设计开发与分工，这是供应链核心的雏形。由于供应链的模式比传统的企业具有更高的效率，因此作为一种先进的制度安排会较快地替代传统制度。在供应链合作中，最为关键的问题之一是如何解决好合作方之间的信任与信息沟通问题，主要可以通过以下三种途径解决：

（1）对契约精神的尊重。合作方根据双方达成一致的约定履行合约，承担起各自的义务和责任。这是一种较低成本的制度安排，但前提是社会上已经形成了这样一种契约的精神。

（2）基于血缘关系的信任。在外部缺乏信任环境的条件下，自然的血缘关系成为连接信任的纽带，家族内部的分工与合作带有明显的“利他主义”精神，这样的信任关系是一种较为原始的信任，随着供应链规模的扩大而丧失作用，或者由于血缘关系的亲疏程度不同而失效。

（3）基于利益同盟的信任。某些企业之间的合作行为主要着眼于当前利益的获得。在具有互补性的产业中，双方的合作完全基于利益关系，这可以形成一种高效的合作关系。双方在自身利益最大化的前提下实现持续合作，但其问题主要体现在难以应对外部环境的变化，带有明显的短期合作倾向。此供应链模式具有较强动态性。

2. 供应链网络形成的基本假设

供应链网络是由某个企业发现了特定的有利可图的市场，进而在此市场不断扩张，吸引更多的参与者加入，逐渐形成的一种网状连接。

基本假设如下：

（1）当一个有利可图的市场空白出现时，会有企业开始进入，不断获取市场中的利益。这一阶段，市场的需求与供给呈现供小于求的状态，导致企业能够获得足够的超额利润，因此会吸引更多的企业加入，瓜分市场利润。

（2）企业在市场中为了获得更多的利润，需要更高的产量和更低的生产成本来满足需求，此时，对企业来说，发现价值链中的关键增值环节是重要的。可以将有限的资源进行集中化，在关键增值环节中创造更大的价值，而对于非关键的必要环节，则需要通过引入更多的合作伙伴来满足产品配套的需求。

（3）对于新加入者而言，面临两种选择：一是独立经营，获得市场和利润；二是与现有的企业进行合作，共同开拓市场。面对这样的两种选择，作为理性的参与者，会优先选择第二种策略。因为在第一种选择条件下，如果面对的是同质化的产品和市场，现有的竞争者具有更强的成本优势，因此非常容易将新进入者在进入初期就消灭掉。在第二种选择下，新企业与现有的企业结盟，能够借助现有的力量快速地成长与扩张，实现双赢。

3. 带有核心节点的供应链网络结构

对于新企业来说，在选择合作伙伴的时候，遵循优先连接是一种理性的行为。能够优先连接的企业一般为业内知名的企业及距离较近的企业。因此，遵循这一基本规则，逐渐演化出的供应链模型具有一种无标度网络的特征，即在网络中具有少数连接度较高的节点（核心节点），以及大量的连接度较低的非核心节点。实际供应链网络结构的实证研究表明，这一特征是广泛存在的。

图 10－2 反映了一个由 1 000 个节点组成的基于优先连接原则的无标度网络图形拓扑，左图为节点连接的度分布情况，从图中可以看出，少数节点拥有了大量的连接，而大量节点所拥有的连接数则相对较少，其分布符合幂律分布。右图则展示了这一结构的视觉化效果，图中较大的点代表大型的核心企业，而与核心企业相连的则是各种配套的小型企业，由此形成了一张供应链网络。

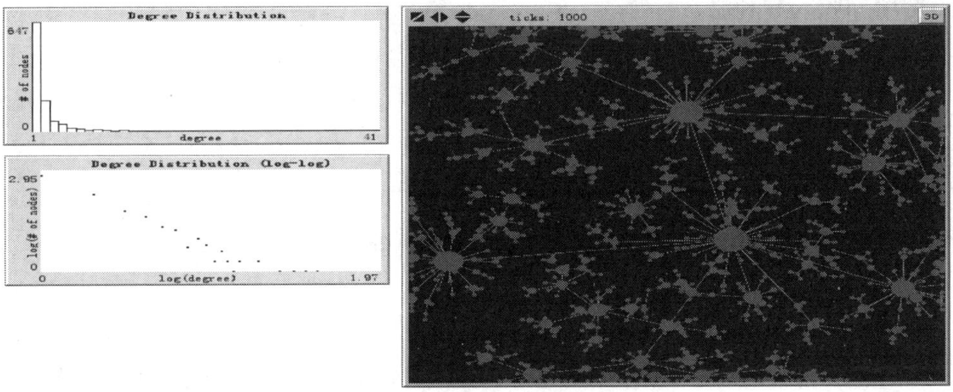

图 10－2　供应链网络模拟演化图

课堂延伸：华为不惧危机，“绝地反击”敢担当

三、供应链管理概述

（一）供应链管理的概念、意义与特征

1. 供应链管理的概念

国家标准《物流术语》（GB/T 18354—2021）将供应链管理（supply chain management）定义为：从供应链整体目标出发，对供应链中采购、生产、销售各环节的商流、物流、信息流及资金流进行统一计划、组织、协调、控制的活动和过程。

供应链管理以市场和客户需求为导向，在核心企业的协调下，以协同商务、协同竞争为商业运作模式，通过运用现代企业管理技术、信息技术和集成技术，达到对整个供应链上的信息流、物流、资金流、业务流和价值流的有效规划和控制，从而将用户、供应商、制造商、销售商、服务商等合作伙伴连成一个完整的网状结构，形成一个极具竞争力的战略联盟。

2. 供应链管理的意义

（1）节约交易成本。

（2）缩短交易时间。

（3）降低存货水平。

（4）降低采购成本。

（5）缩短现金及库存循环周期。

（6）增加收入和利润。

3. 供应链管理的特征

（1）管理目标呈现多元化。

（2）管理视域被极大拓宽。

（3）管理要素更加多样，包容度大大增加。

（4）管理系统的复杂度增加，系统边界日益模糊。

（二）供应链管理的主要内容

现代供应链管理的主要内容包括正向供应链与逆向供应链两部分，如图 10－3 所示。

1. 正向供应链

从图 10－3 可知，正向供应链的内容包括采购与供应、仓储与库存、生产作业、运输与配送、分销与需求等。

2. 逆向供应链

从图 10－3 可知，逆向供应链的内容包括材料再生、零件再造、退回与回收等。

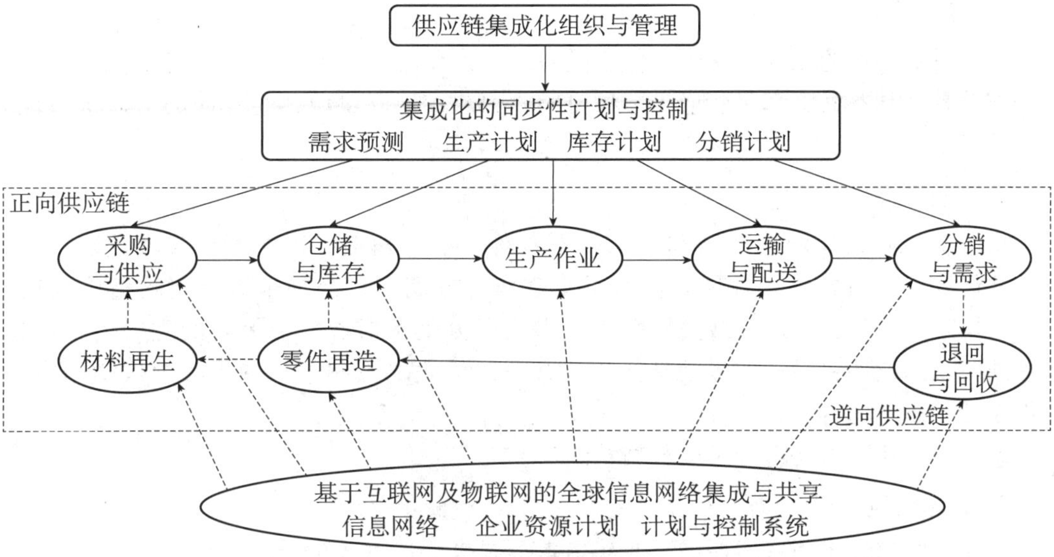

图 10－3　供应链管理的主要内容

课堂延伸：逆向供应链

想一想： 正向供应链与逆向供应链的异同是什么？

（三）供应链管理的运营机制

供应链管理的运营机制包括信任机制、风险机制、自律机制、激励机制、决策机制和合作机制，如图 10－4 所示。

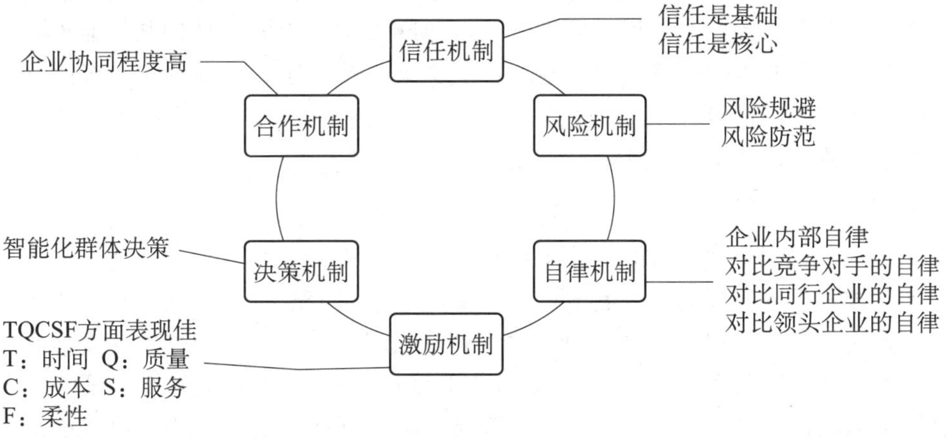

图 10－4　供应链管理的运营机制

1. 信任机制

在供应链企业的相互合作中，信任是基础，是核心。如果企业间没有信任，那么任何合作关系、利益共享都只能成为一种愿望，因此，建立供应链企业间的信任机制至关重要。

2. 风险机制

供应链企业之间的合作会因为信息不对称、信息扭曲、市场不确定性、政治、经济、法律等因素而导致各种风险。为了使合作各方满意，必须采取一定的措施规避风险。对风险的防范，可以从战略层面和战术层面分别考虑。防范风险的主要措施包括：建立战略合作伙伴关系；加强信息交流与共享，优化决策制定；加强激励机制的应用；柔性设计；风险的日常管理等。

想一想：为什么要进行风险控制？

3. 自律机制

自律机制要求供应链企业向行业的领头企业或最具有竞争力的竞争对手看齐，不断对产品、服务和供应链业绩进行评价并改进，以使企业保持竞争力和持续发展。自律机制主要包括企业内部自律、对比竞争对手的自律、对比同行业的自律和对比领头企业的自律。通过推行自律机制，企业可以降低成本，增加利润和销售量，更好地了解竞争对手，提高客户满意度，增加信誉，企业内部各部门之间的业绩差距也会缩小，从而提高企业的整体竞争力。

4. 激励机制

供应链管理和任何其他的管理思想一样，都是促使企业在竞争中、在 TQCSF 方面有上佳表现。T 为时间，指反应快，如提前期短、交货迅速等；Q 为质量，指产品、工作及服务质量高；C 为成本，企业要以最小的成本获取最大的收益；S 为服务，企业要不断提高客户服务水平，提高用户满意度；F 为柔性，企业要有较好的应变能力。

5. 决策机制

由于供应链企业决策信息的来源不再仅限于企业内部，而是在开放的信息网络环境下不断进行信息交换和共享，以达到供应链企业同步化、集成化计划与控制的目的，而且随着互联网或企业内部网发展成为新的企业决策支持系统，企业的决策模式将产生很大的变化，因此处于供应链中的企业决策模式应该是基于互联网/企业内部网的开放性信息环境下的智能群体决策模式。

6. 合作机制

供应链合作机制体现了战略伙伴关系和企业内部资源的集成化和优化，企业协同程度高。基于这种企业环境的产品制造过程，从产品的研究开发到投放市场，大大缩短了周期，而且用户导向化程度更高，模块化、简单化产品和标准化组件，使企业在多变的市场中的柔性和敏感性显著增强，虚拟制造与动态联盟提高了业务外包策略的利用程度。企业集成的范围扩展了，从原来的中低层次的内部业务流程重组上升到企业间的协作，这是一种更高级别的企业集成模式。市场竞争的策略最明显的变化就是基于时间的竞争和价值链及价值让渡系统管理或基于价值的供应链管理。

（四）供应链管理的作用

1. 减少库存，降低成本

通过供应链管理，使购买信息在供应商与制造商之间实时传递，制造商不需要储备大量的库存来保障生产，大大降低了库存费用，减少了生产成本。例如：一个企业的订货信息处理流程为：下订单—生产—交货—结算。通过供应链管理，企业在 ERP 系统中，首先在订货模块中输入订单信息，生产模块就会自动生成生产计划及物料需求计划；采购模块根据库存情况及物料需求计划自动生成采购计划；供应商接收采购订单，及时送货。

有效的供应链管理及 ERP 系统优化了流程的各个环节（除了库存管理）。由于供应商与制造商建立了战略合作伙伴关系，因此签订供应合同的手续就会大大简化，交易成本也因此大大降低。

2. 快速响应用户需求，实现以销定产

供应链的建立以及 ERP 系统在企业中的运用，使得信息传递更快速、更准确。当销售商获得用户的需求信息后，可以通过 ERP 系统将信息传递给制造商，制造商根据用户的需求组织生产，并根据有效的配送方案将产品送至用户手中，避免了信息不对称造成的产品积压或市场机会丢失，及时满足用户需求，增加利润，减少损失。ERP 系统还使供应链中企业之间的手续变得简单易行，极大地缩短了整个流程的时间。例如：在采购过程中，信息的透明化与及时化提高了供应链上企业的同步化运作效率。

3. 有效管控业务流程，降低运营风险

供应链信息的透明化与快速传递，使企业在面对机会和问题时能尽快做出相应的决策和计划，有效控制业务流程，防止出现问题。此外，企业还可以通过外包，将自己不擅长的业务外包给其他企业，降低企业的运营风险。

4. 专注核心业务，提高企业的核心竞争力

供应链中每个成员企业都只做自己最擅长的部分，即自己的核心业务，而将自己不擅长的业务，即非核心业务外包给供应链中的合作伙伴，这就使得企业可以将有限的资源集中到企业的核心业务上，使企业更具有核心竞争力。

四、供应链战略管理

（一）供应链战略管理概述

1. 供应链战略管理的概念

供应链战略管理是指从企业整体发展战略的高度考虑供应链管理事关全局的核心问题，形成对商流、物流、信息流和资金流的科学统一管理。供应链战略管理所关注的重点不是企业向用户提供的产品或服务本身给企业增加的竞争优势，而是产品或服务在企业内部和整个供应链中运动所创造的市场价值给企业增加的竞争优势。

2. 供应链战略管理的流程

供应链战略管理遵循企业战略管理的一般流程，包含以下九个步骤，如图 10－5 所示。

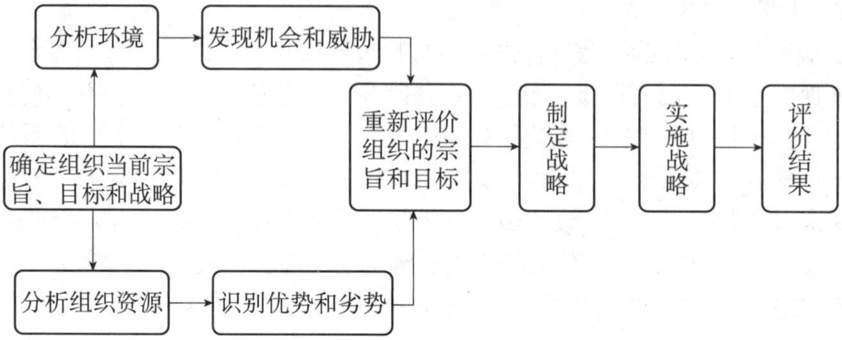

图 10－5　供应链战略管理流程图

（二）供应链战略管理的内容

1. 战略分析

明确企业目前状况，评估影响今后发展的关键因素，主要包括三个方面：确定供应链战略的使命和目标，外部环境分析（包括宏观环境、微观环境），内部条件分析（包括自身地位、资源及战略能力）。

2. 战略选择

明确企业走向何处，主要包括四个方面：制定战略选择方案、评估战略备选方案、选择战略、战略决策和计划，示例如表 10－1 所示。

表 10－1　供应链决策的具体问题

库存	运输	设施	信息
循环库存的部署策略 安全库存的部署策略 季节库存的部署策略	运输方式的选择 路径和网络的选择 自营与外包	工厂、配送中心的布局 设施能力 生产方式 仓储方式	推动型或拉动型供应链 协调与信息共享 需求预测与整合计划技术工具

3. 战略实施

明确企业如何走，就是将战略转化为行动，主要关注的问题包括：资源获取与分配、组织结构调整、具体业务运作、企业文化管理等。

4. 战略评价

评价企业运营得怎么样，就是通过业绩评价，审视战略的科学性和有效性，参照实际运营状况和新机遇、新理念、新技术、新方法，及时对所制定的战略进行调整，以保证战略对企业经营管理进行有效的指导。表 10－2 所示的供应链战略决策层次有助于我们进一步理解供应链管理战略的内涵。

表 10－2　供应链战略决策层次

决策问题	战略层次	策略层次	运作层次
货物运输	选择运输方式及其组合	制定运输方案	选择线路、发货、派车
订单处理	选择和设计订单录入系统	确定订单处理的先后顺序	履行客户订单
客户服务	设定服务水平和标准	制定服务内容和服务规范	客户订单处理与失误补救
货物仓储	仓库的数量、规模和位置	仓储货物的库存地点定位	确定补货数量和补货时间
材料采购	制定采购政策	洽谈合同，选择供应商	发出采购订单

（三）供应链战略管理模式

1. 基于产品类型的供应链战略

（1）有效性供应链战略。有效性供应链战略是指能够以最低成本将原材料转化成零部件、半成品、成品，以及在供应链中的储运等供应链战略，所对应的产品是功能性产品。由于功能性产品的需求可以预测，生产该类产品的企业可以采取各种措施降低成本，在低成本的前提下妥善安排订单，完成生产和产品交付，使供应链存货最小化和生产效率最大化。

（2）反应性供应链战略。反应性供应链战略是强调快速对需求做出反应的供应链战略。所对应的产品是创新性产品。因为创新性产品所面临的市场是非常不确定的，产品的寿命周期也比较短，企业面临的重要问题是快速把握需求的变化并能够及时对变化做出有效反应以适应需求的变化。

有效性供应链与反应性供应链的比较如表 10－3 所示。

表 10－3　有效性供应链与反应性供应链的比较

比较项目	有效性供应链	反应性供应链
追求目标	低成本满足需求	快速响应用户需求
管理核心	保持较高的平均利用率	配置多余的缓冲库存
供应链战略	在成本与质量上进行权衡	在速度、弹性和质量的基础上进行选择
产品设计	以最低生产成本取得最大销售业绩	创建调节系统，允许产品差异化发生
库存战略	降低整个供应链的库存	部署缓冲库存，应付不稳定的需求
生产战略	提高设备利用率形成规模效益，降低成本	维持边际生产能力的弹性，满足非预期需求
定价战略	边际收益较低，价格是吸引用户的因素	边际收益较高，价格不是吸引用户的主要因素
提前期	在保持稳定的情况下尽可能缩短提前期	大量投资以缩短提前期
供应商选择	以成本和质量为核心	以速度、柔性、质量为核心

想一想：分析食用油和服装这两类产品应该选择哪种供应链战略模式，并说明理由。

2. 基于驱动方式的供应链战略

（1）推动式供应链战略。推动式供应链战略是在一个推动式供应链中，生产和分销的决策都是根据长期预测的结果做出的，如图 10－6 所示。这种战略有以下缺陷：不能满足变化了的需求模式；当某些产品的需求消失时，会使供应链产生大量的过时库存。

（2）拉动式供应链战略。拉动式供应链战略是在拉动式供应链中，生产和分销是由需求驱动的，如图 10－7 所示。这种战略具有以下优点：通过更好地预测零售商订单的到达情况，可以缩短提前期；提前期缩短，零售商的库存可以相应减少；提前期缩短，系统的变动性减小，尤其是制造商面临的变动性减小；由于变动性减小，制造商的库存水平将降低。

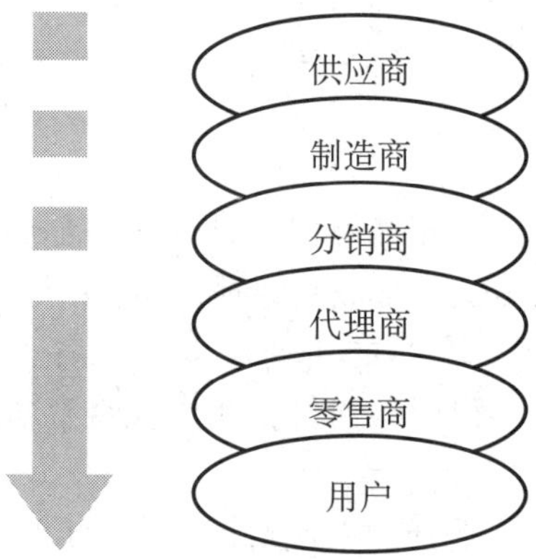

图 10－6　推动式供应链

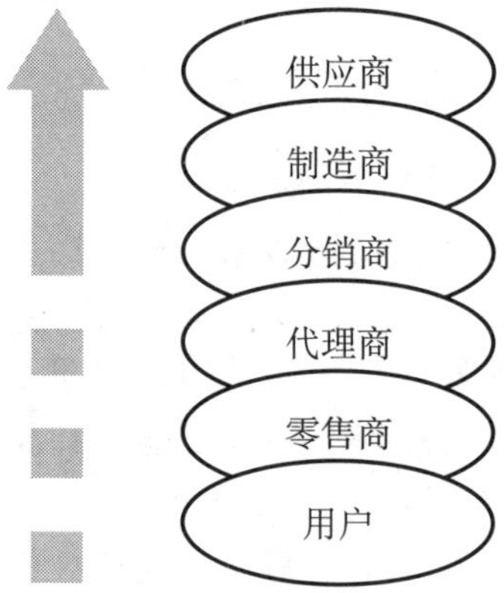

图 10－7　拉动式供应链

推动式供应链和拉动式供应链的对比，如表 10－4 所示。

表 10－4　推动式供应链和拉动式供应链的比较

比较项目	推动式供应链	拉动式供应链
反应能力	较差	较好
库存过时的风险	较大	较小
库存水平	较高	较低
提前期	一般较长	一般较短
服务水平	一般较低	一般较高
对提前期长的产品支持	好	差
运输和制造的经济规模	较大	较小

（3）推-拉式供应链战略。推-拉式供应链战略是在推-拉式供应链中，供应链的某些层次，如最初的几层，以推动的形式经营，同时其余的层次采用拉动式战略，如图 10－8 所示。推动层与拉动层的接口处被称为推-拉边界。

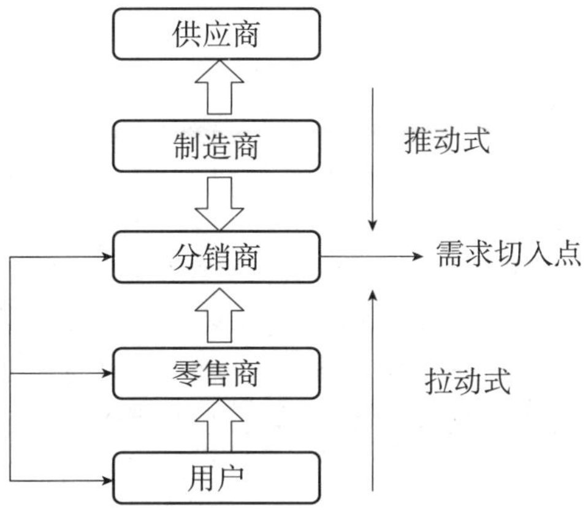

图 10－8　推–拉式供应链

任务二　供应链管理工具及应用

任务导入

电动车供应链模式的改进

在中国的城市中，电动车的普及率非常高。不少电动车生产企业发现，传统的依靠渠道方式构建销售体系，虽然很成熟，但是成本过高，难以通过互联网平台直接面向消费者。为了解决这个痛点，一家供应链公司为电动车行业提供了前置加工中心仓配一体化方案，支持库存的共享，可以在全国范围内实现资源分配与调货，并且将传统的仓储中心改造为具有装配功能的“前置装配仓”。通过改进这一供应链模式，为电动车生产企业提供了线上销售的终端。目前，以数字化为基础的运营模式连接了分布在全国的多座仓库，以及许多接近消费端的服务网点，实现了为全国多个区县提供末端用户的送装一体化服务，极大提升了电动车消费者的购买体验，同时降低了企业的服务成本，更好地衔接了生产与消费环节。

在这一过程中，需要通过供应链的体系设计，打通物流和信息流，以支持线上的商流和资金流，提升供应链的服务能力。

任务分析：电动车供应链模式的改进，极大提升了电动车消费者的购买体验，同时降低了企业的服务成本，更好地衔接了生产与消费环节，提升了供应链的服务能力。

任务要求：

1. 了解供应链仿真工具
2. 理解供应链运作参考模型
3. 掌握常用供应链管理工具

一、供应链运作参考模型

（一）供应链运作参考模型简介

供应链运作参考模型（supply chain operations reference model，SCOR）是由国际供应链理事会（Supply Chain Council）开发支持，适用于不同工业领域的供应链运作的参考模型。两个位于美国波士顿的咨询公司为了帮助企业更好地实施有效的供应链，实现从基于职能管理到基于流程管理的转变，牵头成立了国际供应链理事会，并发布了供应链运作参考模型。

供应链运作参考模型就是将众所周知的一些概念，如业务流程重组（BPR）、标杆设定（bench marking）及业务流程的管理集成为多功能一体化的模型结构，如图 10－9 所示。

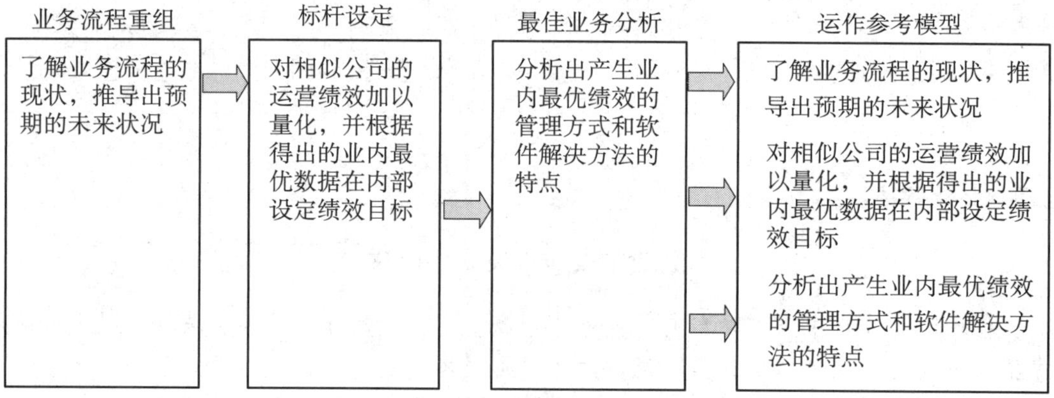

图 10－9　供应链运作参考模型的演化

（二）供应链运作参考模型结构

供应链运作参考模型分为三个层级和六大板块，如图 10－10 所示。供应链运作参考模型定义了六个主要流程：计划、采购、生产、物流、回收、赋能。

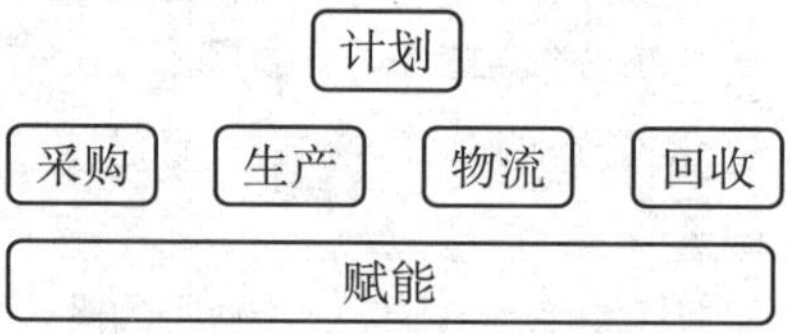

图 10－10　供应链运作参考模型

1. 计划

计划流程描述了与制订供应链运营计划相关的活动。这些措施包括确定要求、收集有关现有资源的信息、平衡需求和资源以确定计划的可行性和需求或资源方面的差距，以及确定纠正这些差距的行动。

2. 采购

采购流程描述了与原材料、组件、产品或服务的订购、交付、接收和转移相关的活动。这些措施包括下达采购订单、安排物流、接收订单、验证订单、仓储和接受供应商的发票。除采购事务外，还包括供应商识别、供应商认证和合同谈判等流程。

3. 生产

生产流程描述了与企业价值创造相关的全过程。其中包括装配、加工、维护、维修、回收、翻新、制造和其他常见类型的生产过程。

4. 物流

物流流程的主要目标是实现交付。物流流程描述了与创建、维护和履行订单相关的活动。这些措施包括接收、验证和创建订单、调度订单实施、货物拣选包装和运输等活动。

5. 回收

回收流程描述了与货物逆向物流相关的活动。这些措施包括确定需要回收的物品、决定适当的处置方法、安排回收时间以及运送和接收退回的货物。回收过程还包括修复、翻新和再制造等过程。

6. 赋能

赋能流程描述了与供应链管理相关的活动。其中包括业务规则管理、绩效管理、数据管理、资源管理、设施管理、合同管理、供应链网络管理、合规管理、风险管理等。

二、常用供应链管理工具

（一）宏观形势分析

宏观形势分析包含国际、国内、产业环境等，通过了解宏观形势，掌握当前供应链发展所面临的基本问题，为后续的产业/行业分析提供基础。例如：在新基建加大投资力度、自主研发要求进一步提升，以及内部扩大内循环发展等大环境下，供应链总监需要分析这些因素对供应链所产生的影响。

通用分析模型为 PESTLE，PESTLE 分析源自 PEST（political，economic，social，technological）分析，是一个用于评估外部环境因素的工具，每个 PEST 因子可以表示约束或机会；PESTLE 在此基础上还进一步增加了法律（legal）与环境（environment）因子，如图 10－11 所示。

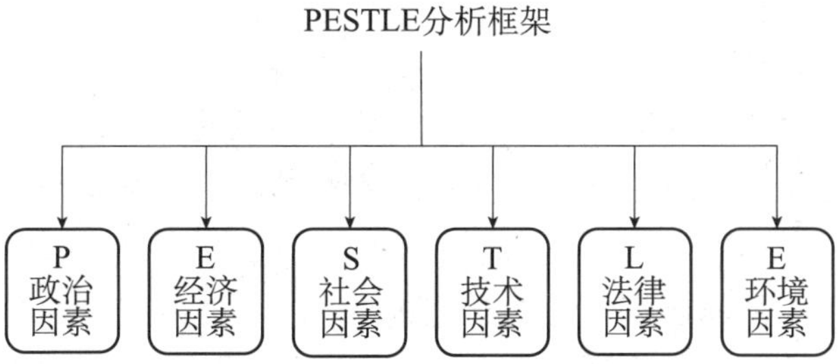

图 10－11　PESTLE 分析框架

（二）产业/行业发展态势分析

行业的生命周期指行业从出现到完全退出社会经济活动所经历的时间。行业的生命发展周期主要包括四个发展阶段：创业阶段、成长阶段、成熟阶段和衰退阶段。每个行业都要经历一个由成长到衰退的发展演变过程，如图 10－12 所示。

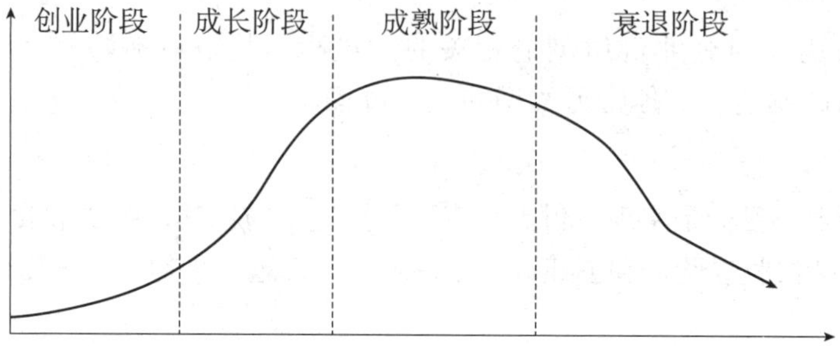

图 10－12　生命周期分析工具

五力分析也被称为五力框架，它确定了塑造企业的五种竞争力量。这些力量包括：新市场参与者的威胁、替代产品的威胁、下游客户的威胁、上游供应商的威胁和行业竞争，这些力量都影响市场竞争强度和吸引力，如图 10－13 所示。五力分析有助于确定商业环境中的压力所在，这对于理解组织当前的压力和目标竞争地位的强度都很有用。

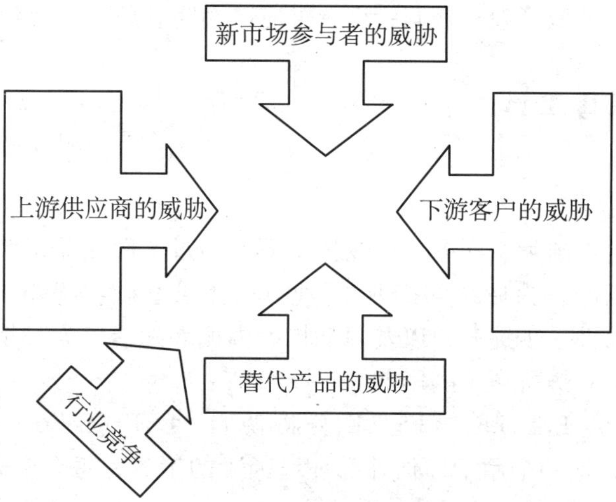

图 10－13　五力分析模型

（三）企业竞争能力分析

在宏观环境与行业环境分析之后，供应链总监需要进一步对本企业展开深度研究，以掌握自身的优势，分析如何才能更好地整合供应链资源，提升供应链整体的效率。

1. 价值链分析

价值链模型将企业各种活动分为主价值链和辅助价值链，目的是展示企业的基本增值过程，对价值增值过程进行分析。价值链系统将企业与上下游的连接关系清晰地展示出来，这有利于找到企业与上下游的链条中的增值与不增值环节，从而优化企业流程，如图 10－14 所示。

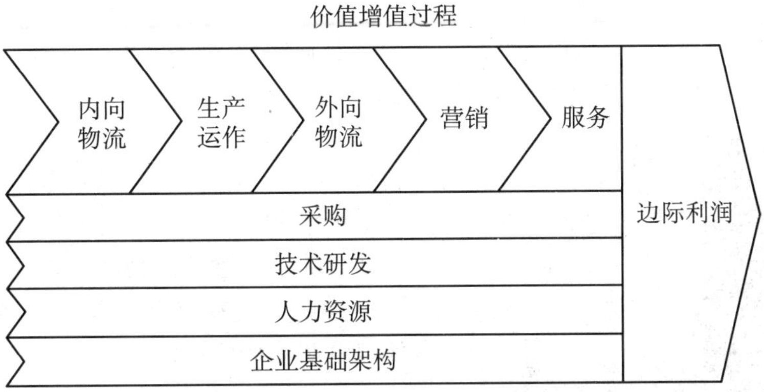

图 10－14　价值链分析

价值链的五项主要增值活动包括：

（1）内向物流：收货、入库、库存控制。

（2）生产运作：将投入转化为为产品创造价值的活动（如组装和制造）。

（3）外向物流：向客户提供成品所需的活动，包括仓储、库存管理、订单履行和运输等。

（4）营销：与让客户购买产品相关的活动。

（5）服务：维护和提高产品价值的活动，如保修服务。

2. 企业核心竞争优势分析

企业核心竞争优势（VRIO）框架是基于资源视角进行分析的战略工具，用于分析组织内部特征与绩效之间的关联。组织从内部视角寻找竞争优势的来源，并形成可持续的竞争能力。企业内部资源可以定义为“所有资产、能力、组织流程、公司属性、信息和知识，由公司控制，使其能够提高效率和效益”。资源通常分为有形（如设备、机械、土地、建筑物和现金）和无形（如商标、品牌声誉、专利和许可证）或实物、人力和组织资源等类别。为了让企业将这些资源转化为可持续的竞争优势，资源必须具备四个属性，如图 10－15 所示。

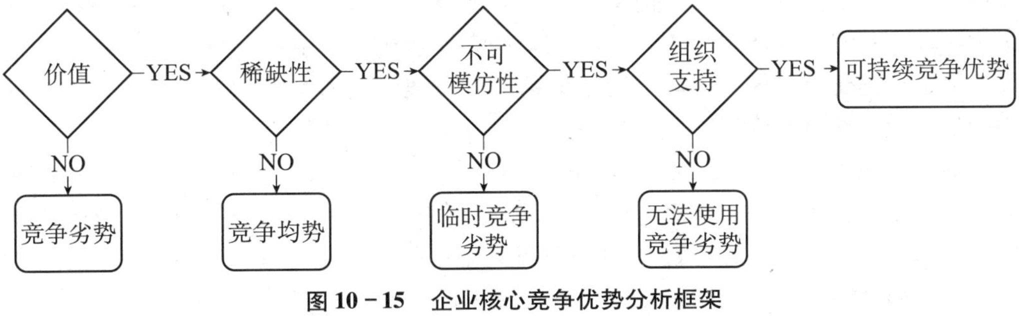

图 10－15　企业核心竞争优势分析框架

（1）价值（value）。资源必须是有价值的。当资源能够提高公司效率和效益时，它们被视为是有价值的。评估资源或投资是否有价值的另一种方法是评估净现值（net present value，NPV），这意味着投资于资源的成本应低于预期的未来现金流。如果一家公司拥有的资源都不具有相对价值，那么可能会在竞争中处于劣势。

（2）稀缺性（rare）。如果资源在行业中具有稀缺性，根据供求定理，掌握了这种稀缺资源的组织拥有竞争优势，至少是短期的竞争优势。

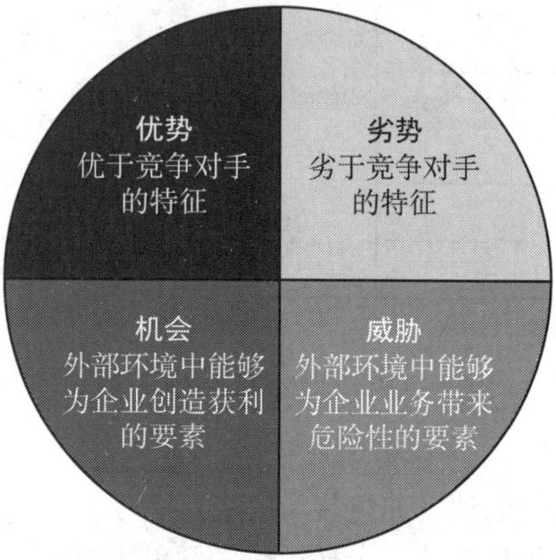

图 10－16　SWOT 分析

（3）不可模仿性（inimitable）。资源应该满足的另一个标准是，它们应该很难被模仿或替代。不可模仿的资源包括独特的自然或历史条件、社会关系，独特的技术发展路径等。

（4）组织支持（organized）。公司需要具备有效整合和协调资源的能力。

3. SWOT 分析

SWOT 分析是评估企业内部和外部环境的最常用工具之一，也是企业战略规划过程的一部分。SWOT 是指优势、劣势、机会和威胁，如图 10－16 所示。SWOT 分析分为内部因素和外部因素。

内部因素是企业的优势与劣势，优势是赋予企业优于竞争对象的特征，而劣势是企业为提高绩效而需要克服的特征。内部因素包括企业文化、企业形象、运营效率、运营能力、品牌意识、市场份额、财务能力、关键员工、组织结构等。

外部因素是企业的机会和威胁。机会是企业在外部环境中看到的元素，企业将来可以通过追求这些元素来创造价值。威胁是外部环境中可能阻碍企业实现其目标或使命或创造价值的因素。外部因素包括社会变化、客户、竞争对手、经济环境、政府法规、供应商、合作伙伴、市场趋势等。

三、供应链仿真工具

由于供应链所涉及的主体、流程众多，常常牵一发而动全身，传统的管理模式往往更集中于单一任务或功能视角，难以站在全局高度看待供应链的整体优化。因此，通过对供应链运行的仿真与模拟，能够有效地提高供应链管理的水平和效率，实现在不同部门之间更有效的交流与沟通。

目前常用的仿真工具包括：Flexsim、AnyLogistix、Supply Chain Guru、SCM Globe 等。不同的工具有不同的侧重点，Flexsim 侧重于供应链节点内的三维仿真，能够有效地提供对节点内的吞吐量、运行过程的预测与优化；AnyLogistix 基于对供应商、运营商以及货运代理商在内的复杂网络进行分析，利用 What－if 分析对系统进行压力测试并提供策略；Supply Chain Guru 支持供应链网络、库存优化等相关应用，能够协助供应链管理者实现决策优化；SCM Globe 是一个全在线的供应链仿真工具，能够基于产品、设施、车辆、路线四个要素进行建模分析。

目前，我国尚且缺乏自主研发的供应链优化工具，这一领域还有着巨大的成长与发展空间。

供应链仿真的下一阶段将向着供应链业务流程孪生方向发展。与仿真技术不同的是，供应链业务流程孪生需要获得实时的可信的数据，将真实数据在模型系统中运行，实现物理世界和信息世界的有效对应。供应链业务流程孪生的结果是可以在供应链上实现共享，不同的供应链协作者能够基于共同的预测展开协作行为，减少供应链上由于分散式决策导致的信息扭曲现象。

在实施决策之前，通过业务流程的孪生系统能够给出优化后的可执行方案，并且在环境发生变化时及时给出基于当前环境的最优方案。而这一切，就像我们在开车时使用的导航系统，导航系统不会告诉我们走错了，而是在当前条件下，根据最终的目的地，帮助我们选择另一条可行的最优路径。

项目小结

供应链是指生产及流通过程中，围绕核心企业的核心产品或服务，由所涉及的原材料供应商、制造商、分销商、零售商直到最终用户等形成的网链结构。

任务一主要包括供应链的产生与发展，供应链的概念、结构、特征，供应链管理概述，供应链战略管理等内容。

任务二主要包括供应链运作参考模型，常用供应链管理工具，供应链仿真工具等内容。

项目实训

供应链的组成

实训目的

1. 通过对企业供应链的调研，形成对供应链的认知。
2. 了解不同企业供应链的组成。
3. 了解企业供应链管理工具的应用情况。

实训资料

在本地调研相关企业，了解企业供应链的组成情况；重点了解不同企业供应链的组成有何不同，其在供应链中所处的位置，以及供应链管理工具的应用。

实训要求

1. 分组进行，选举一人为组长。
2. 落实外出调研的交通工具。
3. 强调外出调研的任务与纪律。
4. 重点了解供应链的组成情况。
5. 小组讨论。
6. 总结并撰写调研报告，全班共享。

实训指导

1. 指导学生遵守所调研企业的管理制度。
2. 指导学生学会沟通。
3. 指导学生收集企业供应链的组成情况、供应链管理工具的应用情况。
4. 指导学生按正确的格式撰写调研报告。

实训评价

实训评价标准如表 10－5 所示。

表 10－5　实训评价标准

姓名__________　　　　学号__________

序号	评价标准	分值	得分
1	考勤、纪律	10	
2	调研态度	10	
3	沟通协调	15	
4	职业素养	15	
5	调研报告	50	

项目十一
前沿发展与创新

学习目标

※ 知识目标

- 了解我国智慧物流发展现状与政策，传统物流业务模式
- 理解智慧物流的概念、发展特点、发展趋势，物流业务模式的选择
- 掌握智慧物流的技术体系、智慧物流应用场景与智慧物流技术的应用方向

※ 能力目标

- 初步具备认知智慧物流的能力
- 能描述智慧物流的发展趋势
- 提升智慧物流应用场景及智慧物流技术的应用方向

※ 素质目标

- 具有团结合作、创新的意识
- 培养安全降本的能力
- 提升综合分析能力

思维导读

- 项目十一　前沿发展与创新
  - 任务一　智慧物流认知
    - 一、智慧物流的概念
    - 二、智慧物流的发展特点
    - 三、智慧物流的技术体系
    - 四、智慧物流的应用场景与智慧物流技术的应用方向
    - 五、我国智慧物流的发展现状
    - 六、我国智慧物流发展的政策
    - 七、我国智慧物流的发展趋势
  - 任务二　物流业务模式认知
    - 一、物流业务模式的类型
    - 二、物流业务模式的选择

案例导入

开启“物流天眼”，助力智能管理

普通摄像头被加载算法之后，就会成为“能感知”“会思考”的重要物联网设备。“菜鸟”宣布正式上线视频云监控系统。原本需要使用人力现场巡检的工作，现在均由摄像头完成实时识别，第一时间智能推送给总台，由总台调集人员迅速处理。物流场站内的管理模式也由人员主动巡检时不能及时发现异常，或者发生异常导致场站停摆后再被动介入的处理模式，转变为实时智能管理模式。

德邦快递率先试用了“物流天眼”系统。使用这套系统之后，德邦快递多个分拨中心、网点内原有的摄像头“学会了思考”，摄像头以前只具有监控记录功能，现在能够识别车位是不是空闲、卸车装车作业是否在正常进行，以及场站内堆积度是不是饱和、通道有没有被堵塞等。

“菜鸟”上线视频云监控系统并投入使用后，意味着全国各类物流场站内的百万个摄像头，从简单的监控回溯设施，升级为智能感知设备，开启“物流天眼”，助力智能管理。

任务一　智慧物流认知

任务导入

顺丰科技积极推广“智慧物流”战略

深圳市发展和改革委员会公示了新兴产业扶持计划项目2020年第一批验收结果，

顺丰科技有限公司（以下简称顺丰科技）基于人工智能技术的智慧物流系统研发与产业化项目顺利通过验收。该项目规划并完成搭建了一整套智慧物流系统，主要包括网络设计（动静态线路规划系统）、效率优化（车辆司机资源运筹排班系统）、运营优化（全链路仿真监控平台）三大体系的建设和全网推广使用。

截至项目验收，动静态线路规划系统已实现在全国的落地使用。此外，全链路仿真监控平台也为物资溯源及监控提供了保障，帮助一线人员快速及时地找到滞留环节，解决滞留问题。

任务分析： 顺丰科技研发的智慧物流系统取得了显著成果，如动静态线路规划系统已实现在全国落地使用。

任务要求：

1. 了解我国智慧物流的发展现状与政策
2. 理解智慧物流的概念、发展特点、发展趋势
3. 掌握智慧物流的技术体系、智慧物流应用场景与智慧物流技术的应用方向

一、智慧物流的概念

国家标准《物流术语》（GB/T 18354—2021）将智慧物流（smart logistics）定义为：以物联网技术为基础，综合运用大数据、云计算、区块链及相关信息技术，通过全面感知、识别、跟踪物流作业状态，实现实时应对、智能优化决策的物流服务系统。智慧物流可以实现物流的自动化、智能化、可视化、可控化、信息化、网络化和标准化。

想一想： 智慧物流发展会对传统物流企业产生什么影响？

二、智慧物流的发展特点

近年来，技术与物流相融合的智慧物流迅速发展。智慧物流是以物流互联网和物流大数据为依托，通过协同共享创新模式和人工智能先进技术，重塑产业分工，再造产业结构，转变产业发展方式的新生态。当前，国家鼓励大众创业、万众创新，陆续出台政策措施，支持和引导“互联网＋”高效引领物流发展。国家发改委开展骨干物流信息平台试点工作，交通运输部组织无车承运人试点，工信部支持智能物流发展，商务部开展智慧物流配送示范工作等，为智慧物流发展营造了良好的政策环境。智慧物流的发展特点如下：

（一）“互联网＋”物流蓬勃发展

智慧物流的核心是协同共享。近年来，涌现出一批“互联网＋”物流的互联网平台，它们打破了传统企业边界、深化了企业分工协作、实现了存量资源的社会化转变和闲置资源的最大化利用，是智慧物流的典型代表。

（二）物联网在物流领域广泛应用

近年来，随着移动互联网的快速发展，物联网呈现快速增长态势，我国已有百万辆载重货车安装了北斗定位装置，大量物流设施通过传感器接入互联网，以信息互联、设施互联带动物流互联，使物流在线化成为可能，这是智慧物流的前提条件。

（三）物流大数据变为现实

物流在线化产生了大量业务数据，使得物流大数据从理念变为现实，数据驱动的商业模式推动产业智能化变革，将大幅度提高生产效率。通过对物流大数据的处理与分析，挖掘对企业运营管理有价值的信息，科学合理地进行管理决策，是物流企业的普遍需求。业务数据化正成为智慧物流的重要基础。

（四）物流云服务强化保障

物流在线化和业务数据化为云计算提供了可能。依托物流云平台，为客户、企业提供安全稳定的物流基础信息服务和标准统一的应用组件服务，强化了客户与企业之间的数据连接；高效地整合、管理和调度数据资源，推动了物流行业向智慧化、生态化转变，是智慧物流的核心需求。

（五）人工智能快速起步

人工智能为物流技术创新提供了新的空间。通过赋能物流各环节，人工智能实现了智能配置物流资源、优化物流环节、减少资源浪费、大幅提升物流运作效率的效果。特别是人工智能技术在无人驾驶、无人仓储、无人配送、物流机器人等前沿领域的应用，使一批领先企业已经开始开展试验和商业应用。

想一想：人工智能技术在物流领域的运用体现在哪里？

三、智慧物流的技术体系

（一）自动识别技术

自动识别技术已经发展成为由条码识别技术、智能卡识别技术、光学字符识别技术、射频识别技术、生物识别技术等组成的综合技术，并正在向集成应用的方向发展。

想一想：生活中，哪些场景中应用了自动识别技术？

（二）数据挖掘技术

数据挖掘是从大量的、不完全的、有噪声的、模糊的及随机的实际应用数据中，挖掘出隐含的、未知的、对决策有潜在价值的知识和规则的过程。数据挖掘的三阶段过程模型，如图 11－1 所示。

（三）人工智能技术

人工智能是指借鉴仿生学思想，用数学语言抽象描述知识，用以模仿生物体系和人

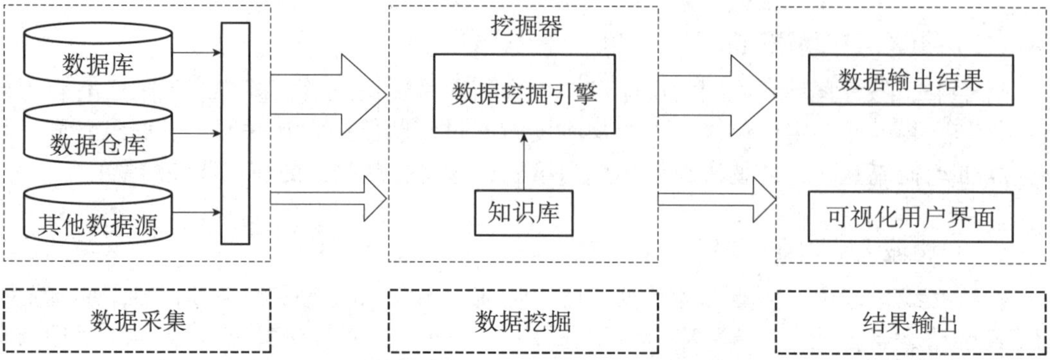

图 11－1　数据挖掘的三阶段过程模型

类的智能机制，主要方法有神经网络、进化计算和粒度计算三种。人工智能的技术框架如图 11－2 所示。

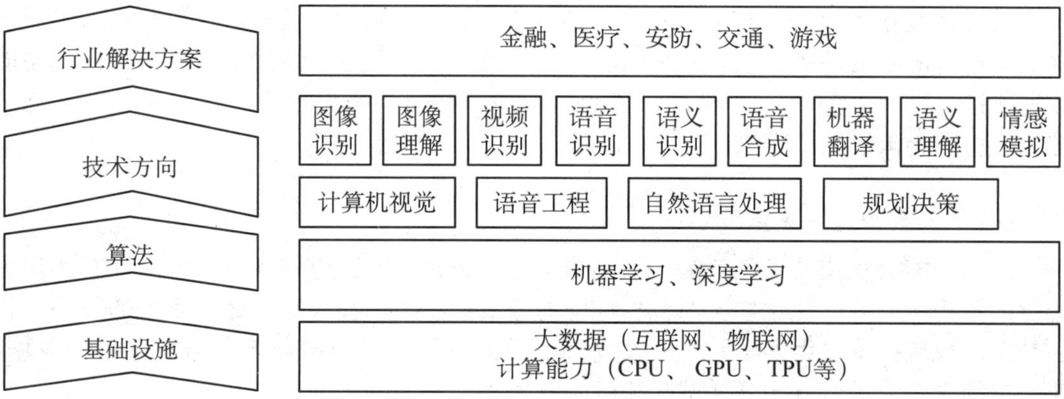

图 11－2　人工智能的技术框架

想一想：在哪些物流作业环节可以率先使用人工智能技术？

（四）地理信息系统

地理信息系统是打造智能物流的关键技术与工具，使用地理信息系统可以构建物流信息地图，将订单信息、网点信息、送货信息、车辆信息、客户信息等数据都在一张图中进行管理，实现快速智能分单、网点合理布局、送货路线合理规划、包裹监控与管理。

地理信息系统可以帮助物流企业实现基于地图的服务，如网点标注、片区划分、快速分单、车辆监控管理系统、物流配送线路规划辅助系统、数据统计与服务。

四、智慧物流的应用场景与智慧物流技术的应用方向

（一）智慧物流的应用场景

智慧物流是以物流互联网和物流大数据为依托，通过协同共享创新模式和人工智能

先进技术，重塑产业分工，再造产业结构，转变产业发展方式的新生态物流。

物联网、大数据及人工智能三大领域是未来智慧物流发展的重要方向，也是智慧物流能否进一步迭代升级的关键。智慧数据底盘技术如图 11－3 所示。

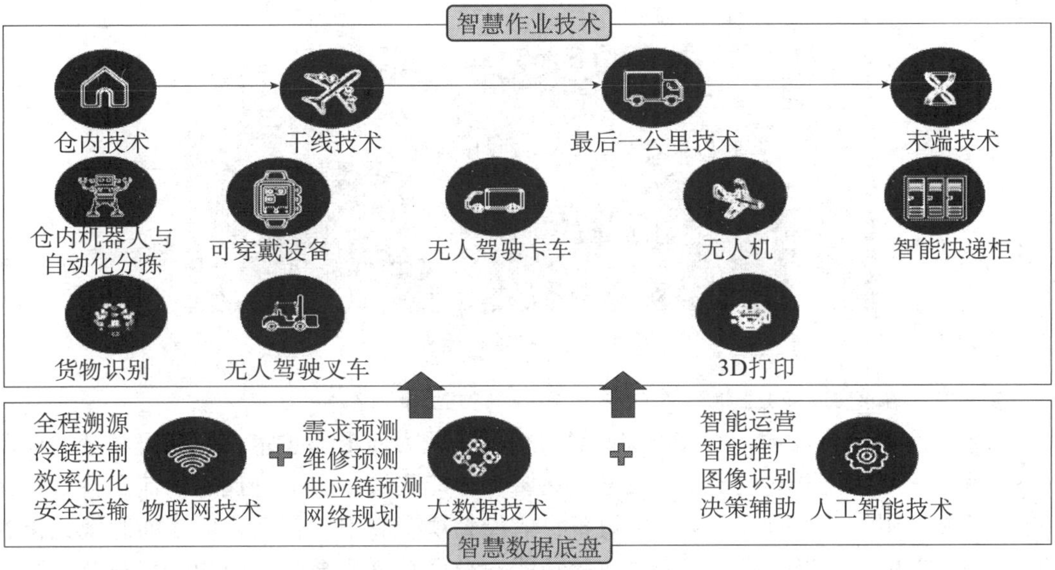

图 11－3　智慧数据底盘技术

1. 物联网主要物流应用场景

物联网主要有四个物流应用场景：产品溯源、冷链控制、安全运输、路由优化。

2. 大数据技术主要物流应用场景

大数据技术主要有四个物流应用场景：需求预测、设备维护预测、供应链风险预测、网络及路由规划。

3. 人工智能技术主要物流应用场景

人工智能技术主要有五个物流应用场景：智能运营规则管理、仓库选址、决策辅助、图像识别、智能调度。

（二）智慧物流技术的应用方向

1. 仓内技术

仓内技术主要有仓内机器人与自动化分拣、可穿戴设备、无人驾驶叉车、货物识别四类技术。目前仓内机器人与自动化分拣技术已相当成熟并得到广泛应用，可穿戴设备技术正处于研发阶段，但也有部分实现应用，以下主要介绍这两种技术。

（1）仓内机器人与自动化分拣技术。仓内机器人包括自动引导搬运车、货架穿梭车、分拣机器人等。仓内机器人在领先企业应用较早，并且已经开始商业化。京东、菜鸟、申通等已经开始布局这种技术。从应用领域方面来看，物流机器人分为工业用物流机器人和商业用物流机器人；从功能方面来看，可分为 AGV（自动引导车）、码垛机器人、分拣机器人、AMR（自主移动机器人）、RGV（有轨制导车辆）、无人配送机器人等，可应用于无人仓库、生产线、室外封闭或半封闭区域道路等场景。物流机器人的使用能够在有效提高运送和分拣效率的同时减少人工操作带来的各种风险。智能机器人如图 11-4 所示。

图 11-4　智能机器人

想一想：在我国，物流机器人的使用率高吗？为什么？

（2）可穿戴设备技术。当前可穿戴设备仍属于较为前沿的技术，在物流领域的应用不多。目前，可穿戴设备主要在手持扫描设备、智能眼镜、智能仓储、物流运输、物品拣选等领域应用。整体而言，可穿戴设备目前离大规模应用仍较远，而智能眼镜凭借其实时的物品识别、条码阅读和库内导航等功能，未来有可能被广泛应用。京东及亚马逊等国内外电商企业已开始研发相关智能设备。

2. 干线技术

干线技术主要是无人驾驶卡车技术，如图 11-5 所示。无人驾驶卡车将改变干线物流的现有格局，目前虽尚处于研发阶段，但已取得阶段性成果，正在进行商用化前的测试。

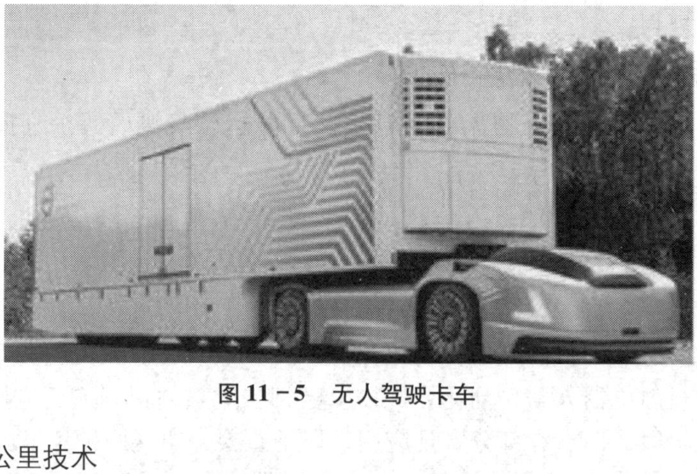

图 11-5　无人驾驶卡车

3. 最后一公里技术

最后一公里技术主要包括无人机技术与 3D 打印技术两类。

（1）无人机技术。无人机技术已经较为成熟，主要应用在人口密度相对较小的区域，如农村配送，如图 11-6 所示。中国企业在该技术上具有领先优势，且政策较为开放，制定了相对完善的无人机管理办法。未来无人机的载重、航时将会不断被突破，感知、规避和防撞能力有待提升，软件系统、数据收集与处理分析能力将不断提高，应用范围将更加广泛。

图 11－6　无人机

课堂延伸：丰鸟科技

（2）3D 打印技术。3D 打印技术将给物流行业带来颠覆性变革，但当前技术仍处于研发阶段。未来的产品生成及消费模式将会是“城市内 3D 打印＋同城配送”，甚至“社区 3D 打印＋社区配送”模式。物流企业需要通过铺设 3D 打印网络，实现定制化产品在离消费者最近的服务站点生产、组装与末端配送的职能。

亚马逊开设 3D 打印商店，为消费者提供百余款产品，并与 3DLT 和 Mixee 实验室签署了协议，进行 3D 打印的初步布局。亚马逊提交的一项专利显示，其将把静态的 3D 网络变为动态布局。消费者下单后，将把指令发送到最近的 3D 打印车，在车辆向消费者行驶过程中完成产品的 3D 打印与组装，并最终送达消费者。

4. 末端技术

末端技术主要是指智能快递柜，这是各大企业布局的重点，如图 11－7 所示。智能快递柜技术较为成熟，目前已在一二线城市得到推广，包括丰巢、速递易等。但当前智能快递柜仍面临使用成本高、便利性和智能化不足、使用率低、无法当面验货、盈利模式单一等问题，其未来的发展仍存在不确定性。

5. 智慧数据底盘技术

智慧数据底盘主要包括物联网、大数据及人工智能三大领域。物联网与大数据互为依托，前者为后者提供了部分数据来源，后者将前者的数据业务化，而人工智能则是大数据分析的升级。三者都是未来智慧物流发展的重要方向，也是智慧物流能否进一步升级迭代的关键。

图 11-7　智能快递柜

（1）物联网。物联网的概念已十分普及，但受终端传感器高成本的影响，目前在物流领域大规模应用难度仍然较高。长期来看，低成本的传感器技术将实现突破，RFID 和其他低成本无线通信技术将是未来的方向。在可以预见的未来，物联网在物流行业将得到广泛应用。

（2）大数据。大数据技术已成为众多企业重点发展的新兴技术，多家企业已成立相应的大数据分析部门，进行大数据的收集、研究、分析和应用布局。

（3）人工智能。人工智能技术主要由电商平台推动，尚处于研发阶段，除图像识别外，其他人工智能技术距离大规模应用仍有较大差距。

五、我国智慧物流的发展现状

自国家各级政府部门出台了鼓励物流行业向智能化、智慧化方向发展的政策，并积极鼓励企业进行物流模式创新，2020 年我国智慧物流市场规模近 6 000 亿元，同比增长 21.1%；2021 年我国智慧物流市场规模达到 6 477 亿元，同比增长 10.9%；2022 年我国智慧物流市场规模达 6 995 亿元；2023 年我国智慧物流市场规模达到 7 903 亿元；预计到 2025 年我国智慧物流市场规模将突破万亿元。我国智慧物流主要发展方向包括：

（一）大力推进“互联网＋”物流发展

《国务院办公厅关于深入实施“互联网＋流通”行动计划的意见》中提出，鼓励发展分享经济新模式……激发市场主体创业创新活力，鼓励包容企业利用互联网平台优化社会闲置资源配置……扩大社会灵活就业。

1. 鼓励物流模式创新，重点发展多式联运、共同配送、无车承运人等高效现代化物流模式

中共中央、国务院印发的《质量强国建设纲要》中提出：积极发展多式联运、智慧物流、供应链物流，提升冷链物流服务质量，优化国际物流通道，提高口岸通关便利化程度。规范发展网上销售、直播电商等新业态新模式。加快发展海外仓等外贸新业态。

2. 加强物流信息化和数据化建设

《国务院办公厅关于进一步推进物流降本增效促进实体经济发展的意见》中提出，加快推进物流仓储信息化标准化智能化，提高运行效率。大力发展“互联网＋”车货匹配、“互联网＋”运力优化、“互联网＋”运输协同、“互联网＋”仓储交易等新业态、新模式。加强物流装载单元化建设。推进物流车辆标准化。推动物流活动信息化、数据化。

（二）新型商业模式涌现，对智慧物流服务提出了更多要求

近年来，电商、新零售、C2M等新型商业模式发展迅猛，消费者需求也从单一化、标准化向多样化、差异化、个性化转变，这些变化都对物流服务提出了更高的要求。电商的快速发展带动了快递业务量的高速增长，2023年我国快递业务量累计完成1 320.7亿件，同比增长19.4%；快递业务收入累计完成12 074亿元，同比增长14.3%。

由于大数据、人工智能等先进技术的兴起，新零售模式下的企业将以互联网为依托，对线上服务、线下体验的现代物流进行深度融合，这也促使企业对智慧物流提出了更高的要求。

由客户需求驱动生产制造，除去各种中间流通加价环节，直接连接设计师或制造商，为客户提供高质量、低价格、个性化的商品。在C2M模式下，客户诉求将直达制造商，个性化定制成为新的风向，这对物流的及时反应、定制化匹配能力提出了更高的要求。

（三）物流运作模式革新，推进智慧物流需求提升

随着互联网技术的不断发展，物流行业与互联网相结合，改变了物流行业原有的市场环境与业务流程，推动了新型物流运作模式的发展，如车货匹配、运力众包等。

1. 车货匹配

车货匹配可分为同城货运匹配和城际货运匹配两类。货主发布运输需求，平台根据货物属性及运输距离等进行智能匹配，并提供标准作业程序（standard operating procedure，SOP）等各类增值服务。这对物流的数据处理、车辆状态与货物的精确匹配能力要求极高。

2. 运力众包

运力众包主要服务于同城匹配市场。由平台整合各类闲散个人资源，为客户提供及时的同城配送服务。管理运力资源，通过分析距离、配送价格、周边配送员数量等数据实现订单精确分配，为客户提供最佳体验。

多式联运包括海铁、公铁等多种类型。作为一种集约高效的现代化运输组织模式，多式联运在“一带一路”布局下迎来了加速发展的重要机遇。运输过程中涉及多种运输工具，为实现全程可追溯和系统间的贯通，信息化运作十分重要；同时，无线射频、物联网等新型技术的应用也大大提高了多式联运、换装转运的自动化作业水平。

（四）大数据、无人技术等智慧物流相关技术日渐成熟

无人机、机器人等技术近几年发展迅速，未来将会进一步与物流行业结合，广泛应用在仓储、运输、配送等各个物流环节。

六、我国智慧物流发展的政策

我国智慧物流的发展与建设离不开政策的支持。近年来，国家出台了很多促进物流降本增效的政策与发展意见，大力提升物流相关创新领域的活力与动力，推动我国智慧物流行业的快速、稳定发展。智慧物流的政策，如表11－1所示。

表11－1　智慧物流的政策

文件名称	颁布机构	主要内容
质量强国建设纲要	中共中央、国务院	积极发展多式联运、智慧物流、供应链物流，提升冷链物流服务质量，优化国际物流通道，提高口岸通关便利化程度。
“十四五”现代物流发展规划	国务院办公厅	到2025年，基本建成供需适配、内外联通、安全高效、智慧绿色的现代物流体系。
“十四五”推进农业农村现代化规划	国务院	打造农村物流服务品牌，创新农村物流运营服务模式，探索推进乡村智慧物流发展。
关于促进钢铁工业高质量发展的指导意见	工业和信息化部、国家发展和改革委员会、生态环境部	鼓励企业大力推进智慧物流，探索新一代信息技术在生产和营销各环节的应用，不断提高效率、降低成本。
“十四五”快递业发展规划	国家邮政局	持续推进安全快递、智慧快递、绿色快递建设，持续推进高效能治理，为建设高标准市场体系、全面建设社会主义现代化国家贡献力量。
综合运输服务“十四五”发展规划	交通运输部	构建协同融合的综合运输一体化服务系统、快速便捷的城乡客运服务系统、舒适顺畅的城市出行服务系统、集约高效的货运与物流服务系统、安全畅通的国际物流供应链服务系统，打造清洁低碳的绿色运输服务体系、数字智能的智慧运输服务体系、保障有力的安全应急服务体系、统一开放的运输服务市场体系、精良专业的从业人员保障体系。
中华人民共和国国民经济和社会发展第十四个五年规划和2035年远景目标纲要	全国人民代表大会	培育壮大人工智能、大数据、区块链、云计算、网络安全等新兴数字产业，提升通信设备、核心电子元器件、关键软件等产业水平。构建基于5G的应用场景和产业生态，在智能交通、智慧物流、智慧能源、智慧医疗等重点领域开展试点示范。鼓励企业开放搜索、电商、社交等数据，发展第三方大数据服务产业。促进共享经济、平台经济健康发展。

七、我国智慧物流的发展趋势

（一）人工智能技术快速迭代

目前，物流自动化技术获得了快速发展，配送终端的智能货柜、无人机、机器人技术开始进入应用阶段，自动驾驶卡车、地下智能物流配送系统等技术成为关注的热点。未来几年，人工智能技术将进入快速迭代期，机器在很多方面将替代人工，未来物流赋能改造传统物流基因，无人机、无人仓、无人车更加普遍，“智能革命”将不断改变物流格局。

（二）云仓系统方兴未艾

我国智慧物流共享平台及其技术的应用进入成熟期，将有效整合社会物流资源，特别是依托大数据和云计算的智慧物流云仓系统将成为中坚力量。在云仓模式下，通过预测销售和提前将库存布局到离消费者最近的仓库，尽量缩短配送时间，缩短“订单完成提前期”，整个供应链的反应时间将会明显缩短。

（三）智慧决策技术发展演进

目前物流企业十分重视物流数据收集、分析与应用，大数据预测的前置布仓技术让物流实现了先行，缓解了物流高峰阶段的配送压力。但是，各大物流公司的智慧物流系统能够做到“自主决策”的几乎没有。未来，智慧物流决策技术将快速演进，为实现最优化提供强有力的支撑。

（四）智慧物流技术的应用更为广泛

电商行业的蓬勃发展加速了物流的发展，现阶段智慧物流在物流垂直领域的应用仍不够广泛，如危险品等物品配送环节。未来，智慧物流技术的应用覆盖面将更趋广泛，以物联网、大数据、人工智能等先进物流技术为标志的智慧物流技术可能实现应用场景甚至生产环节的全覆盖。

任务二　物流业务模式认知

任务导入

海尔的物流模式

在海尔国际化过程中，通过参与国际竞争，海尔分析和研究并得出结论：当企业发展到一定阶段，物流作业被高度集成化，并定位为一种核心能力时，就能够对战略优势起到夯基垒台的作用。海尔从20世纪末开始大力提高自己的物流能力，成立了专门的物流推进本部，通过资源整合与优化，对内优化供应链，对外开展社会化物流业务，实现了从“企业物流”到“物流企业”的转变，取得了显著的成绩，也打响了“海尔物流”这一金字招牌。

任务分析：从“企业物流”到“物流企业”的转变，海尔选择了自营物流模式。

任务要求：

1. 了解传统物流业务模式
2. 理解物流业务模式的选择
3. 掌握智慧物流的创新模式

一、物流业务模式的类型

物流业务模式是指企业对其生产经营过程中所涉及的物流活动的管理方式和操作标准。目前企业物流业务模式主要有自营物流、第三方物流、物流联盟、第四方物流和第五方物流等。

（一）传统物流业务模式

（1）自营物流。自营物流是指企业自己建立一套物流体系，企业自身经营物流业务。京东日百/3C类产品供应链如图11－8所示。

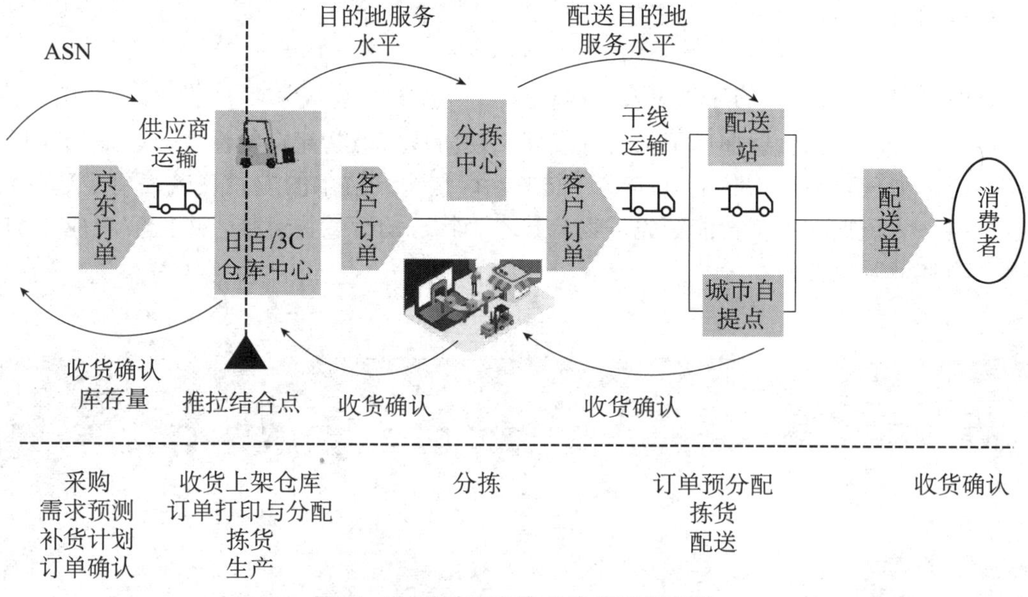

图11－8　京东日百/3C类产品供应链

（2）第三方物流。国家标准《物流术语》（GB/T 18354—2021）将第三方物流（third party logistics）定义为：由独立于物流服务供需双方之外且以物流服务为主营业务的组织提供物流服务的模式。第三方物流企业业务模式如图 11－9 所示。

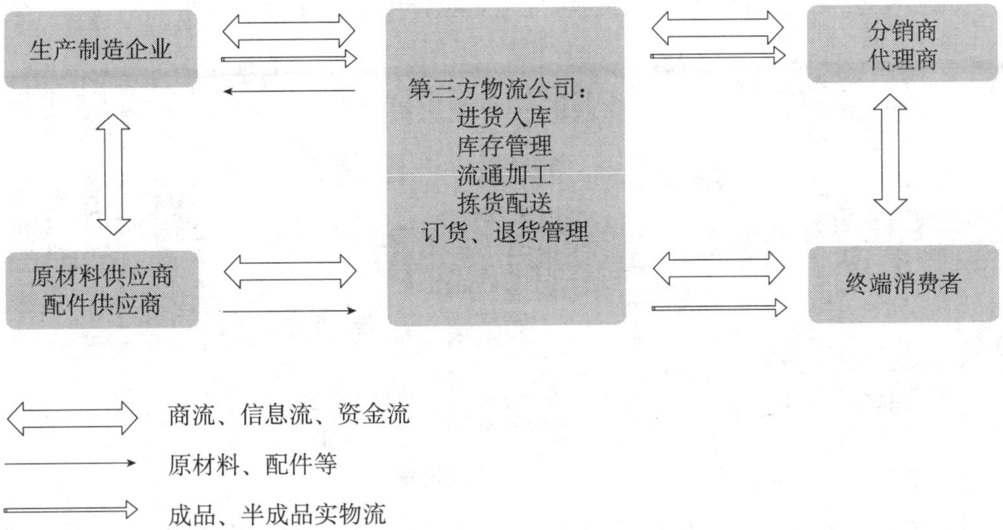

图 11－9　第三方物流企业业务模式

（3）物流联盟。国家标准《物流术语》（GB/T 18354—2021）将物流联盟（logistics alliance）定义为：两个或两个以上的经济组织为实现特定的物流目标而形成的长期联合与合作的组织形式。公路零担货运物流联盟业务模式如图 11－10 所示。

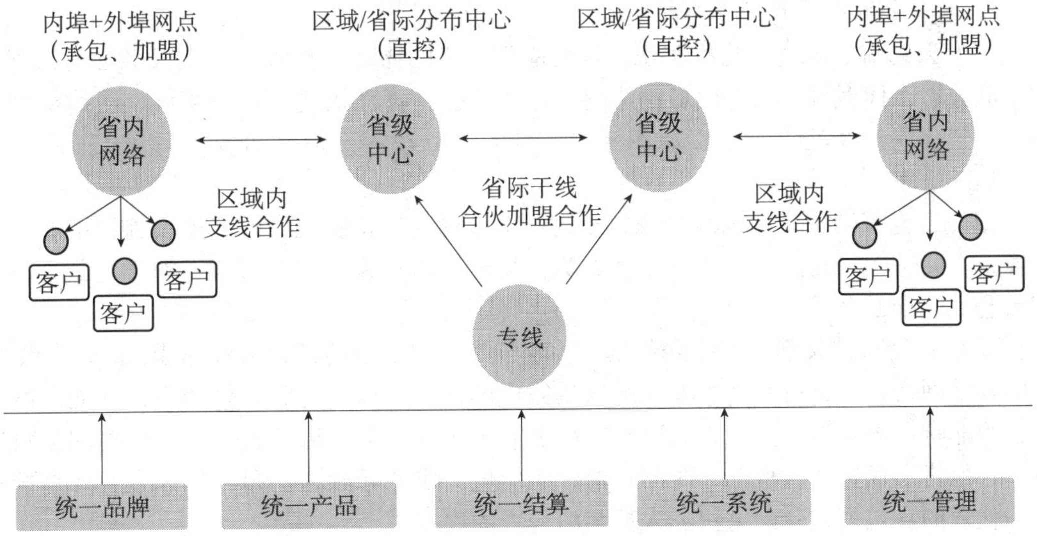

图 11－10　公路零担货运物流联盟业务模式

（4）第四方物流。第四方物流是一个供应链集成商，它调集、管理和组织自己的以及具有互补性的服务提供商的资源、能力和技术，以提供一个综合的供应链解决方案、有领导力量的物流提供商。它专门为第一方物流、第二方物流和第三方物流提供物流规划、咨询及供应链管理等活动。第四方物流是为物流从业者提供一个整合性的物流，包括金融、保险、一站式物流配送的安排，如图 11－11 所示。

□ 通过阿里平台，打通阿里内部系统与其他快递公司系统
□ 通过转运中心，买家从不同卖家处购买的商品包裹可合并，节省配送费用

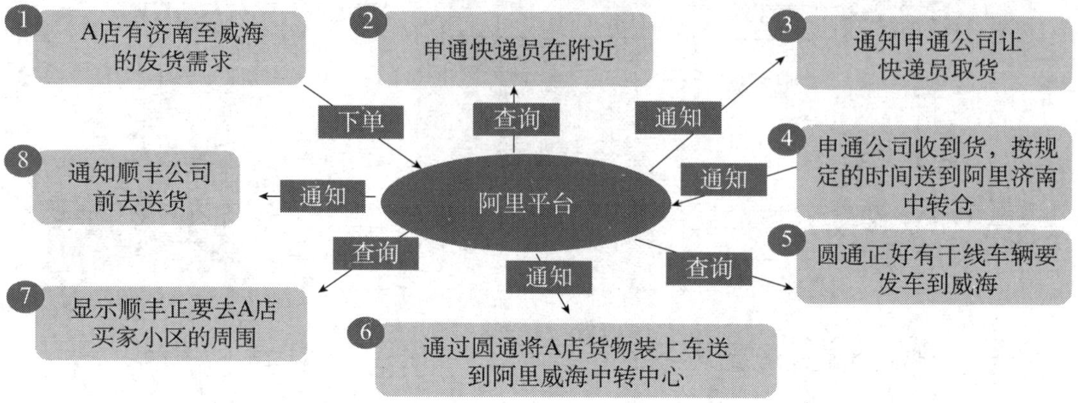

图 11－11 菜鸟网络

（5）第五方物流。第五方物流是指专门为第一方、第二方、第三方和第四方提供物流信息平台、供应链物流系统优化、供应链集成、供应链资本运作等增值性服务的活动，其优势是供应链上的物流信息和资源，并不实际承担具体的物流运作活动。

想一想：第三方物流与第四方物流有什么不同？

（二）智慧物流的创新模式

（1）云物流。云物流是指基于云计算应用模式的物流平台服务。在云平台上，所有的物流公司、代理服务商、设备制造商、行业协会、管理机构、行业媒体、法律机构等都集中整合成资源池，各个资源相互展示和互动，按需交流，达成意向，从而降低成本，提高效率。

（2）云仓资源共享。云仓资源共享是指通过建立云仓系统实现仓库设施网络的互联互通，在此基础上面向客户开放云仓资源，实现仓储资源共享的模式，如菜鸟云仓、京东云仓及顺丰云仓等。

（3）物流众包共享。物流众包是一种基于互联网平台的开放式配送模式，它借助成熟的移动网络技术，将原来由专职配送员完成的任务，以自愿、有偿的方式，通过网络外包给非特定的群体，这些人只要有一部智能手机和一辆交通工具，在空闲时间就可以抢单、取货、送货，门槛低、时间自由，还能赚一份兼职收入。目前以闪送、蜂鸟配送等为代表的众包模式受到了快递人员与消费者的欢迎。

想一想：云物流与云仓资源共享模式有什么区别？

二、物流业务模式的选择

企业在进行决策时，应综合考虑以下五大因素，慎重选择物流业务模式。

（一）物流对企业成功的影响程度和企业对物流的管理能力

物流对企业成功的影响程度高，企业处理物流的能力相对较弱，则采用第三方物流；物流对企业成功的影响程度较低，同时企业处理物流的能力也弱，则外购物流服务；物流对企业成功影响程度很高，且企业处理物流能力也强，则自营物流。

（二）企业对物流控制力要求

越是竞争激烈的产业，企业越是要强化对供应和分销渠道的控制，此时企业应该自营物流。一般来说，主机厂或最终产品制造商对渠道或供应链过程的控制力比较强，往往选择自营物流，即作为龙头企业来组织全过程的物流活动和制定物流服务标准。

（三）企业产品自身的物流特点

对于大宗工业品原料的货运或鲜活产品的分销，应利用相对固定的专业物流服务供应商和短渠道物流；对全球市场的分销，宜采用地区性的专业物流公司；对产品线单一或为主机厂配套生产的企业，则应在龙头企业统一下使用自营物流；对于技术性较强的物流服务，如口岸物流服务，应采用委托代理的方式；对非标准设备的制造商来说，应该将物流业务交给专业物流服务公司去完成。

（四）企业规模和实力

一般说来，大中型企业有能力建立自己的物流系统，可以自营物流。小企业受资源的限制，适宜把物流管理交给第三方专业物流代理公司。

（五）物流系统总成本

在选择是自营还是物流外包时，必须弄清两种模式物流系统总成本的情况。

物流系统总成本＝总运输成本＋库存维持费用＋批量成本＋总固定仓储费用＋总变动仓储费用＋订单处理和信息费用＋客户服务费用

在对物流系统的总成本加以论证后，最后选择成本最小的物流系统。

课堂延伸：“菜鸟”的物流大数据平台

项目小结

智慧物流是指以物联网技术为基础，综合运用大数据、云计算、区块链及相关信息技术，通过全面感知、识别、跟踪物流作业状态，实现实时应对、智能优化决策的物流服务系统。

任务一主要包括智慧物流的概念，智慧物流的发展特点，智慧物流的技术体系，智慧物流的应用场景与智慧物流技术的应用方向，我国智慧物流的发展现状，我国智慧物流发展的政策，我国智慧物流的发展趋势等内容。

任务二主要包括物流业务模式的类型，物流业务模式的选择等内容。

项目实训

智慧物流的发展

实训目的

1. 通过对本地智慧物流发展的调研，形成对智慧物流的认知。
2. 了解本地智慧物流发展的情况。
3. 了解本地企业对智慧物流技术的应用。

实训资料

在本地调研智慧物流的发展情况；重点了解本地企业对智慧物流技术的应用情况，了解主要应用于哪些方面。

实训要求

1. 分组进行，选举一人为组长。
2. 落实外出调研的交通工具。
3. 强调外出调研的任务与纪律。
4. 重点了解本地企业对智慧物流技术的应用情况，了解主要应用于哪些方面。
5. 小组讨论。
6. 总结并撰写调研报告，全班共享。

实训指导

1. 指导学生遵守所调研企业的管理制度。
2. 指导学生学会沟通。
3. 指导学生收集本地企业对智慧物流技术的应用情况，了解主要应用于哪些方面。
4. 指导学生按正确的格式撰写调研报告。

实训评价

实训评价标准如表 11－2 所示。

表 11－2　实训评价标准

姓名________　　　　学号________

序号	评价标准	分值	得分
1	考勤、纪律	10	
2	调研态度	10	
3	沟通协调	15	
4	职业素养	15	
5	调研报告	50	

参考文献

1. 蔡昭君，范兴兵，陈新鸿．现代物流管理基础［M］. 北京：中国人民大学出版社，2017.

2. 钱廷仙．现代物流管理［M］. 3 版．北京：高等教育出版社，2019.

3. 梁世翔，姬中英．现代物流管理概论［M］. 北京：高等教育出版社，2022.

4. 袁科峰，熊华林．现代物流管理理论与实务［M］. 青岛：中国海洋大学出版社，2018.

5. 陈俊，刘强，饶阳春．现代物流管理［M］. 济南：山东大学出版社，2019.

6. 鲁衎，黄惠春，陈乐群．现代物流基础［M］. 成都：电子科技大学出版社，2020.

7. 宋文官．物流基础［M］. 4 版．北京：高等教育出版社，2014.

8. 蔡昭君，陈件辉．现代物流管理基础［M］. 北京：电子工业出版社，2014.

9. 北京中物联物流采购培训中心．物流与供应链职业基础［M］. 南京：江苏凤凰教育出版社，2021.

10. 北京中物联物流采购培训中心．物流管理职业技能等级认证教材（中级）［M］. 2 版．南京：江苏凤凰教育出版社，2021.

新编21世纪高等职业教育精品教材 ◆ **物流类**

现代物流管理基础（第二版）

活页练习册

XIANDAI WULIU GUANLI JICHU

主　编　蔡昭君
副主编　贺　超　李　婷
陈雪梅　杜秋红
主　审　冯诗棠

中国人民大学出版社
·北京·

项目一　物流概述

一、判断题

1. “物流”一词，最早出现在20世纪初的英国。(　　)

2. PD的概念也逐渐被logistics取代，logistics最终成为物流的代名词，这也是物流从科学走向成熟的标志。(　　)

3. 物流是指根据实际需要，将运输、储存、装卸、搬运、包装、流通加工、配送、信息处理等基本功能实施有机结合，使物品从供应地向接收地进行实体流动的过程。(　　)

4. 运输和仓储属于核心功能要素。(　　)

5. 智慧物流可以实现物流的自动化、智能化、可视化、可控化、信息化、网络化和标准化。(　　)

6. 按从事物流活动的主体分为第一方物流、第二方物流、第三方物流和第四方物流。(　　)

7. 供应物流是指为生产和流通企业提供原材料、零部件或其他物料时所发生的物流活动。(　　)

8. 第三方物流是指由独立于物流服务供需双方之外且以物流服务为主营业务的组织提供物流服务的模式。(　　)

9. 物流的空间价值是通过仓储来实现的。(　　)

10. 物流的时间价值是通过运输来实现的。(　　)

11. 物流管理包括三个方面的内容，即物流基本活动的管理、物流基本要素的管理、物流基本职能的管理。(　　)

12. 物流系统的标准化涉及面更为广泛，其对象也不像一般标准化系统那样单一，而是包括了机电、建筑、工具、工作方法等许多种类。(　　)

13. 日本在标准体系研究中注重与美国、欧洲地区的合作，将重点放在标准的国际通用上。(　　)

14. 物流基础模数尺寸标准是600 mm×600 mm。(　　)

15. 物流模数尺寸（集装基础模数尺寸）以1 200 mm×1 000 mm为主，也允许使用1 200 mm×800 mm及1 100 mm×1 100 mm。(　　)

二、单项选择题

1. 最终成为物流的代名词的是（　　）。

A. logistics　　B. physical distribution

C. logistics management　　D. physical supply

2. 下列选项中，不属于物流创造的价值的是（　　）。

A. 时间价值　B. 形态价值　C. 空间价值　D. 加工附加价值

3. 生产企业内部进行的涉及原材料、在制品、半成品、产成品等的物流活动是指（　　）。

A. 供应物流　B. 生产物流　C. 销售物流　D. 逆向物流

4. 将经济活动或人民生活中失去原有使用价值的物品，根据实际需要进行收集、分类、加工、包装、搬运、储存等，并分送到专门处理场所的物流活动是指（　　）。

A. 供应物流　B. 生产物流　C. 废弃物物流　D. 逆向物流

5. 跨越不同国家（地区）之间的物流活动是指（　　）。

A. 国际物流　B. 国家物流　C. 地区物流　D. 区域物流

6. 由独立于物流服务供需双方之外且以物流服务为主营业务的组织提供物流服务的模式是指（　　）。

A. 第三方物流　B. 第四方物流　C. 第一方物流　D. 第二方物流

7. 物流计划、质量、技术、经济等职能的管理，属于（　　）。

A. 物流基本活动的管理　B. 物流基本要素的管理

C. 物流基本职能的管理　D. 物流过程的管理

8. 物流基础模数尺寸的标准是（　　）。

A. 800 mm×400 mm　B. 600 mm×600 mm

C. 600 mm×500 mm　D. 600 mm×400 mm

9. 运输车船标准、仓库技术标准、包装标准、传输机具标准、站台技术标准、托盘标准、集装箱标准、货架标准、储罐标准、信息标准等，属于（　　）。

A. 物流基础标准　B. 物流工作标准　C. 物流作业标准　D. 物流系统技术标准

10. 物流基础模数尺寸标准是（　　）。

A. 物流基础标准　B. 物流工作标准　C. 物流作业标准　D. 物流系统技术标准

11. 集装基础模数尺寸以（　　）为主。

A. 800 mm×400 mm　B. 1 200 mm×1 000 mm

C. 1 200 mm×800 mm　D. 1 100 mm×1 100 mm

12. 在构成物流的功能要素中，（　　）被称为核心要素。

A. 仓储与配送　B. 运输与包装　C. 配送与采购　D. 运输与仓储

13. 智慧物流以（　　）为基础。

A. 大数据　B. 云计算　C. 物联网技术　D. 区块链

14. 供应物流、生产物流、销售物流、逆向物流是按照（　　）分类的。

A. 供应链的环节　B. 物流范畴

C. 物流活动的空间范围　D. 从事物流活动的主体

15. 物流建筑基础模数尺寸是指物流系统中各种建筑物所使用的基础模数，它是以（　　）为依据确定的，也可选择共同的模数尺寸。

A. 物流模数尺寸　B. 物流基础模数尺寸

C. 最小模数尺寸　D. 最大模数尺寸

三、多项选择题

1. 物流的功能要素是（　　）。

A. 运输　B. 仓储　C. 配送　D. 装卸搬运
E. 包装

2. 物流的特征是（　　）。
A. 智慧化　B. 机械化　C. 标准化　D. 信息化
E. 系统化

3. 物流按供应链的环节分为（　　）。
A. 供应物流　B. 生产物流　C. 社会物流　D. 销售物流
E. 国际物流

4. 物流的价值包括（　　）。
A. 时间价值　B. 空间价值　C. 加工附加价值　D. 形态价值
E. 资金价值

5. 按从事物流活动的主体分为（　　）。
A. 第一方物流　B. 第二方物流　C. 第三方物流　D. 第四方物流
E. 自营物流

6. 物流的空间价值包括（　　）。
A. 从集中生产场所流入分散的需求地区　B. 从分散生产场所流入集中的需求地区
C. 加工附加价值　D. 缩短流通时间，创造价值
E. 从低价值生产地流入高价值销售地

7. 物流基本活动管理的内容是（　　）。
A. 运输管理　B. 仓储管理　C. 装卸搬运管理　D. 系统管理
E. 配送管理

8. 物流基本职能管理的内容是（　　）。
A. 物流战略管理　B. 物流计划管理　C. 物流技术管理　D. 物流质量管理
E. 物流系统管理

9. 物流标准化的特点是（　　）。
A. 属于二次系统　B. 和一般标准化系统不同
C. 体现科学性、民主性和经济性　D. 计划性
E. 国际性

10. 目前，我国已经制定的物流相关标准主要有（　　）。
A. 物流术语　B. 电子交换数据　C. 托盘术语　D. 集装箱
E. 运输包装指南

11. 下列选项中，属于物流基础标准的是（　　）。
A. 物流基础模数尺寸标准　B. 集装基础模数尺寸标准
C. 专业计量单位标准　D. 物流建筑基础模数尺寸标准
E. 物流专业术语标准

12. 下列选项中，属于物流技术标准的是（　　）。
A. 物流基础标准　B. 物流系统技术标准
C. 物流管理标准　D. 物流工作标准

E. 物流作业标准

13. 集装基础模数尺寸是（　　）。

A. 800 mm×400 mm　　B. 1 200 mm×1 000 mm

C. 1 200 mm×800 mm　　D. 1 100 mm×1 100 mm

E. 600 mm×400 mm

14. 下列选项中，属于物流系统技术标准的是（　　）。

A. 运输车船标准　B. 仓库技术标准　C. 站台技术标准　D. 传输机具标准

E. 集装箱、托盘标准

15. 物流标准化的方法是（　　）。

A. 确定物流基础模数尺寸　　B. 确定物流模数尺寸

C. 国家物流标准　　D. 以分割及组合的方法确定系列尺寸

E. 国际物流标准

四、问答题

1. 物流的特征是什么？
2. 物流管理的内容和特征是什么？
3. 物流标准化的特点是什么？
4. 物流的功能要素是什么？

五、案例分析题

薯片是如何送到消费者手中的？

一箱薯片自生产地移动到消费地，需要经历哪些环节呢？

某薯片的生产厂家位于甲市，薯片从工厂生产线下线之后，进入甲市邮政速递物流分公司的成品仓库储存。

根据区域经销商的订单，甲市邮政速递物流分公司按订单要求将薯片从成品仓库拣货出库，经过长途干线运输将整箱薯片运送到区域经销商仓库。

区域经销商再根据接到的各配送中心的订单，委托第三方物流公司将薯片配送到本区域内的各个配送中心仓库。

配送中心仓库再根据门店订单，将薯片配送到各家门店。

问题：

阐述薯片的物流作业流程。

项目二　物流系统

一、判断题

1. 输入、处理和输出是系统的三要素。(　　)

2. 物流系统是一个“人机系统”。(　　)

3. 外部环境对物流系统施加一定的约束，称为反馈。(　　)

4. 物流系统主要由物流系统的基本要素、功能要素、支撑要素、物质基础要素构成。(　　)

5. 物流系统的物质基础要素主要包括体制制度、法律法规、行政命令、标准化系统。(　　)

6. 一种物流活动的高成本，会因另一种物流活动成本的降低或效益的提高而抵消的相互作用关系称为物流效益背反。(　　)

7. 要提高物流系统的服务水平，物流成本往往也要增加。(　　)

8. 物流系统分析所涉及的问题范围很广，其对象可以是大的宏观物流系统，也可以是局部的一个子系统。(　　)

9. 物流系统分析必须以解决一般问题的最佳方案为重点。(　　)

10. 物流系统是一个大跨度系统，它主要表现在两个方面：一是地域跨度大，二是时间跨度大。(　　)

11. 仓储可以调节供需之间的时间矛盾。(　　)

12. 相关性是指组成系统的各要素之间是相互联系、相互作用、相互依存、相互制约的。(　　)

13. 物流系统的一般要素包括人、财、物。(　　)

14. 由于物流系统比生产系统的稳定性差，因此难于形成标准的规模化模式，获得规模效益较困难。(　　)

15. 从物流的角度看，配送几乎包括了所有的物流功能要素，是物流的缩影。(　　)

二、单项选择题

1. 以下不是系统的功能的是（　　）。

A. 输入　　B. 输出　　C. 影响　　D. 反馈

2. 以下不属于物流系统的一般要素的是（　　）。

A. 信息　　B. 人　　C. 财　　D. 物

3. 以下不属于物流系统输入的是（　　）。

A. 政策　　B. 原材料　　C. 设备　　D. 能源

4. 以下不属于物流系统的功能要素的是（　　）。

A. 运输　B. 仓储　C. 生产加工　D. 配送

5. 以下不是物流系统特征的是（　　）。

A. 动态性　B. 可分性　C. 跨度小　D. 复杂性

6. 从物流的角度看，（　　）几乎包括了所有的物流功能要素，是物流的缩影。

A. 运输　B. 配送　C. 仓储　D. 包装

7. 库存过多则需要更多场所保管，而且会产生库存资金的积压，造成浪费，这是指（　　）。

A. 快捷性　B. 库存控制　C. 低成本　D. 安全性

8. （　　）是物流系统的重要环节之一，它贯穿于物流活动的全过程。

A. 运输　B. 配送　C. 储存　D. 装卸搬运

9. 物流系统分析必须以解决（　　）问题的最佳方案为重点。

A. 特定　B. 一般　C. 重要　D. 次要

10. 以下不属于物流系统分析的基本要素的是（　　）。

A. 模型　B. 数量　C. 目标　D. 可行方案

11. 以下不属于物流系统的支撑要素的是（　　）。

A. 法律法规　B. 标准化系统　C. 设备　D. 体制制度

12. 以下不属于物流系统子系统的是（　　）。

A. 运输系统　B. 物品系统　C. 仓储系统　D. 包装系统

13. 以下不属于物流系统分析的特点的是（　　）。

A. 运用定性分析方法　B. 运用定量方法

C. 以特定问题为对象　D. 凭借价值判断

14. 系统最基本的特征是（　　）。

A. 相关性　B. 层次性　C. 整体性　D. 适应性

15. 以下不是物流系统优化的目标的是（　　）。

A. 快捷性　B. 安全性　C. 服务性　D. 利润最大化

三、多项选择题

1. 系统是由两个或两个以上相互联系、相互作用的要素或子系统有机结合并完成某一特定功能的有机整体。以下属于系统的三要素的是（　　）。

A. 输入　B. 输出　C. 处理　D. 干扰

E. 反馈

2. 系统的特征是（　　）。

A. 层次性　B. 整体性　C. 相关性　D. 适应性

E. 可行性

3. 物流系统的特征是（　　）。

A. “人机系统”　B. 大跨度系统　C. 可分系统　D. 动态系统

E. 复杂的系统

4. 物流系统的支撑要素是（　　）。

A. 资金　B. 体制制度　C. 法律法规　D. 行政命令
E. 标准化系统

5. 物流系统的物质基础要素是（　　）。
A. 物流设施　B. 物流装备　C. 物流工具　D. 信息技术
E. 网络管理

6. 以下属于物流子系统的是（　　）。
A. 运输　B. 仓储　C. 配送　D. 装卸搬运
E. 包装

7. 物流系统优化的目标是（　　）。
A. 规模适当化　B. 快捷性　C. 安全性　D. 服务性
E. 库存控制

8. 以下可以看作对物流系统有干扰（限制）的是（　　）。
A. 资源条件　B. 市场需求变化　C. 价格影响　D. 库存容量
E. 政策变化

9. 以下属于物流系统输入的要素的是（　　）。
A. 原材料　B. 设备　C. 设施　D. 劳动力
E. 信息

10. 以下属于物流系统输出的要素的是（　　）。
A. 产品移动　B. 物流作业　C. 物流能力　D. 时间
E. 各种劳务

11. 以下属于物流系统反馈的要素的是（　　）。
A. 物流活动分析报告　B. 典型调查
C. 各种统计报告数据　D. 国内外市场信息
E. 决策结果

12. 物流系统分析的特点是（　　）。
A. 运用定量方法　B. 追求整体目标最优
C. 以特定问题为对象　D. 服务性
E. 凭借价值判断

13. 物流系统分析的基本要素是（　　）。
A. 目标　B. 可行方案　C. 模型　D. 指标
E. 评价标准

14. 模型包括（　　）。
A. 逻辑　B. 实物　C. 模拟　D. 数学
E. 图式

15. 改善物流系统的方法是（　　）。
A. 改善成本与服务，改变物流系统　B. 提高物流服务，取得竞争优势

C. 提高物流服务，取得价格优势　　D. 采用成本对策，改善物流服务

E. 降低物流成本，提高竞争力

四、问答题

1. 物流系统的特征是什么？
2. 物流系统优化的目标是什么？
3. 物流系统的要素是什么？
4. 物流系统分析的特点是什么？

五、案例分析题

京东的高效物流系统

京东物流的实力得到了业内的普遍认可，“亚洲一号”仓库更被认为是未来物流仓储技术发展的方向。据相关资料显示，京东目前在许多城市均建设了“亚洲一号”仓库，辐射范围覆盖全国。在其不断的努力与创新下，京东宣布，位于上海的“亚洲一号”仓库正式建立全球首个全流程自动化无人仓，并于“全球好物节”期间投入使用。这座京东无人仓，拥有自动化立体仓库（AS/RS）、自动分拣机等先进设备，仓库管理、控制、分拣和配送信息等方面的软件信息系统均由京东自主研发。此外，由京东集团X事业部美国硅谷与北京的研发团队合力打造的“飞马”仓储智能运输机器人的投入使用，也再度吸引了众人的目光。据悉，“飞马”采用SLAM导航，可以实现无轨自主移动，并可通过周围环境自主构建地图，实现室内精确定位，高效地与拣货员协同作业。在接到拣货任务后，“飞马”便会根据系统指令到达指定的地点，拣货员仅需将货物放置在“飞马”的货架上，免去了来回奔波的困扰。除了“飞马”，仓内还有地狼AGV、天狼穿梭车、分拣机器人、智能叉车等黑科技设备，在这些先进设备的合力下，无人仓的工作效率远远高于传统仓库。不过，无人仓技术仅是京东无人技术的冰山一角。续航长达1 000千米的京东无人机正式亮相，京东智能配送机器人的下线也标志着开启了全球全场景常态化配送运营。

问题：

1. 京东物流为什么效率高？
2. 未来物流技术有哪些发展方向？

项目三　运输管理

一、判断题

1. 公路运输主要承担铁路与水路优势难以发挥的近距离、大批量的货运以及水路、铁路难以达到地区的长途大批量运输。(　　)

2. 公路运输可实现“门到门”直达运输。(　　)

3. 铁路运输主要承担长距离、大批量的货运任务。(　　)

4. 一列货车可装 2 000～3 500 吨货物，重载列车可装万吨货物。(　　)

5. 水运主要承担大运量、长距离的运输，是在干线运输中起主力作用的运输形式。(　　)

6. 在海洋运输中，超大型油轮的载重达 30 万吨以上。(　　)

7. 在各种运输方式中，行驶阻力最小的是公路运输。(　　)

8. 运输距离是影响运输合理化的基本因素。(　　)

9. 最常见的不合理运输是过远运输。(　　)

10. 在各种运输方式中，运量最大的是水路运输。(　　)

11. “当日达”产品能做到“今日寄，今日达”，是目前全程速度最快、品质最优的快运产品。(　　)

12. 甩挂运输的基本原理实质上是平行作业原则的最大应用。(　　)

13. 线路是列车运行的基础，承受列车重量，并且引导列车的行走方向，包括路基、桥隧建筑物和机车车辆三部分。(　　)

14. 航线是指船舶在两个或多个港口之间从事客货运输的路线。(　　)

15. 循环甩挂作业被广泛应用于集装箱甩挂作业。(　　)

二、单项选择题

1. 运输具有物品的空间移动和（　　）的功能。

A. 流通加工　　B. 装卸搬运　　C. 增值服务　　D. 储存

2. （　　）主要承担铁路与水路优势难以发挥的近距离、小批量的货运以及水路、铁路难以达到地区的长途大批量运输。

A. 铁路运输　　B. 水路运输　　C. 航空运输　　D. 公路运输

3. 在各种运输方式中，成本最低的是（　　）。

A. 铁路运输　　B. 水路运输　　C. 航空运输　　D. 公路运输

4. 在各种运输方式中，计划性较强、行驶阻力较小的是（　　）。

A. 铁路运输　　B. 水路运输　　C. 航空运输　　D. 公路运输

5. 在各种运输方式中，能够实现门到门的运输方式是（　　）。

A. 铁路运输　　B. 水路运输　　C. 航空运输　　D. 公路运输

6. 运输规模越大，运输商品所花费用中的（　　）越小。

A. 固定成本　B. 变动成本　C. 单位成本　D. 混合成本

7. （　　）是使用船舶跨大洋长途运输的形式，主要依靠运量大的大型船舶。

A. 远洋运输　B. 沿海运输　C. 近海运输　D. 内河运输

8. （　　）是目前国际航空运输中最快捷的运输方式之一。

A. 联合运输　B. 班机运输　C. 航空快件传送　D. 包机运输

9. 合装整车运输又称零担拼整车中转分运，主要用于（　　）的运输。

A. 散货　B. 件杂货　C. 集装货　D. 成组货

10. 基本的运输合理化因素是（　　）。

A. 运输时间　B. 运输距离　C. 运输费用　D. 运输方式

11. 最常见的不合理运输是（　　）。

A. 空车行驶　B. 对流运输　C. 迂回运输　D. 倒流运输

12. （　　）是指货物从销售地或中转地向原产地或起运地回流的一种运输现象。

A. 重复运输　B. 倒流运输　C. 迂回运输　D. 对流运输

13. 对于整批货物的长途运输和短途零散客户的货物运输一般不适宜采用（　　）。

A. 甩挂运输　B. 网络货运　C. 铁路运输　D. 航空运输

14. 在短途往复式运输线路上通常采用的甩挂形式是（　　）。

A. 循环甩挂作业　B. 网络货运　C. 驮背运输　D. 一线两点甩挂运输

15. 下列选项中，不属于我国高铁货运的组织模式的是（　　）。

A. 高铁确认车运输模式　B. 客运动车组预留车厢运输模式

C. 高铁客运列车捎带运输模式　D. 高铁客运专列

三、多项选择题

1. 运输的功能是（　　）。

A. 物品的空间移动　B. 物品的储存　C. 装卸搬运　D. 流通加工

E. 包装

2. 运输的原则是（　　）。

A. 可行　B. 及时　C. 经济　D. 安全

E. 准确

3. 公路运输的特点（　　）。

A. 机动灵活，适应性强　B. 可实现“门到门”直达运输

C. 运送速度较快　D. 运量较小，运输成本较高

E. 安全性较低，污染较大

4. 公路运输的应用包括（　　）。

A. 自营运输　B. 集装箱运输　C. 契约运输　D. 公共运输

E. 汽车货运代理

5. 根据发货人托运的货物数量、性质、体积、状态等条件，铁路货物运输主要有（　　）。

A. 自营运输 B. 集装箱运输 C. 整车运输 D. 零担运输
E. 货运代理

6. 水路运输的特点是（ ）。
A. 运输成本高 B. 运输成本低 C. 运输能力大 D. 运输速度较慢
E. 受自然条件的限制与影响大

7. 航空运输的特点是（ ）。
A. 速度快 B. 安全性高 C. 灵活性高 D. 受天气影响小
E. 运输量小、运输成本高

8. 管道运输的特点是（ ）。
A. 运量大 B. 机械化程度高 C. 环境污染小 D. 灵活性差
E. 灵活性强

9. 网络货运的特征是（ ）。
A. 轻资产运营 B. 全程承运承担 C. 技术先进性 D. 多适应性
E. 社会公益性

10. 高铁货运的特征是（ ）。
A. 速度快 B. 安全性高 C. 准点率高 D. 成本低
E. 绿色环保

11. 甩挂运输的组织形式是（ ）。
A. 两点一线甩挂运输 B. 一线两点甩挂运输
C. 循环甩挂作业 D. 驮背运输
E. 一线一点甩挂运输

12. 影响运输方式选择的因素是（ ）。
A. 运输距离 B. 运输环节 C. 运输时间 D. 运输成本
E. 运输批量

13. 不合理运输的表现形式主要有（ ）。
A. 起程空驶 B. 对流运输 C. 迂回运输 D. 倒流运输
E. 重复运输

14. 运输合理化的途径是（ ）。
A. 合理选择运输方式 B. 合理选择运输工具
C. 正确选择运输路线 D. 发展社会化运输系统
E. 提倡合装整车运输

15. 铁路运输设施设备包括（ ）。
A. 航道航线 B. 线路 C. 机车车辆 D. 信号设备
E. 车站

四、问答题

1. 各种运输方式的特点是什么？
2. 影响运输合理化的因素是什么？

3. 影响运输方式选择的因素是什么?
4. 不合理运输的表现形式是什么?
5. 运输合理化的途径是什么?

五、案例分析题

运输方案选择

某公司首次承揽到3个集装箱运输业务，时间较紧，从上海到大连铁路距离1 200千米，公路距离1 500千米，水路距离1 000千米。该公司有10辆10吨普通卡车和一个自动化立体仓库。附近一家联运公司虽无集装箱卡车，但却有专业人员和货代经验，只是要价比较高。至于零星集装箱的安排，有以下几个方案可供选择:

(1) 自己购买若干辆集装箱卡车，然后组织运输。

(2) 想办法请铁路部门安排运输。

(3) 水路路程最短，请航运公司来解决运输。

(4) 联运公司虽无集装箱卡车，但可租车完成此项运输。

(5) 没有合适的运输工具，推掉该项业务。

问题:

你认为采取什么措施比较妥当?请说明原因。

项目四　仓储管理

一、判断题

1. 传统仓储是为了存，现代仓储（物流仓储）是为了不存或减少储存。(　　)

2. 专门储存商品的“塌房”从“邸店”中分离出来，成为带有企业性质的商业仓库。(　　)

3. 广义的“仓储”是指除了对物品的储存与保管，还包括物品在库期间的装卸搬运、流通加工等增值服务功能，是一种静态仓储，可比喻为河流。(　　)

4. 仓储最基本的功能是保管与整合。(　　)

5. 仓储管理最基本的内容是仓库的业务管理。(　　)

6. 到车码头提货是指由外地托运单位委托铁路、水运、民航等运输部门或邮局代运或邮递货物到达本地车站、码头、机场、邮局后，仓库依据货物通知单派车接运货物。此方式常见于零担托运、到货批量较小的货物的接运。(　　)

7. 检斤是指按重量供货，或以重量为计量单位的物品做数量验收时称重。(　　)

8. 常用的驱避剂主要有对二氯苯、樟脑精等。(　　)

9. 货架存放法是指采用通用或者专用的货架进行货物堆码的方式，适合于存放小件货物或不宜堆高的货物。(　　)

10. “牛鞭效应”是市场营销中普遍存在的高风险现象，是销售商与供应商在需求预测修正、订货批量决策、价格波动、短缺博弈、库存责任失衡和应付环境变异等方面博弈的结果，增大了供应商生产、供应、库存管理和市场营销的不稳定性。(　　)

11. 出库作业是仓储作业管理的最后一步，也是仓储作业管理的重要环节。(　　)

12. 一般情况下，订货点等于订货提前期的需求量。(　　)

13. 订货周期实际上就是定期订货法中的订货点，其间隔时间总是相等的。(　　)

14. CVA 管理法比起 ABC 分类法有更强的目的性。(　　)

15. 箱式托盘使用范围最广，利用数量最大，通用性最好。(　　)

二、单项选择题

1. 狭义的“仓储”仅指通过仓库等场所实现对在库物品的储存与保管，是一种静态仓储，可喻之为(　　)。

A. 河流　　B. 蓄水池　　C. 邸店或塌房　　D. 都不是

2. 广义的“仓储”是指除了对物品的储存与保管，还包括物品在库期间的装卸搬运、流通加工等增值服务功能，是一种动态仓储，可喻为(　　)。

A. 河流　　B. 蓄水池　　C. 邸店或塌房　　D. 都不是

3. 仓储最基本的功能是(　　)。

A. 调节　　B. 整合　　C. 流通加工　　D. 储存与保管

4. 仓储管理最基本的内容是(　　)。

A. 仓库的选址与建设　　B. 仓库机械设备的选择与配置

C. 仓库的业务管理　　D. 仓库的库存控制管理

5. 仓库和供货单位在同城的情况下，适合的接运方式是（　　）。

A. 专用线接车　　B. 车站、码头接货　　C. 仓库自行接货　　D. 库内接货

6. 下列各项货物中入库检验时适宜采用检斤方式的是（　　）。

A. 矿石　　B. 粉煤灰　　C. 电冰箱　　D. 小麦

7. 下列适用于铁路专用线路接货的是（　　）。

A. 零担货物　　B. 小批量货物　　C. 整车大批量货物　　D. 单元货物

8. 适用于存放小件货物、怕压或不宜堆高的物品的普通堆码方式是（　　）。

A. 散堆法　　B. 货架存放法　　C. 成组堆码法　　D. 垛堆法

9. 货主为了方便业务开展或改变储存条件，需要将某批库存物品自某仓储企业的甲库转移到该企业的乙库，这种发货形式是（　　）。

A. 过户　　B. 送货　　C. 自提　　D. 转仓

10. 由特定事件造成的满足物价上涨或物料短缺囤积的库存是（　　）。

A. 投资库存　　B. 投机库存　　C. 闲置库存　　D. 促销库存

11. 无包装的散货在库场上堆成货堆，说的是（　　）。

A. 散堆法　　B. 货架存放法　　C. 成组堆码法　　D. 堆垛法

12. 在 CVA 管理法中，使用不允许缺货管理策略的属于（　　）。

A. 较高优先级　　B. 最高优先级　　C. 中等优先级　　D. 较低优先级

13. 库存计划包括确定订货的时间以及（　　）。

A. 订货的数量　　B. 订货批次　　C. 订货速度　　D. 订货间隔期

14. 定量订货法的基本原理是预先确定一个（　　），在销售的过程中，如果库存下降到订货点时，就发出一个订货批量。

A. 订货的数量　　B. 订货批次　　C. 订货点　　D. 订货间隔期

15. 库存成本的构成包括（　　）。

A. 订货费　　B. 材料费　　C. 工资　　D. 制造费

三、多项选择题

1. 下列属于仓储管理内容的有（　　）。

A. 仓库的选址与建设　　B. 仓库机械设备的选择与配置

C. 仓库的业务管理　　D. 仓库的库存管理

E. 人力资源管理

2. 仓储的功能是（　　）。

A. 储存　　B. 保管　　C. 流通加工　　D. 整合

E. 交叉

3. 以下货物在数量检验时适合检尺求积的是（　　）。

A. 木材　　B. 砂石　　C. 竹木　　D. 机械设备

E. 粮食

4. 入库商品质量检验包括（　　）。

A. 物品的外观检验　　B. 物品的尺寸精度检验
C. 理化检验　　D. 技术检验
E. 数量检验

5. 物品的数量检验包括（　　）。
A. 外观检验　　B. 计件　　C. 检斤　　D. 化学成分检验
E. 检尺求积

6. 物品堆垛的方式有（　　）。
A. 堆垛　　B. 散堆　　C. 货架存放　　D. 成组堆码
E. 垛堆

7. 物品苫盖的方法包括（　　）。
A. 就垛苫盖法　　B. 鱼鳞式苫盖法　　C. 固定棚架苫盖法
D. 活动棚架苫盖法　　E. 隔离苫盖法

8. 物品盘点的内容是（　　）。
A. 查质量　　B. 查数量　　C. 查安全　　D. 物品的盘盈盘亏
E. 查保管条件

9. 送货的特点是（　　）。
A. 预先付货　　B. 按车排货　　C. 发货等车　　D. 提单到库
E. 预先付款

10. 收货人自提的特点是（　　）。
A. 预先付货　　B. 随到随发　　C. 自提自运　　D. 预先付款
E. 提单到库

11. 出库作业的基本形式包括（　　）。
A. 取样　　B. 过户　　C. 转仓　　D. 收货人自提
E. 送货

12. 仓储合理化的指标包括（　　）。
A. 质量　　B. 库存数量　　C. 库存持有时间　　D. 库存结构
E. 费用

13. 库存控制的方法有（　　）。
A. ABC 分类法　　B. CVA 管理法　　C. AGC 法　　D. 定量订货法
E. 定期订货法

14. 库存控制有两个关键考核指标（KPI）是（　　）。
A. 客户满意度　　B. 客户忠诚度　　C. 资金利润率　　D. 库存周转率
E. 成本利润率

15. 经济订货批量（EOQ）的假设条件是（　　）。
A. 需求量已知　　B. 订货提前期不变　　C. 订货费与订货批量无关
D. 全部订货一次交付　　E. 无数量折扣

四、问答题

1. 仓储的功能是什么？

2. 仓储管理的内容是什么？
3. 物品堆码的要求是什么？
4. 仓储合理化的措施是什么？
5. 出库作业的基本形式是什么？
6. 库存控制的方法是什么？

五、案例分析题

美的 VMI

长期以来，美的在减少库存成本方面一直成绩不错，但依然有最少 5～7 天的零部件库存和几十万台的成品库存。这一存货水准相较其他产业的优秀标杆仍稍逊一筹。在此压力下，美的在 2002 年开始尝试合作性策略模式（Vendor Managed Inventory，VMI）。

美的作为供应链里的“链主”，即核心企业，居于产业链上游且较为稳定的供应商共有 300 多家。其中 60%的供应商是在美的总部顺德周围，还有部分供应商在三天以内车程范围内，只有 15%的供应商距离较远。在这个现有供应链之上，美的实现 VMI 的难度并不大。

对于 15%的远程供应商，美的在顺德总部建立了很多仓库，然后把仓库分成很多片。外地供应商可以在仓库里租赁一个片区，并把零配件放到片区里面储备。美的需要用到这些零配件的时候，就会通知供应商，然后进行资金划拨、取货等工作。此时零配件的产权才由供应商转移到美的手上，而在此之前，所有的库存成本都由供应商承担。也就是说，在零配件交易之前，美的一直把库存转嫁给供应商。

在业务链后端的供应体系进行优化的同时，美的也在加紧对前端销售体系的管理渗透。在空调、风扇这样季节性强的行业，断货或压货也是经常的事。各事业部的上千个型号的产品，分散在全国各地的仓库里，仅来回调货就是一笔巨大的开支。而因为信息传导渠道不畅，传导链条过长，市场信息又常常误导工厂的生产，造成生产过量或紧缺。

因此，在经销商环节上，美的近年来公开了与经销商的部分电子化往来，由以前半年一次的手工性的繁杂对账，改为业务往来的实时对账和审核，利用这些信息，通过合理预测，制订生产计划和安排配送计划，以便补货。也就是说，美的作为经销商的供货商，为经销商管理库存。理想的模式是：经销商基本不用备货，缺货时，美的立刻自动送过去，而不需经销商提醒。这种存货管理上的前移，可以有效地削减和精准地控制销售渠道上高昂的存货成本，而不是任其堵塞在渠道中，让其占用经销商的大量资金。

全国数千家的经销商，要做到基本覆盖要花费一年半到两年的时间，费用相当大。但这样的方案的确能提高供应链的配套能力和协同能力。库存周转率提高一次，直接为美的节省千万元。

VMI 实施后，美的在减少库存成本方面成效显著，美的零配件库存周转率上升到70～80次，零配件库存也由原来平均的 5～7 天存货水平，大幅降低为 3 天左右，而且这 3 天的库存也是由供应商管理并承担相应成本。库存周转率提高后，一系列相关的财务风向标也随之“由阴转晴”：资金占用降低、资金利用效率提高、资金风险下降、库存成本直线下降。

问题：

1. 什么是 VMI？
2. 美的实施 VMI 后的效果如何？

项目五 配送管理

一、判断题

1. 配送是指根据客户要求，对物品进行分类、拣选、集货、包装、组配等作业，并按时送达指定地点的物流活动。( )

2. 配送就是简单的“配货”加“送货”。( )

3. 在整个运输过程中，配送属于“二次运输”“支线运输”“末端运输”“终端运输”“区域内运输”，配送是“中转型”送货，是从物流据点至客户。( )

4. 集货就是将分散的或小批量的货物集中起来，以便进行运输、配送的活动。( )

5. 由于仓配一体配送模式能够提前备货，将异地件转化成同城件，省去干线运输环节，因此仓配一体配送模式是未来的发展趋势。( )

6. 配送运输是较短距离、较小规模、额度较高的运输形式，一般使用汽车做运输工具。( )

7. 日用品的配送多采用少品种大批量配送。( )

8. 对保鲜要求较高的商品，如蔬菜、水果、肉类、鲜花等一般采用日配制的配送模式。( )

9. 配送路线优化的目标是成本最低，是比较实用且常被选择的目标。( )

10. 目前生产流通或综合性企业（集团）所广泛采用的一种配送模式是第三方配送。( )

11. 我国目前建设的配送中心，多为加工型配送中心，库存量较大。( )

12. 城市配送中心是以城市为配送范围的配送中心，由于城市一般处于汽车运输的经济里程中，这种配送中心可直接将货物配送给最终客户，且采用汽车进行配送。( )

13. 流通型配送中心基本上没有长期储存的功能，仅以暂存或随进随出的方式进行配货和送货。( )

14. 甘特图具有简单、醒目和便于编制等特点，可以用来制订拣货作业计划。( )

15. 配送中心不仅具有集散、储存保管等传统的物流功能，而且在物流现代化的进程中，不断地强化分拣和组配、流通加工、信息处理等功能。( )

二、单项选择题

1. 将分散的或小批量的物品集中起来，以便进行运输、配送的活动称为（ ）。

A. 集货　　B. 分货　　C. 存货　　D. 流通

2. 适用于需要数量较大的物品，单独一种或少数品种就可以达到较大运输量，可实行整车运输，这种配送方式称为（ ）。

A. 多品种大批量配送　　B. 少品种大批量配送

C. 多品种少批量配送　　D. 定时配送

3. 按客户要求，将所需的各种物品（每种物品需要量不大）配备齐全，凑成整车

后由配送中心送达客户手中，这种配送方式称为（　　）。

A. 多品种大批量配送　　B. 少品种大批量配送

C. 多品种少批量配送　　D. 定时配送

4. 按固定的时间间隔进行配送，配送品种和数量因客户的要求不同而不同，称为（　　）。

A. 定时配送　　B. 定量配送　　C. 定时定量配送　　D. 即时配送

5. 由多个企业或其他组织整合多个客户的货物需求后联合组织实施的配送方式是（　　）。

A. 综合配送　　B. 专业配送　　C. 共同配送　　D. 生产企业配送

6. 配货时，大多是按照入库日期的（　　）原则进行。

A. 先进先出　　B. 先进后出　　C. 后进先出　　D. 任其自然

7. 按组织形式划分，配送分为集中配送、共同配送、分散配送、（　　）。

A. 即时配送　　B. 定量配送　　C. 商店配送　　D. 加工配送

8. 以第三方物流企业为主体的配送中心是（　　）。

A. 制造商型配送中心　　B. 批发商型配送中心

C. 零售商型配送中心　　D. 专业物流配送中心

9. 配送运输是较短距离、较小规模、额度较高的运输形式，一般使用（　　）作运输工具。

A. 汽车　　B. 火车　　C. 轮船　　D. 飞机

10. 最容易采取整车运输的是（　　）。

A. 少品种大批量配送　　B. 定时配送

C. 共同配送　　D. 分散配送

11. （　　）是由专职从事配送业务的配送中心进行配送。

A. 商店配送　　B. 仓库配送　　C. 共同配送　　D. 配送中心配送

12. 我国目前建设的配送中心，多为（　　），库存量较大。

A. 储存型配送中心　　B. 流通型配送中心

C. 零售商型配送中心　　D. 加工型配送中心

13. 配送中心按配送区域的覆盖范围可分为（　　）和区域配送中心。

A. 储存型配送中心　　B. 城市配送中心

C. 零售商型配送中心　　D. 加工型配送中心

14. 解决“单起点多、回路最短”线路问题，最常用的方法是（　　）。

A. 基于GIS技术的配送线路优化　　B. 智慧化配送线路优化

C. 网络计划技术　　D. 节约里程法

15. 京东平台自营商品采用的配送模式是（　　）。

A. 自营配送模式　　B. 第三方物流配送模式

C. 仓配一体配送模式　　D. 共同配送模式

三、多项选择题

1. 以下属于配送的要素的是（　　）。

A. 集货　　B. 结算　　C. 储存　　D. 配装
E. 流通加工

2. 按经营形式划分，配送可以分为（　　）。
A. 销售配送　　B. 供应配送　　C. 销售供应一体化配送
D. 代存代供配送　　E. 仓库配送

3. 按配送时间及数量划分，配送可分为（　　）。
A. 定时配送　　B. 定量配送　　C. 定时定量配送　　D. 即时配送
E. 定时、定路线配送

4. 按配送主体划分，配送可分为（　　）。
A. 配送中心配送　　B. 仓库配送　　C. 定时定量配送　　D. 商店配送
E. 生产企业配送

5. 配送线路优化的目标是（　　）。
A. 效益最高　　B. 成本最低　　C. 路程最短　　D. 准时性最高
E. 准确性最高

6. 配送线路优化的方法是（　　）。
A. 基于 GIS 技术的配送线路优化　　B. 智慧化配送线路优化
C. 网络计划技术　　D. 节约里程法
E. 甘特图

7. 配送模式有（　　）。
A. 自营配送　　B. 第三方物流配送　　C. 共同配送　　D. 仓配一体配送
E. 配送中心

8. 配载的影响因素是（　　）。
A. 配载优化技术成熟，计算困难　　B. 配载时间制约
C. 货物基础数据不准确　　D. 订单波动，带来多次重复计算
E. 配载主体不明

9. 配送合理化的途径是（　　）。
A. 推行专业化配送　　B. 推行加工配送
C. 使用准时制配送系统　　D. 推行共同配送
E. 推行即时配送

10. 按配送中心的功能定位分类，有（　　）。
A. 储存型配送中心　　B. 流通型配送中心
C. 加工型配送中心　　D. 区域配送中心
E. 城市配送中心

11. 按配送商品的种类和数量划分，配送可以被分为（　　）。
A. 储存型配送中心　　B. 多品种少批量配送
C. 少品种大批量配送　　D. 配套成套配送
E. 定时定量配送

12. 配送中心的功能是（　　）。
A. 集散　　B. 集货　　C. 储存保管　　D. 流通加工

E. 衔接

13. 按配送区域的覆盖范围划分，有（　　）。

A. 城市配送中心　B. 流通型配送中心　C. 加工型配送中心　D. 储存型配送中心

E. 区域配送中心

14. 配送作业计划的主要内容是（　　）。

A. 补货作业计划　B. 人、财、物的调配计划

C. 订单处理作业的具体安排计划　D. 拣货作业计划

E. 送货作业计划

15. 以下属于配送中心的物流功能区的是（　　）。

A. 收货区　B. 储存区　C. 理货与备货区　D. 配装区

E. 发货区

四、问答题

1. 配送的概念与特点是什么？
2. 配送的要素是什么？
3. 配送合理化的途径是什么？
4. 配送中心的功能是什么？
5. 配载的原则是什么？

五、案例分析题

小王配送中心

小王配送中心的配送范围覆盖华东地区，配送中心接到出库作业指令，完成拣选、集货、配载工作后，由配送车辆送往二级分拨中心。配送车辆到达分拨中心后，经过卸车、拆包、分拨、集包作业后，使用区域配送车辆送达配送站点。配送站点依次完成卸车、拆包分拣、派单，由配送员装载至配送车辆并送达目的地完成配送作业。

小王配送中心自有和整合多种社会车辆，配送中心至分拨中心根据配送线路业务量使用9.6 m或14.5 m标准厢式货车；分拨中心至配送站点使用4.15 m厢式货车；配送站点使用三轮车或智能机器人完成“最后一公里”配送作业。

以甲市为例，现有固定配送线路25条，基本覆盖主要客户。近期受客户需求变动的影响，出现了一系列问题：第一，空驶率上升。由于客户越来越多地表现出多品种小批量的需求，这增加了配载的难度，使线路优化更为复杂，企业内各部门都疲于应付，工作过程缺乏科学指导。第二，配送成本上升。由于客户数量增加以及客户需求变化频繁，按原来的固定线路配送已经不能满足客户。因此经常出现临时的配送线路，规划难度增大，管理成本、车辆运输成本、装卸成本等普遍上升。

问题：

1. 小王配送中心出现了哪些问题？为什么？
2. 针对出现的问题，应如何解决？

项目六　包装管理

一、判断题

1. 包装材料的选择直接关系到包装质量和包装费用，有时也影响运输、装卸搬运和仓储环节作业的进行。(　　)

2. 包装按功能可分为工业包装和商业包装。工业包装也称为运输包装，其目的是保证商品在运输、保管、装卸搬运过程中保持完好。(　　)

3. 内包装也称销售包装，其形状尺寸的选择，要与外包装（尺寸）相配合。(　　)

4. 作为物流的始点，包装完成之后，包装了的产品便具有了物流的条件，在整个物流过程中，包装起到保护产品、方便储运以及促进销售的作用。(　　)

5. 销售包装又称运输包装，是指将包装连同商品一起销售给消费者的包装，其主要目的在于美化商品、宣传商品，以扩大销售。(　　)

6. 复合材料是指将两种或两种以上的材料紧密复合在一起而制成的包装材料。(　　)

7. 包装设备主要包括封口机、裹包机、充填机、贴标签机、清洗机、干燥机、杀菌机等。(　　)

8. 在纸制包装容器中，用量最多的是纸杯。(　　)

9. 警告性标识又称危险品标识，对于易燃、易爆、有毒、腐蚀性、放射性等危险品应在其运输包装上清楚而明确地刷制相关的标识，以引起人们的注意，防范危险的发生。(　　)

10. 防锈包装的常规操作步骤为：清洗、干燥、防锈处理、包装，主要有防锈油防锈蚀包装、气相防锈包装等。(　　)

11. 保护产品是包装最基本、最重要的功能之一，主要是防止有害生物对商品的侵害以及异物流入造成的污染和物品的丢失、散落等。(　　)

12. 销售包装是指直接接触商品并随商品进入零售店和消费者直接见面的包装。(　　)

13. 纸和纸板是支柱性的传统包装材料，耗量大，应用范围广。(　　)

14. 绿色包装将成为今后包装业发展的主流。(　　)

15. 收缩包装就是用收缩薄膜裹包物品（或内包装件），然后对薄膜适当加热处理，使薄膜收缩而紧贴于物品（或内包装件）的包装技术方法。(　　)

二、单项选择题

1. (　　) 是指为在流通过程中保护产品、方便储运、促进销售，按一定技术方法而采用的容器、材料及辅助物等的总体名称。

A. 包装　　B. 流通加工　　C. 运输包装　　D. 销售包装

2. 包装最基本、最重要的功能是（　　）。

A. 保护产品　　B. 方便　　C. 促进销售　　D. 美观

3. 以满足运输、仓储要求为主要目的的包装是（　　）。

A. 缓冲包装　　B. 真空包装　　C. 运输包装　　D. 销售包装

4. 采用吸塑工艺生产出的塑料制品，并用相应的设备对产品进行封装的总称是（　　）。

A. 缓冲包装　　B. 吸塑包装　　C. 运输包装　　D. 销售包装

5. （　　）是指专门设计和制造的能够反复使用的包装。

A. 缓冲包装　　B. 一次性包装　　C. 复用包装　　D. 周转性包装

6. 包装材料中使用最广的是（　　）。

A. 塑料　　B. 木材　　C. 玻璃　　D. 纸和纸板

7. 解决包装物品免受外界冲击和震动的是（　　）。

A. 防锈包装　　B. 真空包装　　C. 防震包装　　D. 防潮包装

8. 满足包装功能要求且对人体健康和生态环境危害小、资源能源消耗少的包装是（　　）。

A. 销售包装　　B. 真空包装　　C. 绿色包装　　D. 复用包装

9. 在社会再生产中，要实现商品的价值和使用价值，对商品进行（　　）是重要手段之一，它处于生产过程的末尾和物流过程的开头。

A. 运输　　B. 仓储　　C. 包装　　D. 配送

10. （　　）包装是在流通与储存过程中，为防止内装物受霉菌影响而采取的具有一定防护措施的包装。

A. 防虫　　B. 防霉腐　　C. 防潮　　D. 防锈

11. 特种包装主要有（　　）、真空包装、收缩包装、拉伸包装和脱氧包装五种。

A. 充气包装　　B. 防潮包装　　C. 防虫包装　　D. 危险品包装

12. 在纸制包装容器中，用量最多的是（　　）。

A. 瓦楞纸箱　　B. 纸袋　　C. 纸杯　　D. 纸盒

13. （　　）是现代包装材料的一个发展趋势。

A. 纸和纸板　　B. 复合材料　　C. 塑料　　D. 玻璃

14. 在日常生活中，熟食采用（　　）包装技术。

A. 防潮　　B. 冷冻　　C. 真空　　D. 防虫

15. 采用二氧化碳气体或氮气等不活泼气体置换包装容器中空气的一种包装技术方法是（　　）。

A. 拉伸包装　　B. 收缩包装　　C. 真空包装　　D. 充气包装

三、多项选择题

1. 保护产品是包装最基本、最重要的功能之一，主要是防止有害生物对商品的侵害以及异物流入造成的污染和物品的丢失、散落等，具体体现在（　　）。

A. 防止商品破坏变形　　B. 防止商品发生化学变化

C. 防止鼠虫侵食　　D. 防止污染

E. 防止丢失、散失

2. 包装的功能是（　　）。

A. 保护产品　　B. 方便　　C. 环保　　D. 促进销售

E. 美观

3. 包装的外部形态是商品很好的宣传媒介，富有特色的包装可以激发客户对商品的偏爱和购买欲望，对客户的购买有刺激作用，具有广告效力，具体体现在（　　）。

A. 防止商品破坏变形　　B. 宣传、美化

C. 便于陈列、识别、选购　　D. 便于携带、使用和销售

E. 便于商家和消费者使用

4. 运输包装包括（　　）。

A. 箱装　　B. 桶装　　C. 袋装　　D. 罐装

E. 瓶类包装

5. 按包装的方法分为（　　）。

A. 缓冲包装　　B. 防锈包装　　C. 真空包装　　D. 销售包装

E. 吸塑包装

6. 包装标识主要有（　　）。

A. 运输标识　　B. 制造标志　　C. 指示性标识　　D. 警告性标识

E. 原产地标志

7. 包装材料有（　　）。

A. 塑料　　B. 木材　　C. 玻璃　　D. 纸和纸板

E. 金属材料

8. 包装合理化是指（　　）。

A. 包装尺寸标准化　　B. 包装成本低廉化

C. 包装的机械化与自动化　　D. 包装单位大型化和集装化

E. 提倡绿色包装

9. 下列哪些包装材料可以回收？（　　）

A. 纸和纸板　　B. 金属材料　　C. 木制材料　　D. 塑料材料

E. 陶瓷材料

10. 包装按性质不同可分为（　　）。

A. 单个包装　　B. 内包装　　C. 外包装　　D. 防锈包装

E. 吸塑包装

11. 包装是物流系统组成的一部分，需要和（　　）等环节一起综合考虑、全面协调。

A. 装卸搬运　　B. 运输　　C. 仓储　　D. 流通加工

E. 物流信息

12. 包装用的辅助材料主要有（　　）。

A. 黏合剂　　B. 黏合带　　C. 捆扎材料　　D. 复合材料

E. 填充物

13. 包装设备主要包括（　　）。

A. 封口机　　B. 贴标签机　　C. 清洗机　　D. 干燥机

E. 杀菌机

14. 防震包装包括（　　）。

A. 全面防震包装　　B. 部分防震包装

C. 悬浮式防震包装　　D. 现场发泡缓冲包装

E. 周围防震包装

15. 特种包装技术包括（　　）。

A. 充气包装　　B. 真空包装　　C. 收缩包装　　D. 拉伸包装

E. 脱氧包装

四、问答题

1. 包装的功能是什么？
2. 包装材料有哪些？
3. 包装合理化的内容有哪些？
4. 包装技术有哪些？

五、案例分析题

美团外卖“青山计划”

美团外卖“青山计划”绿色包装推荐名录由美团外卖联合中华环境保护基金会发起设立的“青山计划专项基金”委托专业机构编制，于2020年首次发布。首批名录纳入降解塑料类外卖包装产品和纸质类外卖包装产品，形成了“降解塑料外卖包装推荐名录”及“纸质外卖包装推荐名录”。

在首批绿色包装名录的基础上，为进一步响应《“十四五”塑料污染治理行动方案》等政策要求，支撑外卖行业绿色供应链建设，提升替代包装的性能，降低应用成本，第二批美团外卖“青山计划”绿色包装推荐名录在首批“降解塑料”和“纸质类”两大类别基础上，增加了“易回收易再生塑料包装容器”。

美团外卖启动了外卖行业首个关注环保的行动计划——青山计划，分别从绿色包装、低碳生态、青山科技和青山公益四个方面开展工作，带动外卖全产业链和消费者，共同推动行业可持续发展。作为践行社会责任与担当的餐饮外卖企业，美团外卖积极参与外卖包装相关标准制定、推广外卖包装科普常识、推动行业绿色包装供应链的构建，稳妥有序推进外卖环保路径探索。

美团外卖秉持着绿色包装理念，为保护绿色家园，包装行业需要共同携手保护更好的生活、更美的自然，共筑低碳未来。

问题：

1. 美团外卖秉持的理念是什么？
2. 美团作为践行社会责任与担当的餐饮外卖企业，做了什么？

项目七　装卸搬运管理

一、判断题

1. 装卸是指在同一场所内，以人力或机械方式对物品进行空间移动的作业过程。(　　)

2. 装卸搬运是附属性、伴生性的活动。(　　)

3. 散装货物装卸是指对粉末状物品及大批量不适宜包装的散货进行的装卸搬运活动，如煤炭、矿石等。(　　)

4. 物品被放于台车上或用起重机吊钩钩住，即刻移动的状态，灵活性指数为4。(　　)

5. 从理论上讲，灵活性指数越高越好，分为五级。(　　)

6. 放在托盘里的货物比放在箱子里的货物的装卸搬运灵活性指数高。(　　)

7. 搬运物品中含有的水分、杂质毕竟占少数，因此不会造成无效作业。(　　)

8. 输送机是按照规定路线连续地或间歇地运送散状物品或成件物品的搬运机械。(　　)

9. 物品是装卸搬运的对象，也是影响装卸搬运设备和方法选择的间接因素。(　　)

10. 严格地讲，装卸和搬运是两个相同概念的组合。(　　)

11. 装卸搬运设备的选择，应符合经济合理、提高效率、降低费用的总要求。(　　)

12. 装卸搬运在物流活动转换中起衔接和支持作用。(　　)

13. 散装散卸方式是对散装物进行装卸，一般从装点直到卸点，中间至少转换一次，这是集装卸与搬运于一体的装卸方式。(　　)

14. 装卸搬运是一种多工种、多环节联合作业的活动。(　　)

15. 托盘叉车是使用最广泛、用量最大的叉车之一。(　　)

二、单项选择题

1. (　　) 是指先将物品集装，再对集装后的物品进行装卸搬运的活动。

A. 散装货物装卸　B. 集装货物装卸　C. 单件货物装卸　D. 连续装卸

2. 装卸搬运设备的选择必须根据装卸搬运物品的形态来决定，体现的原则是 (　　)。

A. 适应性　B. 省力化　C. 重力　D. 顺畅

3. 物品的纯度越高则装卸作业的有效程度越高，反映的是 (　　)。

A. 创建“复合终端”　B. 装卸搬运机械化

C. 实现装卸作业的省力化　D. 防止和消除无效作业

4. 箱子或被捆扎后的物品，下面放有枕木或其他衬垫后，便于叉车或其他机械作业的状态，灵活性指数是 (　　)。

A. 1　B. 4　C. 3　D. 2

5. 大力推行使用托盘和集装箱，推行将一定数量的物品汇集起来，成为一个大件物

品以有利于机械搬运、运输、保管，提高作业效率，易于实现标准化。它体现的是（　　）。

A. 省力化　　B. 集装单元化
C. 装卸搬运机械化　　D. 防止和消除无效作业

6. 在同一场所内进行的，以改变物品的存放状态和空间位置为主要内容的物流活动称为（　　）。

A. 运输　　B. 装卸搬运　　C. 配送　　D. 流通加工

7. 装卸搬运中要求物品处于搬运灵活性（　　）的状态。

A. 低　　B. 运动　　C. 静止　　D. 高

8. 下列不属于装卸搬运特点的是（　　）。

A. 附属性　　B. 不均衡性　　C. 复杂性　　D. 机动性较差

9. 下列选项中属于装卸搬运技术装备中的输送设备的是（　　）。

A. 起重机　　B. 叉车　　C. 拖车　　D. 带式输送机

10. 叉车按耗能方式可分为燃料叉车和（　　）。

A. 平衡式叉车　　B. 插腿式叉车　　C. 电动式叉车　　D. 电力叉车

11. 有些国家在设计包装尺寸和重量时，以中年妇女的搬运能力为标准，这体现了（　　）原则。

A. 省力化　　B. 人性化　　C. 重力化　　D. 轻薄化

12. 与其他环节相比，（　　）具有伴生性的特点。

A. 运输　　B. 仓储　　C. 配送　　D. 装卸搬运

13. 应用最为广泛、最为典型的输送机是（　　）。

A. 带式输送机　　B. 辊筒输送机　　C. 链式输送机　　D. 挂输送机

14. （　　）是使用最广泛、用量最大的一种叉车。这种叉车应用广泛，约占叉车总数的 80% 以上。

A. 前移式叉车　　B. 平衡重式叉车　　C. 插腿式叉车　　D. 托盘叉车

15. 装卸搬运设备中应用较广的一种是（　　）。

A. 起重设备　　B. 输送机　　C. 叉车　　D. 散装装卸设备

三、多项选择题

1. 装卸搬运的作用是（　　）。

A. 装卸搬运在物流活动转换中起衔接和支持作用
B. 装卸搬运是提高物流系统效率的关键
C. 合理进行装卸搬运能明显降低物流总成本
D. 充分利用货位，加速货位周转，减少货物堆码的场地面积
E. 提高装卸效率，节约劳动力，减轻劳动强度，改善劳动条件

2. 按装卸搬运对象分类，分为（　　）。

A. 仓库装卸　　B. 散装货物装卸　　C. 单件货物装卸　　D. 集装货物装卸
E. 公路装卸

3. 装卸搬运的原则是（ ）。

A. 省力化 B. 顺畅 C. 重力 D. 可行性

E. 适应性

4. 防止和消除无效作业包括（ ）。

A. 提高装卸速度 B. 提高被装卸物品的纯度

C. 包装要适宜 D. 缩短搬运作业的距离

E. 尽量减少装卸次数

5. 装卸搬运合理化包括（ ）。

A. 防止和消除无效作业 B. 提高装卸搬运的灵活性

C. 省力化 D. 合理利用机械

E. 集装单元化

6. 装卸搬运的特点是（ ）。

A. 附属性 B. 复杂性 C. 不均衡性 D. 衔接性

E. 集装性

7. 装卸搬运是指在同一场所内进行的、以改变（ ）为主要内容的物流活动。

A. 物品的存放状态 B. 物品的移动状态

C. 物品的空间位置 D. 物品的时间价值

E. 物品的附加价值

8. 下列作业方式属于省力化装卸搬运原则的有（ ）。

A. 能往下则不往上 B. 能直行则不拐弯

C. 能水平则不要上坡 D. 能连续则不间断

E. 能分散则不集装

9. 装卸搬运作业活动内容包括（ ）。

A. 装卸 B. 搬运 C. 分类 D. 堆码

E. 理货

10. 按装卸搬运的机械作业方式分为（ ）。

A. “吊上吊下”方式 B. “叉上叉下”方式

C. “滚上滚下”方式 D. “移上移下”方式

E. 散装散卸方式

11. 装卸搬运的灵活性，根据物品所处的状态，即物品装卸、搬运的难易程度，可分为不同的级别，分别是（ ）。

A. 1 级 B. 2 级 C. 3 级 D. 4 级

E. 5 级

12. 叉车按工业车辆分为（ ）。

A. 前移式叉车 B. 集装箱叉车 C. 侧面叉车 D. 低位拣选叉车

E. 高位拣选叉车

13. 常见的手推车包括（ ）。

A. 独轮车 B. 二轮杠杆式手推车

C. 手推台车　　D. 登高车　　E. 自动导引车

14. 根据输送机的结构，输送机可以分为（　　）。

A. 带式输送机　　B. 辊筒输送机　　C. 链式输送机　　D. 悬挂输送机

E. 混合输送机

15. 臂架类型（旋转式）起重机包括（　　）。

A. 门座起重机　　B. 汽车起重机　　C. 桥式起重机　　D. 堆垛起重机

E. 轮胎起重机

四、问答题

1. 装卸搬运的特点是什么？
2. 装卸搬运的作用是什么？
3. 装卸搬运的原则是什么？
4. 装卸搬运合理化包括哪些内容？

五、案例分析题

联华超市股份有限公司的装卸搬运系统

联华超市股份有限公司创建于1991年5月，是上海发展连锁经营的商业公司。经过多年的发展，已成为中国最大的连锁商业企业之一。联华超市股份有限公司的快速发展，离不开高效便捷的物流配送中心的大力支持。目前，联华超市股份有限公司有常温配送中心、便利物流中心、生鲜加工配送中心。

为了实现货物的装卸搬运，联华便利物流中心配置的装卸搬运机械设备主要为：电动叉车、手动托盘搬运车、垂直升降机、笼车、辊道输送机、数字拣选设备。在装卸搬运时，操作过程如下：卸下货后，把其装在托盘上，由手动叉车将货物搬运至入库运载处，入库运载装置上升，将货物送上入库输送带。接到向一层搬送指示的托盘在经过升降机平台时，不再需要上下搬运，将直接从当前位置经过一层的入库输送带自动分配到一层入库区等待入库；接到向二至四层搬送指示的托盘，将由托盘垂直升降机自动传输到所需楼层。当升降机到达指定楼层时，由各层的入库输送带自动搬送货物至入库区。货物下平台时，由叉车从输送带上取下托盘入库。出库时，根据订单进行拣选配货，拣选后的出库货物用笼车装载，由各层平台通过笼车垂直输送机送至一层的出货区，装入相应的运输车。

先进实用的装卸搬运系统，为联华便利物流中心的发展提供了强大的支持，使联华便利物流中心的运作能力和效率大大提高。

问题：

1. 该物流中心装卸搬运系统设计对各平台间的搬送自动化做了哪方面的考虑？
2. 你认为该物流中心装卸搬运系统有改进的余地吗？假如有，如何改进？

项目八　流通加工管理

一、判断题

1. 流通加工的对象是进入流通领域的产品，不具有商品的属性。(　　)

2. 流通加工可以使配送各环节易于操作，加工往往改变商品的物理状态而不改变物理特性，并最终仍能恢复原物理状态。(　　)

3. 为促进销售的流通加工改变了商品的基本形态。(　　)

4. 流通加工利用其综合性强、客户多的特点，可以合理规划、合理套裁、集中下料，能有效提高原材料利用率，减少损失浪费。(　　)

5. 流通加工是在销售物流中增加有附加价值的活动，是一项具有广泛发展前景的工作。(　　)

6. 流通加工是根据顾客的需要，在流通过程中对产品实施的简单加工作业活动的总称。(　　)

7. 分选加工、农副产品的精制加工和分装加工适用于食品的流通加工。(　　)

8. 流通加工最多的产品是食品。(　　)

9. 流通加工就是越简单越好。(　　)

10. 流通加工的内容有装袋、拴牌子、计量、分割、分拣、刷标志、组装等。(　　)

11. 流通加工就是生产加工。(　　)

12. 对钢材卷板的舒展、剪切加工，属于适应多样化需要的流通加工。(　　)

13. 水产品、肉类、蛋类的保鲜、保质的冷冻加工、防腐加工等，属于保护商品所进行的流通加工。(　　)

14. 流通加工方式的确定实际上是与生产加工的合理分工。(　　)

15. 流通加工不是对生产加工的代替，而是一种补充和完善。(　　)

二、单项选择题

1. 流通加工活动主要是在（　　）领域进行的。

A. 生产　　B. 流通　　C. 消费　　D. 交换

2. 在农牧副渔等商品的产地或销售地设置加工点，去除无用部分，进行切分、洗净、分装等加工，进而可以分类销售。这种加工不仅大大方便了客户，而且还可以对加工过程中的淘汰物进行综合利用。这种加工方式是（　　）。

A. 冷冻加工　　B. 分选加工　　C. 精制加工　　D. 组装加工

3. 流通加工满足顾客的需要，提高服务功能，成为（　　）的活动。

A. 高附加值　　B. 附加加工　　C. 必要附加加工　　D. 一般加工

4. 流通加工的地点和消费地距离过远，形成多品种的末端配送服务困难，这样的不合理流通加工的形式是（　　）造成的。

A. 流通加工方式选择不当　　B. 流通加工作用不大，形成多余环节

C. 流通加工成本过高，效益不好　　D. 流通加工地点设置不合理

5. 流通加工的途径主要分为两个方面：一方面，变客户分散加工为专业集中加工，以规模作业方式提高资源利用效率，减少环境污染；另一方面，集中处理消费品加工中产生的边角废料，以减少客户分散加工所造成的废弃物污染。这是通过（　　）实现流通加工合理化的。

A. 加工与节约结合　　B. 流通加工绿色化

C. 加工与配送结合　　D. 加工与合理商流结合

6. 为客户“量身定制”满足其个性化需求的非标准用品，这属于（　　）。

A. 定制加工　　B. 精制加工　　C. 分选加工　　D. 分装加工

7. 为了提高物流效率而对蔬菜和水果进行的加工，如去除多余的根叶，属于（　　）。

A. 冷冻加工　　B. 精制加工　　C. 分选加工　　D. 分装加工

8. 许多生鲜食品零售起点较低，而为了保证高效输送出厂，包装一般比较大，也有一些是采用集装运输方式运达销售地区。为了便于销售，在销售地区对商品按零售要求进行新的包装，即大包装改小包装、散装改小包装、运输包装改销售包装等，以满足消费者对不同包装规格的需求，从而达到促销的目的。这属于（　　）。

A. 冷冻加工　　B. 分选加工　　C. 精制加工　　D. 分装加工

9. 在销售地区，由流通加工点对出厂配件、半成品进行拆箱组装，随即进行销售。这属于（　　）。

A. 组装加工　　B. 精制加工　　C. 分选加工　　D. 分装加工

10. 根据需要将钢材定尺、定型，按要求下料的流通加工是（　　）。

A. 方便消费、省力的流通加工　　B. 适应多样化需要的流通加工

C. 保护产品所进行的流通加工　　D. 弥补生产领域加工不足的流通加工

11. 木材改制成枕木、板材、方材等的流通加工是（　　）。

A. 方便消费、省力的流通加工　　B. 适应多样化需要的流通加工

C. 保护产品所进行的流通加工　　D. 弥补生产领域加工不足的流通加工

12. 有的流通加工过于简单，或者对生产和消费的作用都不大，甚至有时由于流通加工的盲目性，同样未能解决品种、规格、包装等问题，相反却增加了作业环节，表现为（　　）。

A. 流通加工地点设置的不合理　　B. 流通加工方式选择不当

C. 流通加工成本过高，效益不好　　D. 流通加工作用不大，形成多余环节

13. 在配送路途中，搅拌车边行驶边搅拌，到达施工现场后，混凝土已经均匀搅拌好，可以直接投入使用的流通加工是（　　）。

A. 实施配送进行的流通加工　　B. 适应多样化需要的流通加工

C. 保护产品所进行的流通加工　　D. 弥补生产领域加工不足的流通加工

14. 节约能源、节约设备、节约人力、减少耗费是流通加工合理化应考虑的重要因素，也是目前我国设置流通加工并考虑其合理化的较普遍形式，这是指（　　）。

A. 加工和配套结合　　B. 加工和合理运输结合

C. 加工和节约结合　　D. 加工和配送结合

15. 鱼类剔除的内脏可以制成某些药物或用作饲料，这是（　　）。

A. 定制加工　　B. 精制加工　　C. 组装加工　　D. 冷冻加工

三、多项选择题

1. 简单加工活动包括（　　）。

A. 包装　　B. 分割　　C. 分拣　　D. 刷标志

E. 组装

2. 流通加工合理化的途径是（　　）。

A. 加工和配送结合　　B. 加工和节约结合

C. 加工和合理运输结合　　D. 加工和合理商流结合

E. 流通加工绿色化

3. 流通加工是对生产加工的（　　）。

A. 代替　　B. 补充　　C. 完善　　D. 协调

E. 创新

4. 流通加工是（　　）。

A. 生产加工的补充与完善　　B. 残次品的返工

C. 回收旧货的改造　　D. 满足客户个性化需求的商品再加工

E. 生产加工

5. 根据加工对象的不同，流通加工设备可分为（　　）。

A. 金属加工设备　　B. 水泥加工设备　　C. 煤炭加工设备

D. 食品流通加工设备　　E. 玻璃加工设备

6. 目前贴标签的形式有（　　）。

A. 手工　　B. 半自动　　C. 全自动　　D. 打印

E. 智能化

7. 食品流通加工包括（　　）。

A. 生鲜食品的冷冻加工　　B. 定制加工

C. 农副产品的精制加工　　D. 分装加工

E. 分选加工

8. 流通加工的方式包括（　　）。

A. 组装加工　　B. 剪板加工　　C. 分选加工　　D. 分装加工

E. 配煤加工

9. 冷冻加工适用于（　　）。

A. 药品　　B. 鲜鱼　　C. 鲜肉　　D. 水果

E. 鲜蛋

10. 流通加工的作用是（　　）。

A. 充分发挥各种输送方式的优势　　B. 方便客户

C. 提高原材料利用率　　D. 提高加工效率及设备利用率

E. 提高人员效率

11. 流通加工的类型包括（　　）。

A. 为方便消费、省力的流通加工　　B. 为保护商品所进行的流通加工

C. 为弥补生产领域加工不足的流通加工　D. 为促进销售的流通加工

E. 为提高加工效率的流通加工

12. 下列哪些属于提高物流效率的流通加工？（　　）

A. 造纸用的木材磨成木屑的流通加工　　B. 煤炭的防高温自燃加工

C. 自行车在消费地区的装配加工　　D. 石油气的液化加工

E. 水产品、肉类、蛋类的保鲜、保质的冷冻加工、防腐加工

13. 流通加工的不合理形式包括（　　）。

A. 流通加工地点设置得不合理　　B. 流通加工设备选择不合理

C. 流通加工方式选择不当　　D. 流通加工作用不大，形成多余环节

E. 流通加工成本过高，效益不好

14. 按流通加工形式不同，流通加工设备可以分为（　　）。

A. 通用加工设备　B. 包装机械设备　C. 称量设备

D. 标签印贴或打码设备　　E. 切割机械设备

15. 简单加工业活动包括（　　）。

A. 包装　B. 分割　C. 分拣　D. 刷标志

E. 组装

四、问答题

1. 流通加工的作用是什么？
2. 流通加工的方式是什么？
3. 流通加工合理化的途径是什么？

五、案例分析题

天然气的液化加工

流通加工的类型有很多，如为弥补生产领域加工不足的深加工、为满足需求多样化进行的服务性加工、为保护产品所进行的加工、为提高物流效率的加工、为促进销售的流通加工、为提高加工效率的流通加工，以及为提高原材料利用率的流通加工等。

天然气是气体，虽然可以通过管道进行输送，但往往由于输送距离遥远、投资金额巨大、投资期限长而显得困难重重，只好就地燃烧和使用，造成了浪费。

液化天然气（Liquefied Natural Gas，LNG）是天然气的液态形式。LNG 更有利于远距离运输、储存天然气，使天然气的应用范围更广。目前，国内 LNG 的利用已经开始，已建成投产了中原油田的天然气液化工厂、上海浦东的天然气液化工厂及新疆广汇集团在吐哈油田的天然气液化工厂等。

对天然气进行液化加工后，可以用容器装运天然气，实现远距离运输和储存，大大提高了天然气的使用价值。

问题：

以天然气的液化加工为例，分析流通加工会带来哪些经济效益。

项目九　物流信息技术

一、判断题

1. 信息具有一般特性和经济特性。(　　)

2. 物流信息是指反映物流各种活动内容的知识、资料、图像、数据的总称。(　　)

3. 作业信息是物流活动的基础，是最初的信息源。(　　)

4. 条码是由一组不规则排列的条、空组成的符号，可供机器识读，用以表示一定的信息，包括一维条码和二维条码。(　　)

5. 条码是有时不能被读取，特别是在不平整或污损的情况下。(　　)

6. EAN 码由前缀码、厂商代码、商品代码和校验码组成。(　　)

7. GPS 由三大部分组成，即空间部分、控制部分和用户部分。(　　)

8. 2000 年 10 月 31 日，我国发射第一颗北斗导航卫星，到 2023 年 5 月已经发射了 56 颗北斗导航卫星。(　　)

9. GIS 系统中最重要的部件就是硬件。(　　)

10. 射频识别是指通过射频信号识别目标对象并获取相关数据信息的一种接触式的自动识别技术。(　　)

11. 射频识别技术由标签、阅读器、天线和计算机组成。(　　)

12. 物流信息具有信息量大、动态性强等特点。(　　)

13. 一维条码用于对“物品”进行标识，随处可见，广泛应用于商业、邮政、图书管理、仓储、工业生产过程控制、交通等领域。(　　)

14. GIS 系统主要包括硬件、软件。(　　)

15. 目前，Code39 码在国防、公共安全、交通运输、医疗保健、工业、金融等领域均得到广泛运用。(　　)

二、单项选择题

1. 反映物流各种活动内容的知识、资料、图像、数据的总称是（　　）。

A. 信息　　B. 物流信息　　C. 物流信息系统　　D. 物流管理信息

2. 条码一般表示的是物品的（　　）。

A. 信息　　B. 包装　　C. 符号　　D. 标志

3. EAN 条码有两种版本——标准版和（　　）。

A. 简化版　　B. 普通版　　C. 缩短版　　D. 特殊版

4. （　　）是指在二个维度方向上都表示信息的条码符号。

A. 一维码　　B. 二维码　　C. EAN 码　　D. UPC 码

5. 世界上物品使用最广的条码是（　　）。

A. 一维码　　B. 二维码　　C. EAN 码　　D. UPC 码

6. 目前在物流和快递行业使用最广泛的条码类型是（　　）。

A. 一维条码　B. 二维条码　C. Code39 码　D. 多维条码

7. 空间部分是 GPS 卫星星座的总称，由（　　）颗卫星组成。

A. 30　B. 24　C. 35　D. 28

8. 全球定位系统的缩写是（　　）。

A. GPS　B. GIS　C. RFID　D. EOS

9. 到 2023 年 5 月，我国已经发射了（　　）颗北斗导航卫星。

A. 56　B. 55　C. 58　D. 60

10. （　　）是指在计算机技术支持下，对整个或部分地球表层（包括大气层）空间中的有关地理分布数据进行采集、储存、管理、运算、分析、显示和描述的系统。

A. GPS　B. GIS　C. RFID　D. EOS

11. 射频识别系统中一种固定式或便携式自动识别与数据采集设备是指（　　）。

A. 计算机　B. 天线　C. 标签　D. 阅读器

12. RFID 射频识别技术应用时，被识别的物品信息是存放在（　　）。

A. RFID 信号发射器中　B. RFID 计算机中

C. RFID 标签中　D. RFID 阅读器中

13. 条码的校验字符是通过对其数据字符进行一种算术运算而确定的，作用是（　　）。

A. 验证读入信息的有效性　B. 验证条码编码是哪种码制

C. 验证条码的长度　D. 验证条码是几维的

14. 数据分为空间数据和属性数据，是（　　）最重要也是最基础的组成部分。

A. GPS　B. RFID　C. POS　D. GIS

15. GIS 的核心功能是（　　）。

A. 数据输入　B. 空间查询与分析　C. 数据编辑　D. 可视化表达与输出

三、多项选择题

1. 物流信息是指反映物流各种活动内容的（　　）的总称。

A. 知识　B. 资料　C. 图像　D. 数据

E. 文件

2. 物流信息的特点是（　　）。

A. 信息量大　B. 动态性强　C. 来源多元化　D. 共享性强

E. 关联性强

3. 物流信息按作用的层次分为（　　）。

A. 基础信息　B. 特殊信息　C. 作业信息　D. 协调控制信息

E. 决策支持信息

4. 物流信息技术是以计算机和现代通信技术为主要手段实现对物流各环节中信息的获取、处理、传递和利用等功能的技术总称，主要包括（　　）。

A. GPS　B. RFID　C. ERP　D. MIS

E. GIS

5. 按条码的码制分为（　　）。

A. ENA 码　B. UPC 码　C. Code39 码　D. Codabar 码

E. Matrix25 码

6. EAN 条码有两种版本——（　　）。

A. 简化版　B. 普通版　C. 缩短版　D. 特殊版

E. 标准版

7. 全球导航系统包括（　　）。

A. 美国的 GPS

B. 俄罗斯的 GLONASS

C. 中国的 BDS

D. RFID

E. 欧盟的 GALILEO

8. GPS 的特点是（　　）。

A. 高精度　B. 观测时间短　C. 全天候作业

D. 功能多样，应用广泛　E. 抗干扰性能好，保密性强

9. GPS 应用于（　　）。

A. 导航　B. 车辆跟踪　C. 信息查询　D. 话务指挥

E. 紧急援助

10. 中国的北斗卫星导航系统建设的原则是（　　）。

A. 实用性　B. 开放性　C. 自主性　D. 兼容性

E. 渐进性

11. GIS 的组成是（　　）。

A. 硬件　B. 软件　C. 数据　D. 人员

E. 方法

12. RFID 在物流中的应用包括（　　）。

A. 仓储管理　B. 运输管理　C. 包装管理　D. 配送管理

E. 流通加工管理

13. 按照供电方式的不同，射频标签分为（　　）。

A. 有源标签　B. 无源标签　C. 半无源标签　D. 红外标签

E. 低频标签

14. 条码符号的第一位字符是（　　），最后一位字符是（　　），阅读器识别到这个字符，便向计算机传送数据字符并向操作者提供“有效读入”的反馈。

A. 数据的第一位　B. 条码的终止符

C. 条码的起始符　D. 数据的最后一位

E. 条码的校验字符

15. GIS 技术在物流管理中的应用包括（　　）。

A. 地址定位　B. 机构区域划分　C. 投递排序　D. 站点选址

E. 路线编辑

四、问答题

1. 物流信息的特点是什么？
2. 条码的特点是什么？
3. GPS 的特点与功能是什么？
4. 中国北斗卫星导航系统（BDS）的应用有哪些？
5. GIS 的组成与功能是什么？

五、案例分析题

北斗全球产业化新时代：时空智能商业化提速

时空智能为机器提供时空信息的决策依据，帮助它们对周围环境进行感知。所谓时空智能服务，就是可以实现动态厘米级定位、静态毫米级感知、纳秒级授时的服务。基于北斗系统，建设卫星地基增强站，融合云计算、人工智能、机器学习等技术，以及各类智能传感器，提供时空智能服务。此外，电网、工厂、城市管理等多个领域都需要智能技术进行发展。除了用在交通领域，北斗系统更广泛的落地应用体现在通信领域。智能设备中，芯片是重要基础。相比于智能驾驶、数字地理、无人机、工程建设等明确看得见的市场，投入较少的是用于解决经济社会发展问题的时空服务应用创新。这一块正是行业发展的难点，需要在看不见的地方做创新。北斗系统无论是在手机、手表、儿童书包等大众消费领域的应用，还是在农林牧渔、救灾减灾、智慧城市等领域，都是关注的焦点。相比传统道路级导航，车道级导航可高清展示真实道路场景，显示当前道路的车道数量、地面标识标线、出入口、特殊车道等，同时结合高清信号，可实时显示用户的车道位置。与此同时，百度地图与中国移动上海产业研究院签署战略合作协议，接入“5G＋北斗高精定位”系统，成为支持中国移动消费级手机精准定位系统的地图厂商。

问题：

北斗卫星导航系统有哪些应用范围？

项目十　供应链管理

一、判断题

1. 供应链是指生产及流通过程中，围绕核心企业的核心产品或服务，由所涉及的原材料供应商、制造商、分销商、零售商直到最终用户等形成的网链结构。(　　)

2. 供应链不仅是一条连接供应商到用户的物料链、信息链、资金链，而且是一条增值链。(　　)

3. 商流是前提，物流、资金流和信息流是支撑。(　　)

4. 节点企业既可以是这个供应链的成员，同时也可以是另一个供应链的成员，众多的供应链形成交叉结构，降低了协调管理的难度。(　　)

5. 现代供应链管理的主要内容包括正向供应链、逆向供应链、正逆供应链三部分。(　　)

6. 在供应链企业的相互合作中，信任是基础，是核心。(　　)

7. 供应链战略管理所关注的重点是企业向用户提供的产品或服务本身给企业增加的竞争优势。(　　)

8. 反应性供应链战略是强调快速对需求做出反应的供应链战略。所对应的产品是功能性产品。(　　)

9. 拉动式供应链战略是在拉动式供应链中，生产和分销是由需求驱动的。(　　)

10. 在供应链合作中，最为关键的问题是如何解决好合作方之间的信任与信息沟通问题。(　　)

11. SCOR 模型分为三个层级和六大板块。(　　)

12. PESTLE 分析源自 PEST（political，economic，social，technological）分析，是一个用于评估外部环境因素的工具。(　　)

13. 五力分析也被称为五力框架，它确定了塑造企业的五种竞争力量。(　　)

14. VRIO 框架是基于资源视角进行分析的战略工具，用于分析组织外部特征与绩效之间的关联。(　　)

15. 目前常用的仿真工具包括：Flexsim、AnyLogistix、Supply Chain Guru、SCM Globe 等。(　　)

二、单项选择题

1. 供应链不仅是一条连接供应商到用户的物料链、信息链、资金链，而且是一条(　　)。

A. 增值链　　B. 物流链　　C. 商品链　　D. 价值链

2. (　　) 是前提，物流、资金流和信息流是支撑。

A. 物料　　B. 流程　　C. 商流　　D. 价值

3. 节点企业既可以是这个供应链的成员，同时也可以是另一个供应链的成员，众多的供应链形成交叉结构，增加了协调管理的难度，反映的是（　　）。

A. 网链结构　　B. 协作共赢　　C. 动态适应　　D. 交叉重合

4. 正向供应链的内容包括采购与供应、仓储与库存、生产作业、运输与配送和（　　）等。

A. 分销与需求　　B. 零件再造　　C. 退回　　D. 回收

5. 决策机制是（　　）模式。

A. 智慧群体决策　　B. 智能群体决策　　C. 群体决策　　D. 智能个体决策

6. 有效性供应链战略是指能够以最低成本将原材料转化成零部件、半成品、成品，以及在供应链中的储运等供应链战略，所对应的产品是（　　）产品。

A. 创新性　　B. 功能性　　C. 改进型　　D. 一般

7. 反应性供应链战略是强调快速对需求做出反应的供应链战略，所对应的产品是（　　）产品。

A. 创新性　　B. 功能性　　C. 改进型　　D. 一般

8. （　　）供应链战略是在一个推动式供应链中，生产和分销的决策都是根据长期预测的结果做出的。

A. 拉动式　　B. 推-拉式　　C. 循环式　　D. 推动式

9. 拉动式供应链战略是在拉动式供应链中，生产和（　　）是由需求驱动的。

A. 销售　　B. 需求　　C. 经销商　　D. 分销

10. 在供应链合作中，最为关键的问题是如何解决好合作方之间的（　　）与信息沟通问题。

A. 信心　　B. 信任　　C. 信赖　　D. 共享

11. SCOR 模型分为三个层级和（　　）大板块。

A. 四　　B. 五　　C. 六　　D. 七

12. PESTLE 分析源自（　　）分析。

A. PESTL　　B. SCOR　　C. VRIO　　D. PEST

13. 以下不是价值链的增值活动的是（　　）。

A. 快递　　B. 营销　　C. 服务　　D. 生产运作

14. 以下不属于 VRIO 的是（　　）。

A. 价值　　B. 稀缺性　　C. 可再生性　　D. 不可模仿性

15. （　　）分析是评估公司内部和外部环境的最常用工具之一，也是公司战略规划过程的一部分。

A. PESTEL　　B. SWOT　　C. VRIO　　D. SCOR

三、多项选择题

1. 供应链的特征是（　　）。

A. 网链结构　　B. 协作共赢　　C. 动态适应　　D. 交叉重合

E. 供应驱动

2. 供应链管理的意义包括（　　）。
A. 节约交易成本　B. 缩短交易时间　C. 降低存货水平　D. 降低采购成本
E. 增加收入和利润
3. 正向供应链的内容包括（　　）。
A. 采购与供应　B. 仓储与库存　C. 零件再造　D. 生产作业
E. 运输与配送
4. 逆向供应链的内容包括（　　）等。
A. 采购与供应　B. 仓储与库存　C. 零件再造　D. 材料再生
E. 退回与回收
5. 供应链管理的运营机制包括（　　）。
A. 信任机制　B. 风险机制　C. 自律机制　D. 激励机制
E. 合作机制
6. 供应链战略管理的内容是（　　）。
A. 战略分析　B. 战略方案　C. 战略选择　D. 战略实施
E. 战略评价
7. 基于产品类型的供应链战略模式是（　　）。
A. 拉动式供应链战略　B. 推-拉式供应链战略
C. 有效性供应链战略　D. 推动式供应链战略
E. 反应性供应链战略
8. 基于驱动方式的供应链战略模式是（　　）。
A. 拉动式供应链战略　B. 推-拉式供应链战略
C. 有效性供应链战略　D. 推动式供应链战略
E. 反应性供应链战略
9. 在供应链合作中，最为关键的问题之一是如何解决好合作方之间的信任与信息沟通问题，主要可以通过以下哪种途径解决？（　　）
A. 对契约精神的尊重　B. 基于血缘关系的信任
C. 基于利益同盟的信任　D. 基于共享机制的信任
E. 基于合作机制的信任
10. SCOR 定义了六个主要流程，包括（　　）。
A. 计划　B. 采购　C. 生产　D. 物流
E. 赋能
11. 五力分析也被称为五力框架，它确定了塑造企业的五种竞争力量。这些力量包括（　　）。
A. 新市场参与者的威胁　B. 替代产品的威胁
C. 下游客户的威胁　D. 上游供应商的威胁
E. 行业竞争
12. 价值链的五项主要增值活动包括（　　）。
A. 采购　B. 营销　C. 服务　D. 生产运作

E. 物流（内向、外向）

13. VRIO 包括（　　）。

A. 价值　B. 稀缺性　C. 可再生性　D. 不可模仿性

E. 组织支持

14. SWOT 分析中的内部因素包括（　　）。

A. 企业文化　B. 品牌意识　C. 市场份额　D. 关键员工

E. 组织结构

15. 目前常用的仿真工具包括（　　）等。

A. Flexsim　B. PESTEL　C. AnyLogistix　D. Supply China Guru

E. SCM Globe

四、问答题

1. 供应链的特征是什么？
2. 供应链管理的主要内容是什么？
3. 供应链战略管理模式是什么？
4. 常用的供应链管理工具有哪些？

五、案例分析题

小米的供应链战略

手机的很多关键零部件都需要提前预订，从下单到出货，时间不等。手机屏的采购时间最长，一般为 3 个月；电池一般为 2 个月；芯片至少 2 个月；摄像头至少 1 个月。从零部件预订到整机出库，至少需要 3 个月。小米手机通过采用推-拉式供应链战略很好地解决了这个问题，在“零库存”模式下满足了客户个性化需求。小米手机的生产模式如下图所示。

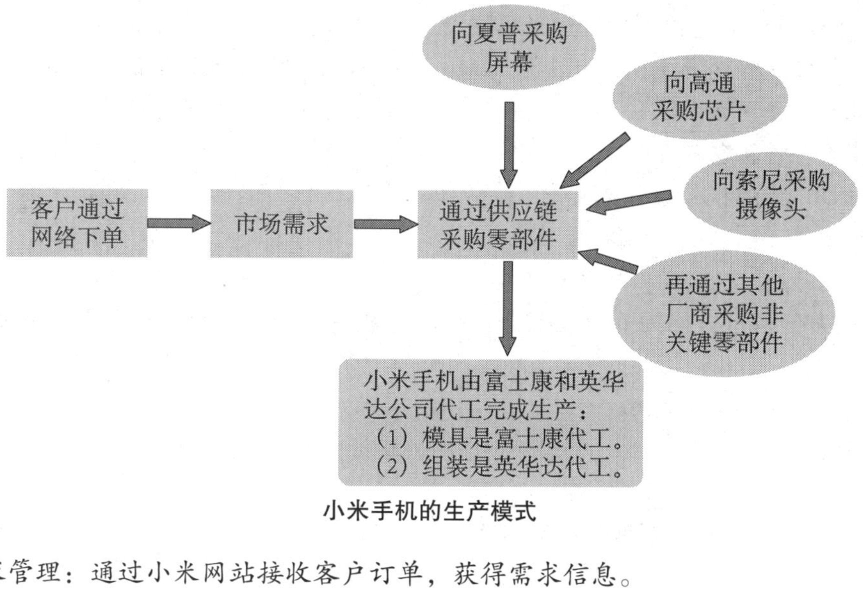

小米手机的生产模式

需求管理：通过小米网站接收客户订单，获得需求信息。

生产管理：每周召开生产会议，通过当周的销售量、预约数量以及其他互联网指数预测 3 个月后的市场需求，通知零件厂商进行送料。

分销配送：客户下订单—确认最近的物流中心（国内或国外）—挑选合适机型及相关配件并进行包装—快递—送达。

问题：

1. 根据小米手机的生产模式，分析其采用的供应链战略类型及优势。
2. 设计一种畅销的小家电供应链战略规划方案。

项目十一　前沿发展与创新

一、判断题

1. 智慧物流可以实现物流的自动化、智能化、可视化、可控化、信息化、网络化和标准化。(　　)

2. 要大力发展智慧交通和智慧物流，推动大数据、互联网、人工智能、区块链等新技术与交通行业深度融合，使人享其行、物畅其流。(　　)

3. 多式联运包括海铁、公铁等多种类型。(　　)

4. 智慧物流的核心是协同共享。(　　)

5. 到2025年，基本建成供需适配、内外联通、安全高效、智慧绿色的现代物流体系。(　　)

6. 积极发展多式联运、智慧物流、供应链物流，提升金融物流服务质量，优化国际物流通道，提高口岸通关便利化程度。(　　)

7. 自动识别技术已经发展成为由条码识别技术、智能卡识别技术、光学字符识别技术、射频识别技术、生物识别技术等组成的综合技术，并正在向集成应用的方向发展。(　　)

8. 人工智能的主要方法有神经网络、进化计算和粒度计算三种。(　　)

9. 互联网、大数据及人工智能三大领域是未来智慧物流发展的重要方向，也是智慧物流能否进一步迭代升级的关键。(　　)

10. 仓内技术主要有仓内机器人与自动化分拣、可穿戴设备、无人驾驶叉车、货物识别四类技术。(　　)

11. 干线技术主要是无人驾驶卡车技术。(　　)

12. 最后一公里技术主要包括无人机技术与2D打印技术两类。(　　)

13. 京东、海尔物流属于第三方物流。(　　)

14. 两个或两个以上的经济组织为实现特定的物流目标而形成的长期联合与合作的组织形式是物流联盟。(　　)

15. 云物流与云仓资源共享模式是相同的。(　　)

二、单项选择题

1. 智慧物流是指以物联网技术为基础，综合运用大数据、云计算、(　　)及相关信息技术，通过全面感知、识别、跟踪物流作业状态，实现实时应对、智能优化决策的物流服务系统。

A. AI　　B. 区块链　　C. GPS　　D. GIS

2. 仓内技术主要有(　　)与自动化分拣、可穿戴设备、无人驾驶叉车、货物识别四类技术。

A. 自动识别技术　　B. 仓内机器人　　C. 无人驾驶技术　　D. 智能快递柜

3. （ ）技术已经发展成为由条码识别技术、智能卡识别技术、光学字符识别技术、射频识别技术、生物识别技术等组成的综合技术。

A. 识别 B. RFID C. 半识别 D. 自动识别

4. 人工智能是指借鉴仿生学思想，用数学语言抽象描述知识，用以模仿生物体系和人类的智能机制，主要方法有神经网络、进化计算和（ ）三种。

A. 精度计算 B. 维度计算 C. 纳米计算 D. 粒度计算

5. 地理信息系统可以帮助物流企业实现基于（ ）的服务，如网点标注、片区划分、快速分单、车辆监控管理系统、物流配送路线规划辅助系统、数据统计与服务。

A. 地图 B. 地址 C. 空间 D. 时间

6. （ ）、大数据及人工智能三大领域是未来智慧物流发展的重要方向，也是智慧物流能否进一步迭代升级的关键。

A. 互联网 B. 区块链 C. 物联网 D. 计算机

7. 物联网主要物流应用场景是（ ）。

A. 仓库选址 B. 图像识别 C. 冷链控制 D. 智能调度

8. 大数据技术主要物流应用场景是（ ）。

A. 仓库选址 B. 图像识别 C. 冷链控制 D. 网络及路由规划

9. 干线技术主要是（ ）。

A. 无人驾驶技术 B. 无人驾驶卡车技术

C. 无人机 D. 智能快递柜

10. 最后一公里技术主要包括无人机技术与（ ）两类。

A. 无人驾驶技术 B. 3D 打印技术 C. 机器人 D. 2D 打印技术

11. 末端技术主要是指（ ）。

A. 无人驾驶技术 B. 无人驾驶卡车技术

C. 无人机 D. 智能快递柜

12. 由独立于物流服务供需双方之外且以物流服务为主营业务的组织提供物流服务的模式是（ ）。

A. 第三方物流 B. 第四方物流 C. 第五方物流 D. 自营物流

13. 基于云计算应用模式的物流平台服务是（ ）。

A. 云物流 B. 云仓资源共享 C. 物流众包共享 D. 共享物流

14. （ ）是指通过建立云仓系统实现仓库设施网络的互联互通，在此基础上面向客户开放云仓资源，实现仓储资源共享的模式。

A. 云物流 B. 云仓资源共享 C. 物流众包共享 D. 共享物流

15. 一般说来，大中型企业有能力建立自己的物流系统，可以采用（ ）模式。

A. 云物流 B. 物流联盟 C. 自营物流 D. 第三方物流

三、多项选择题

1. 智慧物流是以物联网技术为基础，综合运用（ ）及相关信息技术，通过全面感知、识别、跟踪物流作业状态，实现实时应对、智能优化决策的物流服务系统。

A. 大数据　　B. 云计算　　C. RFID　　D. 区块链

E. GIS

2. 自动识别技术已经发展成为由（　　）等组成的综合技术，并正在向集成应用的方向发展。

A. 条码识别技术　　B. 智能卡识别技术

C. 光学字符识别技术　　D. 射频识别技术

E. 生物识别技术

3. 人工智能的主要方法有（　　）。

A. 维度计算　　B. 神经网络　　C. 进化计算　　D. 粒度计算

E. 纳米计算

4.（　　）是未来智慧物流发展的重要方向，也是智慧物流能否进一步迭代升级的关键。

A. 物联网　　B. 大数据　　C. 人工智能　　D. 区块链

E. RFID

5. 物联网主要物流应用场景是（　　）。

A. 产品溯源　　B. 冷链控制　　C. 安全运输　　D. 路由优化

E. 仓库选址

6. 大数据技术主要物流应用场景是（　　）。

A. 产品溯源　　B. 需求预测　　C. 设备维护预测　　D. 供应链风险预测

E. 网络及路由规划

7. 人工智能技术主要物流应用场景是（　　）。

A. 智能运营规则管理　　B. 冷链控制

C. 决策辅助　　D. 智能调度　　E. 仓库选址

8. 仓内技术主要有（　　）。

A. 仓内机器人与自动化分拣　　B. 无人驾驶叉车

C. 无人机　　D. 可穿戴设备　　E. 货物识别

9. 最后一公里技术主要包括（　　）。

A. 无人驾驶叉车　　B. 无人机技术　　C. 3D 打印技术　　D. 智能快递柜

E. 无人驾驶卡车

10. 智慧数据底盘主要包括（　　）。

A. 区块链　　B. 大数据　　C. 人工智能　　D. 物联网

E. 互联网

11. 传统物流业务模式包括（　　）。

A. 自营物流　　B. 第三方物流　　C. 第四方物流　　D. 第五方物流

E. 物流联盟

12. 智慧物流的创新模式是（　　）。

A. 自营物流　　B. 云物流　　C. 第四方物流　　D. 云仓资源共享

E. 物流众包共享

13. 物流业务模式的选择应考虑的因素是（　　）。

A. 物流对企业成功的影响程度和企业对物流的管理能力

B. 企业对物流控制力要求

C. 企业产品自身的物流特点

D. 企业规模和实力

E. 物流系统总成本

14. 我国智慧物流的发展趋势是（　　）。

A. 人工智能技术快速迭代　　B. 云仓系统方兴未艾

C. 智慧决策技术发展演进　　D. 智慧物流技术的应用更为广泛

E. 物流系统总成本越来越低

15. 智慧物流技术的应用方向是（　　）。

A. 仓内技术　　B. 干线技术　　C. 最后一公里技术

D. 末端技术　　E. 智慧数据底盘技术

四、问答题

1. 智慧物流的技术体系包括什么？
2. 智慧物流的应用场景与智慧物流技术的应用方向是什么？
3. 智慧物流的创新模式有哪些？
4. 物流业务模式的选择应考虑哪些因素？

五、案例分析题

京东无人仓

京东对外展示了最新的无人仓计划视频，同时披露了其中应用的核心技术。在京东正着力打造的智慧物流中心里，从入库、在库到拣货、分拣、装车的完整过程都无须人力参与，使库房具有极高的效率和出色的灵活性。负责京东智慧物流研发的X事业部的工作人员表示，“无人仓”代表着全新的第三代物流系统技术，将是京东物流应用质的飞越，其智能化体现为：数据感知、机器人融入、算法指导生产。京东眼中的智慧物流是一个完整的体系，无人仓解决进货、存储、拣货、包装、分拣等环节，无人车主攻城市环境下的最后一公里配送，无人机则锁定乡村配送……单一环节的自动化升级会带来局部效率的提升，而京东拥有完整的物流体系，掌握每一个物流环节，并开展全面的智慧物流升级，通畅的数据流、天然的无缝衔接、完整的全局考量让京东的实践颇具特色和优势。相信这张智慧物流的大网会进一步发挥京东在物流领域的优势，也让消费者拥有更便捷的购物体验。

问题：

1. 京东无人仓是如何展现智慧物流的应用场景的？
2. 未来物流行业会发生哪些变化？